마스터풀 코치가 갖추어야 할

코칭 핵심 역량

박창규 · 원경림 · 유성희 공저

COACHING CORE COMPETENCIES

학지사

💡 머리말

"어떤 상황에서도 자신감 있게 코칭을 할 수 있는 마스터풀 코치가 되려면 어떻게 해야 하나요?"

내가 국제코칭연맹ICF에서 한국인 최초의 마스터 코치MCC로 인증받은 후 코칭에 뜻을 두고 있는 사람들에게 가장 많이 받았던 질문이다. 이 질문을 받으면서 나는 두 가지 생각을 했다. 첫 번째는 내가 마스터풀 코치인가라는 자문이었다. 나는 이제 막 MCC 자격을 취득했을 뿐인데? 두 번째 생각은 이것이었다. 그러면 지금부터 어떻게 해야 마스터풀 코치가 될 수 있는가?

그 후 나는 9년째 코칭 핵심 역량을 중심으로, 전문 코치가 되고자 하는 코치들이 스스로 성장할 수 있는 프로그램을 진행해 오고 있다. 마스터 코치 인증을 받거나 혹은 어떤 자격증을 취득하려는 목적이 아니더라도 마스터풀 코치로 성장하기 위해서는 코칭에서 가장 기본적이면서도 중요한 '코칭 핵심 역량'을 터득하고 체화시켜야 한다고 생각하기 때문이다. 이 프로그램은 1년 과정으로 지금까지 비교적 성공적으로 진행되고 있다. 이 과정이 성공적인 이유는 구조화된 코칭 핵심 역량을 체계적으로 이해할 수 있을 뿐만 아니라, 그 내용을 깊이 이해할수록 우리 내면의 정신적·영적인 면까지 닿아 있다는 것을 인식하게 되기 때문이라고 생각한다. 이것을 진정으로 이해하게 되면 우리가 살아가는 이 혼란스러운 세상에서 내가 어떻게 중심을 잡고 살아갈 수 있는지에 대한 지혜도 함께 얻게 된다.

한편, 코칭 핵심 역량에서 깊이 다루지 못한 부분들, 예를 들면 존재presence, 침묵과 공간, 성찰, 알아차림, 명상 등을 통해 깊은 영감을 얻기 위해서 영성 코칭 과정을 따로 만들어 코칭 핵심 역량 과정과 연계하여 진행하고 있다.

　내가 이 책을 쓴 목적은 그동안 멘토 코치로서 가장 많이 들어 온 질문들에 대한 답을 드리려는 것이다. "코칭을 잘하려면 어떻게 해야 되나요?" "전문 코치가 되려면 어떤 것을 더 배워야 할까요?" "코치 자격증도 받았고 코칭 교육도 엄청 많이 받았는데, 코칭이 늘지 않아요. 왜 코칭이 잘 안 되는 걸까요?" "코칭을 할 때마다 두려움을 느끼는데, 어떻게 하면 코칭에 자신감을 갖게 될까요?" 등 코치들이 가진 공통적인 질문에 대해 답을 드리고자 한다. 그 답은 바로 '코칭 핵심 역량'이다.

　간혹 허심탄회한 자리에서 코치들의 고심을 듣게 된다. "코칭 중에 고객한테 맞추다 보면, 내가 코칭을 하고 있는지 아닌지 의심스러울 때가 있다." "내가 진정한 코치인지 정체성을 다시 생각하는 중이다." 심지어, "코칭의 기본부터 다시 배우고 싶다."라는 말도 한다. 그런 얘기를 들을 때마다 나는 코치들의 멘토 코치이자 수퍼바이저로서 '자신의 뛰어난 개인적 역량에 체계적인 코칭 역량을 결합해 활용할 수 있다면 훨씬 더 효과적인 코칭을 할 수 있을 텐데' 하는 안타까운 마음이 들곤 한다.

　그래서 그런 마음을 담아 지난 2019년 3월에 『코칭 핵심 역량』이라는 책을 출간하였다. 그런데 국제코칭연맹International Coaching Federation: ICF에서 기존의 11가지 코칭 핵심 역량을 개정해 2020년부터 8가지 핵심 역량updated core competency으로 변경한다고 발표하였다. 2019년 10월 당시 ICF에서 발표한 코칭 핵심 역량 서문의 일부를 소개한다.

　　"국제코칭연맹은 지난 24개월 동안 코칭 추세와 코칭 실무를 분석하여 업데이트된 ICF 코칭 핵심 역량 모델을 발표합니다. 이 역량 모델은 ICF 회원과 비회원을 포함하여 다양한 코치 훈련 과정과 코칭 스타일 및 경험을 가진 전 세계 1,300명 이상의 코치들로부터 수집한 자료를 기반으로 한 것입니다. 이 광범위한 연구를 통해 25년 전에 개발된 기존의 ICF 코칭 핵심 역량 모델이 오늘날의 코칭 실행에도 매우 중요하다는 것을 확인하였습니다.

　새롭게 추가된 역량과 지침에서는 윤리적 행동과 비밀유지를 최우선적으로 강조하였습니다. 또한 코칭 마인드셋, 지속적 성찰의 중요성, 다양한 차원의 코칭 합의들 간의 중요한 차이점, 코치와 고객 간 파트너십의 중요성 그리고 문화적·체계적·맥락적 인식의 중요성 등이 포함되었습니다.

　새로 포함된 역량은 오늘날 코칭 실행의 핵심 요소를 반영하며, 미래를 위한 보다 강력하고 포괄적인 코칭 표준으로 사용될 것입니다."

ICF의 발표에 의하면 기존 11가지 역량은 69개의 실행 지침으로 구성되었으나 이번에는 8가지 역량과 63개의 실행 지침으로 수정되었다. 기존의 11가지 핵심 역량과 새로 개정된 핵심 역량은 다음과 같다.

● 기존 11가지 핵심 역량

　역량 1. 윤리 지침과 전문성 기반 다지기

　역량 2. 코칭 합의하기

　역량 3. 신뢰와 친밀감 쌓기

　역량 4. 코칭 프레즌스

　역량 5. 적극적 경청

　역량 6. 강력한 질문하기

　역량 7. 직접적 커뮤니케이션

　역량 8. 일깨우기

　역량 9. 행동 설계하기

　역량 10. 계획 수립과 목표

　역량 11. 진행 및 책무 관리

● 개정된 8가지 핵심 역량

　역량 1. 윤리적 실천을 보여 준다.

역량 2. 코칭 마인드셋을 구현한다.

역량 3. 합의를 도출하고 유지한다.

역량 4. 신뢰와 안전감을 조성한다.

역량 5. 프레즌스를 유지한다.

역량 6. 적극적으로 경청한다.

역량 7. 알아차림을 불러일으킨다.

역량 8. 고객의 성장을 촉진한다.

기존 핵심 역량 중 직접적 커뮤니케이션(역량 7), 일깨우기(역량 8), 행동 설계하기(역량 9), 계획 수립과 목표(역량 10), 진행 및 책무 관리(역량 11) 역량은 명목상으로는 삭제되었다. 그리고 새롭게 개정된 역량 중 코칭 마인드셋을 구현한다(역량 2)와 고객의 성장을 촉진한다(역량 8)는 신설된 것이다. 그러나 자세히 살펴보면, 기존의 역량은 새로운 역량 안에 통합·압축되어 표현되어 있기 때문에 삭제되었다고 말할 수 없으며 새롭게 구조화된 것으로 보아야 한다. 이는 25년 전에 개발된 기존의 11가지 핵심 역량 모델 대부분이 오늘날 코칭에서도 매우 유효함을 말해 준다.

그런데 새로운 8가지 핵심 역량을 뒷받침하는 구체적인 평가 지침이 아직 마련되지 않아 현재는 기존의 11가지 역량을 기준으로 새로운 8가지 역량을 병행해 사용하고 있다. ICF는 2021년 말까지 구체적인 실행을 위한 평가 지침을 마련할 계획이므로, 8가지 새로운 핵심 역량으로 완전히 교체되는 시기는 2022년 중반 정도가 될 것으로 예상된다. 그러나 11가지 역량이 8가지 새로운 역량으로 통합되었기 때문에 코칭 역량을 구현하는 데에 특별한 문제는 없다.

ICF의 코칭 핵심 역량 서문에서 언급한 내용 외에, 8가지 핵심 역량에서 주목할 부분이 몇 가지 더 있다.

첫째, 코칭 역량의 1번과 2번을 코치의 존재the being of the coach와 관련된 역량

으로 설명하며, 코칭 역량 3번부터 8번까지는 코칭 구현the doing of coaching 역량
으로 설명하고 있다. 즉, '코치다움'을 말하는 코치 프레즌스presence와 '코칭다
움'을 말하는 코칭 프레즌스 두 파트로 나누어 설명하고 있는 것이다. 이는 코
치다운 태도와 역량을 매우 중시하고 있음을 보여 준다. 특히 코칭 역량 2번
'코칭 마인드셋을 구현한다'는 코치다운 태도와 역량을 강화하기 위해 새롭
게 추가된 부분이다.

둘째, 8가지 코칭 역량의 제목을 명사형에서 동사형으로 바꾸었다. 25년
전에 코칭 역량 모델을 만들 때는 11가지 역량을 명문화하는 데 비중을 두었
다면, 개정된 8가지 역량 모델에서는 코치가 실제로 코칭의 핵심 역량을 구
현하고 코치다운 태도를 지속적으로 성찰하며 실천하는 데 더 주안점을 두고
있음을 엿볼 수 있다.

셋째, 8가지 새로운 역량 모델은 더 단순하고, 이해하기 쉽고, 일관되고, 명
확한 언어를 사용하고 있다. 기존의 11가지 역량 모델은 1,537단어, 69개 실
행 지침으로 구성되었으나, 개정된 8가지 역량은 1,109단어, 63개 실행 지침
으로 줄어들었다. 전체적으로 내용을 단순화시킨 것은 좋았지만, 그 과정에
서 질문 역량의 비중이 줄어든 것은 다소 아쉬운 부분이다.

넷째, 개정된 8가지 역량에서는 개인 코칭 핵심 역량 외에 팀 코칭 핵심 역
량에 대한 지침을 부록으로 수록하고 있다. 이는 팀 코칭 및 그룹 코칭에 대
한 이해를 넓히고, 앞으로 더 개발되고 적용되어야 할 코칭 영역에 대한 기초
자료를 제공해 주었다는 의미에서 매우 바람직한 일이라 생각된다.

이 책에서는 새로 개정된 ICF의 8가지 코칭 핵심 역량을 자세하고 체계적
으로 안내할 것이다. 이를 통해 기대하는 바는 다음과 같다.

첫째, 코치들이 코치다운 역량과 코칭다운 역량을 갖추어 제대로 된 코칭
리더십을 발휘하게 한다. 또한 코치가 고객의 지속적인 성장을 위해 '코칭'이

라는 지원 방식을 선택할 때, 다른 방식인 멘토링, 컨설팅, 심리치료 등과 차별화되는 코칭의 핵심 역량을 충분히 숙지하고 사용하게 한다.

둘째, '코칭' 또는 '코치'들과 연계되어 활동하는 개인이나 조직이 코칭의 핵심 역량을 더 깊이 이해함으로써, 현재의 코칭 교육이나 서비스를 보완하고 강화하기 위한 참고 자료를 제공한다.

셋째, 코칭에 관심을 가진 연구자들에게 코칭의 원리와 실제에 대한 체계적인 정보를 제공한다.

이 책은 어떻게 구성되어 있는가?

먼저, 코칭에 대한 전반적 이해를 돕는 서론 '코칭에 대하여'로 시작하여, 코칭 역량 1번부터 8번까지 장별로 각 역량의 개념과 실행 지침을 설명하고, 코칭에서의 적용 방법을 보여 준다. 8개의 역량은 크게 4개의 범주인 기초 세우기, 관계 공동 구축하기, 효과적으로 의사소통하기, 학습과 성장 북돋우기로 나뉘어 있다.

이 책에서는 각 역량을 체계적으로 이해하기 위해 7단계로 접근하였다. 역량 이해를 위한 사전 질문, 개념, 역량의 정의 및 핵심 요소, 실행 지침, 전문 코치 평가 지표, 핵심 요약, 자기 개발을 위한 성찰 및 연습 순이다.

한 가지 아쉬운 점은, ICF에서 아직 구체적인 실행을 위한 평가 지침을 발표하지 않아 수준별 평가 핵심 요소와 사례 비교를 제시하지 못한 것이다. 그 부분은 앞으로 개정판에 포함시켜 전달해 드릴 것을 약속드린다.

이 책은 어떻게 활용하는가?

마스터 코치다운 모습으로 꾸준히 성장해 나가기 위해 이 책을 다음과 같이 활용하기를 권한다.

먼저, 차례를 보면서 8가지 핵심 역량 중 자신이 이미 잘하고 있다고 생각되는 역량들을 형광펜으로 표시하고, 그 부분부터 살펴본다. 그리고 코치로서 잘하고 있는 자신에 대해 자부심을 갖기 바란다.

그다음으로, 고객들이 나에게 칭찬하거나 혹은 특별히 배우지는 않았지만 나도 모르게 잘 발휘하고 있는 역량이 무엇인지 살펴본다. 그리고 그 역량에 대해 평소보다 훨씬 더 느린 속도로, 하나하나 숙고하며 읽어 보기 바란다. 코칭 역량은 서로 연결되어 있기 때문에 한 가지 역량을 충분히 이해하면 다른 역량을 이해하고 적용하기가 수월해진다. 예를 들어, 코칭 합의하기를 잘하면 행동 계획하기가 쉬워지고, 적극적 경청하기를 잘하면 알아차림 역량이 나도 모르게 발휘된다.

마지막으로, 자신의 코칭 현장과 고객을 위해 더 전문적이고 마스터풀한 수준의 역량을 발휘해야 할 항목을 확인한다. 숙련이 필요한 부분은 '수행 practice'하는 마음으로 연습practice, 연습practice, 연습practice을 반복하며 체화하기 바란다.

코칭을 잘하기 위해서는 수많은 코칭 교육에 참여하거나 코치 자격을 취득하는 것 이상의 노력이 요구된다. 코칭의 핵심 역량을 정확히 이해하고 자유롭게 사용할 수 있을 때 코칭 과정에서의 불안과 두려움에서 벗어나 특별히 애쓰지 않고도 편안하게 코칭을 할 수 있고, 자신의 코칭 수준을 체계적으로 평가할 수 있게 된다. 따라서 코칭 핵심 역량을 체득하려는 노력은 코칭 리더십을 발휘하는 디딤돌이 되어 코칭에 대한 부담감에서 자유로워지도록 우리를 인도할 것이다.

누가 저자로 참여했는가?

이 책에는 그동안 필자와 함께 '코칭 MBA' '영성 코칭' 과정을 통해 코칭 스터디를 함께해 온 전문 코치들의 아이디어가 고스란히 담겨 있다. 그리고 그 경험을 바탕으로 현장에서 코칭 핵심 역량을 가르치는 교수들이 공동 집필하였다. 그 과정이 물론 순탄치만은 않았다. 각자의 코칭 경험이 달라서 각 역량의 개념을 이해하는 데에서부터 견해 차이가 있었다. 또한 각자가 몸담고 있는 코칭 현장과 경험의 폭에 따라 코칭 실행 지침과 코칭 실제를 전개하는 방식에도 차이가 있었다. 그럼에도 이 책을 집필하는 목적을 계속 상기하고, 상호 학습자의 입장에서 서로 '존중, 수용, 신뢰'를 유지하며 시너지를 냄으로써 이 책을 완성할 수 있었다.

이 책은 ICF 코칭 핵심 역량의 원문을 충실히 따르면서도 창의적으로 해석하고 적용한 내용을 담고 있다. 영어로 쓰인 원문의 내용을 우리 현장에 적용하는 과정에서 여러 가지 의견이 오가고 다양한 구상이 시도되었다. 원문의 의미를 이해하고 해석하는 과정에서 발생한 갭을 사례로 메우려고 하였으나, 그 내용이 방대해 모든 항목을 다루기에는 역부족이었음을 솔직하게 고백한다. 또한 코칭은 깊이 알아갈수록 철학과 심리학 그리고 영성이 함께 작용하고 있기 때문에 그것을 글로만 전달하는 데에는 한계가 있음을 느끼게 된다. 그럼에도 불구하고, 저자들은 창조적인 시너지를 만들어 내고자 부단히 노력하였다. 그 결과는 이 책을 읽는 독자 여러분의 몫으로 돌린다.

참고로, 이 책에 나오는 사례는 한두 사람의 개인적인 사례가 아니라, 여러 사람의 공통적인 주제와 내용을 각 코칭 역량을 이해하는 데 도움이 되도록 각색한 것임을 밝힌다. 사례의 모티브를 제공해 주신 코칭 고객들과 코치들께 감사드린다. 또한 이 책을 집필한 공동저자들로부터 많이 배웠음에 감사드린다. 끝으로, 이 책의 완성도를 높이기 위해 큰 애정을 가지고 마지막 점 하나까지도 세심하게 다듬어 주신 정경화 코치께 깊은 감사를 드린다. 아울러 저서를 집필하는 동안 한결같은 지지와 격려를 보내 주셨던 학지사 김진환 대표님과 편집부 김순호 이사님께도 깊이 감사드린다.

원경림, 유성희 코치를 대표하여
박창규 코치 드림

💡 차례

서론

코칭에 대하여

1. '코칭에 대하여' 이해를 위한 사전 질문

가. 코칭이란 무엇인가?

나. 코칭의 철학은 무엇인가?

다. 코칭의 패러다임 전환은 어떻게 하는가?

라. 코칭 역량과 흐름은 어떻게 조화를 이루는가?

마. 코칭에서 스페이스의 역할은 무엇인가?

2. 코칭의 정의

많은 사람들이 다양한 관점에서 코칭을 정의하고 있다. 이 장에서는 코칭의 어원과 국제코칭연맹ICF의 정의를 살펴보도록 하겠다.

가. 코칭의 어원에서 출발한 정의

'코치coach'는 1500년대 유럽에서 사람들을 현재 있는 곳에서 가고 싶은 곳으로 데려다주는 마차를 가리키는 단어였다(Evered & Selman, 1989). 마차는 로마시대부터 사용된 교통수단이었는데 중세를 거쳐 르네상스가 시작된 이후 지붕이 있는 고급스러운 마차가 등장하였고, 이를 당시 고급 마차의 생산지로 유명한 헝가리의 도시 이름을 따서 코치라고 부르기 시작했다. 영국에서도 이런 마차를 코치라고 불렀고, 지금은 택시를 코치라고 부른다.

　이후 인간 개발 측면에서 사용하는 코칭의 개념은 사람들을 원하는 곳으로 데려다주는 것이 아니라 사람들이 스스로 원하는 곳으로 갈 수 있도록 지원해 주는 개념으로 바뀌게 되었다. 최근에는 특히 4차 산업혁명 시대가 펼쳐지면서 과거의 경험이 더 이상 우리를 미래의 원하는 곳으로 데려다줄 수 없는 시대가 되었다. 이제는 지금까지 축적된 자신의 내적 자원과 AI와 연결된 외적 세계의 네트워크를 활용하여 필요한 지식과 지혜를 획득하고, 그것을 자기만의 고유한 특성과 결합하여 스스로 원하는 곳으로 가야 하는 시대가 된 것이다. 아무도 살아본 적 없는 세상이기에 부모나 선생님도 조언을 해 줄 수 없다. 따라서 현대 사회는 진달래는 진달래답게, 개나리는 개나리답게, 자기만의 고유한 특성에 따라 스스로 정한 인생의 목적이나 목표를 성취할 수 있도록 지원해 주고 지지해 주는 개인적, 사회적 시스템이 필요한 사회로 진입하였고, 그에 가장 적절한 방법이 바로 코칭이다. 코칭은 자신이 원하는 삶을 대한 고객의 의욕을 고취시키고, 이를 위해 고객이 가진 능력과 잠재력을 최대한 발휘할 수 있도록 해 주는 것이기 때문이다.

나. 국제코칭연맹ICF의 코칭 정의

　국제코칭연맹ICF은 "코칭은 고객의 개인적, 전문적 잠재력을 최대한 발휘할 수 있도록 영감을 불어 넣고, 사고를 자극하며 창의적인 프로세스 안에서 고객과 파트너 관계를 맺는 것: ICF defines coaching as partnering with clients in a thought-provoking and creative process that inspires them to maximize their personal and professional potential"으로 정의한다. 코칭의 정의를 좀 더 명료하게 요점별로 풀어 보도록 하자.

1) 코칭은 고객과 함께하는 파트너링이다Partnering with clients.

파트너링은 합의된 공동 목표를 달성하기 위해 같은 방향을 바라보면서 함께 춤추듯 합을 맞추어 행동하고 노력하며 필요할 때 함께 있어 주는 관계를 맺는 것을 말한다. 이러한 관계가 형성되기 위해서는 파트너가 되는 두 사람 사이에 켜켜이 쌓인 신뢰가 필수적이다. 신뢰가 쌓여진 안전한 공간에서는 상대가 인식하지 못하는 강점 및 약점 등이 그대로 비추어지더라도 상호보완적인 성장 회로가 작동되기 때문에 전환의 계기가 될 수 있다. 다음에 이어지는 '무심코 솟아오르는 생각'을 불러일으키거나 그것을 창의적인 프로세스에 적용하는 것도 수평적인 파트너십이 있기 때문에 가능하게 된다.

2) 코칭은 생각을 자극하는 과정이다Thought-provoking process.

코치는 고객의 생각을 자극하는 파트너이다. 코칭은 코치의 생각을 고객에게 주입하거나 요구하는 것이 아니라, 고객의 생각을 자극하여 고객 스스로 자신의 문제를 풀어 나가며 성장하는 경험을 하게 하는 것이다. 코치는 고객이 코칭받기 전에는 한 번도 생각해 보지 않은 것을 자극하여 새로운 생각을 불러일으킨다. 이것을 영어로 thought-provoking이라고 표현한다. 독일의 실존주의 철학자 하이데거는 『사유란 무엇인가』에서 thought-provoking을 '깊이 숙고된 것을 불러일으키는 것', 즉 '자기 안에서 생각되어야 하는 것을 불러일으키는 것'이라고 설명하였다(권순홍 역, 2005).

여기에서 'thought'는 일반적인 '생각'과는 다른 의미이다. 사전적으로 'think(생각, 생각하다)'는 헤아리고 판단하고 인식하는 정신 작용, 경험해 보지 못한 사물이나 일을 머릿속으로 그려 보는 상상, 어떤 것에 대한 의견이나 느낌으로서의 견해를 의미하는 것으로 사용된다. 그런데 하이데거는 이와 관련하여, 사람들에게는 이미 숙고되어야 하는 것들이 있고 그렇게 숙고된 것이 생각을 불러일으킨다고 하였다. 따라서 thought란 내면에서 솟아오르는 것이 만들어 낸 생각을 의미한다고 할 수 있다.

코칭에서도 thought-provoking은 고객의 무의식 영역에서 '무심코 솟아오르는 생각'을 불러일으키고, 그것을 바탕으로 고객이 진정 원하는 것을 탐색하도록 하는 것이라 할 수 있다. 무의식에서 올라오는 생각은 직감이나 직관으로 의식에 작용한다. 코치는 생각을 자극하는 질문을 통해 고객이 직감이나 직관을 표현하게 함으로써 자신을 드러내게 하고, 또한 이를 바탕으로 고객이 자신의 내면을 더 깊이 탐구하게 함으로써 스스로에게 호기심을 갖게 한다.

'thought-provoking'과 반대되는 의미는, '재미없고unexciting, 지루하고boring, 자극을 주지 않는unstimulating 것이다. 코치가 이런 의미를 이해하고 '무심코 솟아오르는 생각'을 바탕으로 코칭을 하면 탐구적 호기심이 역동적으로 흐르는 코칭 세션이 된다.

3) 코칭은 창의적인 과정이다Creative process.

사람들은 보통 몸에 밴 습관대로 생각하고 행동하는 경향이 있어 스스로 창의적인 본성을 깨우기가 쉽지 않다. 따라서 고객의 다양한 이슈를 고객 스스로 독특하게 해결할 수 있도록 돕는 창의적인 과정이 필요한데 코칭은 고객의 창의적인 본성을 깨우는 과정이다.

이를 위해 코치는 코칭 질문을 통해 고객이 새롭게 알아차리게 하고, 고객의 의식을 현재 어려움을 겪는 장소에서 새로운 장소로 옮겨 주거나, 고객 스스로 호기심을 가지고 창의적인 방법으로 문제에 접근하도록 도와주는 것이 바람직하다. 또한 고객이 현재 상황을 새로운 시각으로 바라봄으로써 자신이 원하는 상황으로 건너갈 수 있도록 고객의 창의성을 이끌어 내는 창의적인 프로세스를 활용해야 한다. 코칭에서 고객이 스스로 문제를 해결하는 과정을 경험하며 성장하는 것은 바로 이런 창의적 프로세스를 적용하기 때문이다.

4) 코칭은 고객의 개인적, 전문적 잠재력을 극대화하는 과정이다Maximize their personal and professional potential.

코칭은 고객의 내부에 있는 잠재력을 극대화함으로써 스스로 창의적 과정을 거쳐 문제를 해결하고 성장해 나가는 과정이다. 인간의 내면에는 자기 성장을 위한 충분한 자원이 있다. 코칭은 고객이 이러한 자원을 개발하도록 격려하고, 고무하고, 도전함으로써 고객의 개인적 · 전문적 잠재력을 극대화하도록 도와준다.

5) 코칭은 영감을 주는 과정이다Process that inspires clients.

영어단어 'inspire'는 영감을 준다는 의미이다. 코치는 코칭의 전체 과정을 통해 고객의 잠재된 가능성을 이끌어 내기 위해 고객을 격려하고 고무한다. 더 나아가 인간은 육체적 · 정신적 한계 너머의 영적인 존재이기 때문에 코치는 고객의 영혼과 교감하며 영감을 불어넣는 역할도 해야 한다.

영감을 준다는 것은 머리와 가슴을 자극하는 것이다. 특히 가슴이 자극되면 그 안에 있는 가슴샘흉선, thymus이 자극되고, 그 결과 가슴 벅찬 열정, 성취 욕구, 가슴 뛰는 삶에 대한 동기, 용감하게 실행에 옮기는 기백 등이 솟아나게 된다. 즉, 인간이 원하는 것을 얻을 수 있는 지혜와 알아차림의 통로가 열리는 것이다. 우리는 종종 '가슴이 뛴다' '가슴이 뜨겁다' '가슴이 벅차다'는 말을 하는데, 이것은 영감을 받아 가슴이 움직였을 때 하는 말들이다. 우리의 가슴heart에는 언제나 심장heart이 뛰고 있고, 우리가 영감을 받는 순간 심장은 우리가 원하는 것을 이루어 내는 데 필요한 에너지를 힘차게 만들어 내기 시작한다. 그렇게 될 때 우리는 최상의 노력을 통해 잠재된 가능성을 극대화할 수 있다.

3. 코칭 철학

코칭이 효과적으로 진행되기 위해서는 코칭 철학mindset, 코칭 기술skillset, 그리고 코칭 툴toolset을 아우르는 역량이 필요하다. 나무에 비유하자면 코칭 철학은 나무의 뿌리에 해당한다. 뿌리가 튼튼해야 비바람이 불어도 나무가 쓰러지지 않는다. 마찬가지로 코칭 철학이 든든하게 뿌리내리고 있어야 코치다운 코치로 존재하면서 코칭다운 코칭을 할 수 있다. 이런 이유 때문에 코칭 교육 프로그램에서는 코칭 스킬을 다루기에 앞서 코칭 철학이나 코칭의 전제를 먼저 설명한다. 아무리 많은 코칭 스킬을 알고 있어도 코칭 철학의 뿌리가 흔들리면 스킬이 제대로 작동하지 않기 때문이다.

코치가 코칭 철학을 충분히 숙고하고 내면화하여 확고한 중심을 잡게 되면, 코칭에 대한 유연한 시각을 갖게 되고 고객과 상호작용을 함에 있어 어려운 상황에서도 전문가다운 판단과 대응을 할 수 있게 된다. 또한 우리가 앞으로 다루게 될 8가지 코칭 역량coaching competency을 다각도로 활용할 수 있게 된다. 따라서 코치들은 코칭을 시작하기 전에 코칭 철학을 하나의 만트라(참된 말, 진실한 말, 진리의 말로, 영적 또는 물리적 변형을 일으킬 수 있다고 여겨지는 발음, 음절, 낱말 또는 구절-위키피디아 참조)로 활용해도 좋을 것이다. 코칭 철학이 충분히 내면화되면 코칭 현장에서 자연스럽게 드러나게 되고, 이것이 코치다운 아우라(다른 사람이 흉내낼 수 없는 독특한 분위기)를 만들어낸다.

국제코칭연맹ICF은 2015년 6월 개정 전까지 ICF 윤리강령 서두에 코칭 철학philosophy of coaching을 제시하였다. 그것은 "모든 사람은 창조적이고, 자원이 풍부하며, 전인적every client is creative, resourceful, and whole"이라는 것이었다. 그러나 개정 이후 ICF의 코칭 철학을 따로 명시하지 않고 있다. 그 이유는 코칭을 다루는 기관 또는 개인마다 코칭 철학이 다를 수 있음을 인정하기 때문이라고 한다. 따라서 이 책에서는 과거 ICF에서 제시했던 코칭 철학의 세 가지 전제를 중심으로 살펴보고자 한다.

1) 인간은 전인적인 존재이다Every client is whole.

코칭 철학 중 전인적whole이라는 것은 사람을 더 이상 나눌 수 없는 하나의 '전체적이고 온전한 존재'로 보아야 한다는 것이다. 인간은 지知, 정情, 의意, 혹은 육체적, 정신적, 정서적, 영적인 면을 모두 갖춘 존재라는 의미이다. 다시 말해 우리의 신체, 감각, 감정, 욕구, 사고, 행동은 서로 연결되어 하나의 의미 있는 전체를 이룬다. 그리고 환경 안에서 새로운 통합적인 전체를 이루기 때문에 인간의 어떤 행동을 이해하기 위해서는 그를 둘러싼 유기적 환경 안에서 맥락을 통합적으로 보아야 한다(김정규, 2015).

인간의 행동에는 표면의 의식 차원과 내면의 깊은 무의식 차원이 조화롭게 작용하고 있다. 어떤 때는 의식 차원에서 에고가 작동되기도 하고, 또 어떤 때는 깊은 내면의 비의식(아직 의식화되지 못한 무의식) 차원에서 성찰을 통한 자각이 일어나기도 한다. 표면 의식의 에고가 작동될 때는 두려움, 수치심, 연약함, 그리고 아직 마음에 남아 있는 상처로 인해 고통받을 가능성이 높다. 반면, 비의식 차원에서 내면의 깊은 존재인 근원의 품성을 알아차리게 되면 내적 평온을 되찾고 내 안에 잠재된 가능성을 찾아 원하는 상태로 갈수 있다. 이와 같이 인간은 음陰적인 차원과 양陽적인 차원이 동시에 존재하고 서로 상호작용하면서 온전한 존재로 작용한다. 음/양, 의식/무의식, 부정적/긍정적인 요소 모두 온전함the wholeness을 위한 구성 요소인 것이다. 우리가 때로 깊은 명상 상태에서 육체적으로 현존하고, 정신적으로 명료하며, 정서적으로 균형 잡히고, 주변이나 혹은 우리가 알지 못하는 미지의 세계와 연결되어 있음을 느끼는 때가 있는데, 이는 우리가 전인적 존재이기 때문이다. 그러므로 코치가 고객을 대할 때 전인적인 존재로 바라보아야 하고, 고객 스스로 자신에 대한 전인적 접근을 하도록 코칭해야 한다. 왜냐하면 고객이 가지고 있는 이슈는 전인적 존재의 한 부분이지만, 다른 모든 부분들과 하나로 연결되어 있기 때문이다.

인간은 이렇게 더 이상 나눌 수 없는 전인적 존재이면서 동시에 각 개인은 자신만의 독특하고 고유한 무늬를 가지고 있다. 적절한 환경만 주어진다면 사람들은 누구나 그것을 자연스럽게 발휘하며 살아가고자 한다. 이런 맥락에서 코치는 코칭 중에 고객이 하는 말을 입체적으로 이해해야 한다. "좀 더 열심히 살고 싶어요."라고 말하는 고객의 욕구를 단순히 현재 열심히 살지 않기 때문에 앞으로 조금 더 열심히 살고 싶다는 의지로 받아들이는 것은 고객을 온전하게 이해하지 못한 것이다. 고객이 지금까지 어떻게 살아왔고, 그 삶의 맥락 속에서 어떤 생각과 행동을 해 온 사람이기에 현재 이런 이슈를 제시하는지에 대해 입체적으로 접근해야 고객을 온전히 이해할 수 있다.

또한 코치가 고객을 전인적으로 본다는 것은, 고객이 표현하는 독특하고 고유한 이슈나 문제가 고객의 전체 삶에 어떤 식으로 연결되어 있는지 맥락을 이해하는 것이다. 인간의 개별적인 여러 가지 행동은 전체 상황 속에서 일어나는 행동의 일부분이다. 그러므로 그 행동을 온전히 이해하기 위해서는 더 큰 목표, 혹은 더 나아가 삶의 목적을 이해하는 것이 중요하다. 코칭할 때 이런 철학을 바탕으로 폭넓게 이해하는 태도로 고객을 대하게 되면, '고객은 언제나 옳다'는 전제도 가능하게 된다.

2) 인간은 자원이 풍부한 존재이다 Every client is resourceful.

리소스풀resourceful하다는 말은 '자기 자신의 문제 해결과 의사 결정에 능하다' skilled at solving problems and making decisions on your own-Cambridge Dictionary는 뜻이다. 코칭에서는 고객이 자기가 당면한 문제 상황에 맞춰 그것을 극복하는 방법과 수단을 스스로 고안해 낼 수 있는 능력이 있다고 본다. 다시 말해, 고객 스스로 자신이 원하는 목표를 설정하고 그것을 이루어 낼 자원을 가지고 있다는 것이다.

이것이 어떻게 가능할까? 그것은 우리가 태어나면서부터 인류의 진화 과정에서 배운 지혜와 리소스(내적 자원)가 DNA에 축적되어 있기 때문이다. 그리고 개인적인 삶의 여정에서 어려운 상황에 직면하고 극복하고 해결해 가며

쌓은 지혜가 자원으로 저장되어 있다. 현재의 삶에서도 미래의 삶에서도 그런 자원이 계속 쌓여 가고 있다. 얼마나 놀라운 일인가? 우리 안에 인류의 진화 과정에서 얻은 모든 지혜가 저장되어 있다는 것이 말이다. 다만, 그것이 무의식에 저장되어 있기 때문에 의식의 영역으로 불러오는 창의적인 프로세스가 필요하다. 그 창의적인 프로세스 중 하나가 코칭 프로세스라는 것이 참 다행스럽고 멋진 일이다.

3) 인간은 창의적인 존재이다Every client is creative.

창의적creative이라는 말은 원하는 것을 만들어 내기 위해 내적 자원을 조합하여 새롭고 가치 있는 경로와 수단을 만들어 내는 것을 말한다. 인간은 목적 지향적인 존재이기 때문에 앞만 쳐다보고 앞으로만 나아가려는 특성이 있다. 그리고 이를 위해 자기 내면의 잠재력을 개발하고 확대하며 체험을 통해 실천하려는 창조적인 태도를 갖게 된다.

한편, 일상적으로 일어나는 외부 상황은 우리의 창의력에 어떤 영향을 미칠까? 고객들은 주로 현재의 고통이나 원하는 미래에 대해 이야기를 많이 한다. 이것은 일종의 욕구불만 상태이다. 그런데 이 욕구불만이 쌓이면 내면에 축적된 에너지가 형성된다. 그 에너지는 불만스러운 현재의 삶을 이겨 낼 수 있는 창조적인 힘을 만들어 낸다. 따라서 인간은 누구나 내적·외적인 창조적 본성을 가지고 있다고 말할 수 있다.

더 나아가, 인간은 전인적이면서 동시에 독특하고unique 유일한only one 존재이기 때문에 독창적 창의성을 가진 존재라고 할 수 있다. 모든 인간은 지문이 다르고 홍채가 다르고 유전자도 다르다. 또한 모든 사람이 저마다의 고유한 빛깔과 무늬와 향기를 가지고 있다. 마찬가지로 고객이 제시하는 주제도 얼핏 보면 일반적인 주제처럼 보이지만, 깊이 들여다보면 사람마다 다르다. 고객이 스스로 원하는 결과를 얻기 위해 대안과 실행 방법을 탐구함에 있어서도 남의 방식을 모방하거나 답습하기보다는 자신의 고유한 방식을 고안하고,

탐색한다. 즉, 자기 나름대로의 독특한 창의력을 발휘하는 것이다.

지금 우리가 살고 있는 삶의 양식도 누군가의 창의성으로부터 시작되었다. 그 창의성은 어디에서 비롯되었을까? 일반적으로 창의성은 어떤 상황을 남들과 다르게 보고, 느끼고, 생각하는 데서 출발한다. 그리고 각자가 경험한 무수한 사건들을 서로 연결할 때 생겨나기도 한다. 또는, 우리의 무의식에 저장된 인류의 선험적 경험이 올라와서 지금 현재와 어떤 방식으로 연결됨으로써 창의력이 발휘되기도 한다.

그러므로 코치는 고객이 여러 가지 상황과 사건들을 다르게 보고 생각할 수 있도록 초대해야 한다. 더 나아가 고객의 창의성을 끌어내기 위해서는 코치도 창의적이 되어야 한다. 어떤 상황이나 사물, 사건, 생각들을 새롭게 연결시키는 창의적인 질문을 하는 것은 물론, 생각하는 방식에 있어서도 창의적인 훈련이 필요하다.

코칭에서 창의적 훈련 과정은 아이들이 모래사장에서 노는 것과 비슷하다. 마음껏 창의성을 발휘해 새로운 것을 시도해 보고, 마음에 안 들면 다시 다른 것을 해 보는 것이다. 실패의 위험을 감수하고 새로운 시도를 하는 것은 코칭에서 바람직한 일이다. 만일 고객도 함께 위험을 감수한 시도를 한다면 놀라운 일들이 일어날 수 있다. 이러한 과정이 바로 코칭에서의 창의적인 프로세스가 아닐까 한다. 사례를 하나 살펴보자.

사례

고객: 저는 다음 달에 가족들과 함께 완벽한 가족 휴가를 가고 싶어요.

일반적 질문: 완벽하다는 건 뭔가요? 완벽한 가족 휴가를 위해서 무엇을 해 보고 싶으세요?

창의적 질문: 완벽하지 않은 가족 휴가는 어떤 모습인가요?

(또는) 휴가를 다녀와서 친구에게 완벽한 가족 휴가에 대해 이야기하신다면 뭐라고 말씀하시겠어요?

코치는 고객이 자기다운 독특한 창의력을 발휘하도록 격려하고 영감을 불어넣어야 한다. 코칭 과정에서 고객의 고유성이 표현된 언어, 관점, 학습 스타일, 독특한 행동 양식을 알아차리고 거울처럼 되비춰 주는 것도 고객의 창의성을 일깨우는 방법이다. 만약 고객의 독특한 스타일에 대해 코치가 자신의 방식으로 바꾸어 반응한다면 고객은 그것에 영향을 받아 자신의 표현을 바꾸거나 조심하게 된다. 반대로 고객이 코칭 과정 중에 일어난 내적인 움직임을 자기만의 방식으로 표현하도록 격려 받고 인정받게 되면 더욱더 자기답고 창의적인 표현을 할 수 있는 힘과 용기를 얻게 된다.

ICF의 코칭 철학 외에 일반적으로 널리 알려진 코칭 철학은 다음과 같다.

첫째, 모든 사람에게는 무한한 가능성이 있다.

둘째, 그 사람에게 필요한 해답은 모두 그 사람 내부에 있다.

셋째, 해답을 찾기 위해서는 파트너가 필요하다.

－황소연 역(2004).

여러 코칭 기관 및 코칭 교육 프로그램에서 제시하는 코칭 철학은 앞서 언급한 코칭 철학을 근간으로 하여 유연하게 변형하고 재구성하여 만들어진 것이다.

4. 코칭 패러다임

가. 패러다임

패러다임이란 세상을 보는 마음의 창frame이자 세상을 바라보는 시각이다. 핑크색을 광적으로 좋아한 핑크대왕 '퍼시'의 이야기가 있다. 그는 자신의 권력으로 궁궐 안팎의 모든 것을 핑크색으로 칠했지만, 푸른 하늘만큼은 핑크색으로 바꿀 수 없어 몹시 화가 났다. 그러자 스승이 핑크색 안경을 선물해 주었다. 그 후로 퍼시는 핑크색 안경을 쓰고 세상을 바라보며 행복한 나날을 보냈다는 이야기이다. 재미있는 것은 우리 역시 퍼시처럼 핑크색이 아닐 뿐, 각자 다른 고정관념의 색안경을 끼고 세상을 바라보고 있다는 것이다.

　마찬가지로 코칭의 패러다임은 코칭을 바라보는 프레임이자 코치 자신과 고객을 바라보는 시각이다. 어떤 프레임으로 보느냐에 따라 코치의 인지, 정서, 태도, 행동이 다르게 나타나기 때문에 코칭 철학에서 비롯된 코칭 패러다임은 대단히 중요하다.

　모든 사람이 전인적이고 자원이 풍부하며 창의적이라는 코칭 철학을 마음에 새기고 고객들을 바라보면 고객에 대한 패러다임이 형성되고, 그 패러다임을 유지하며 코칭 핵심 역량에 기반한 코칭 과정을 진행하면 기대하는 코칭의 효과를 얻을 수 있다. 이를 그림으로 표현하면 [그림 1]과 같다.

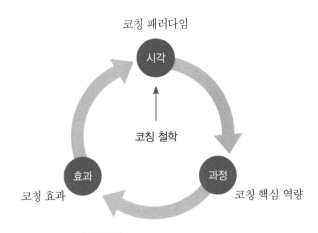

그림 1 **코칭 철학의 구현 과정**

출처: Covey Leadership Center(1996). SEE-DO-GET 모델을 적용함.

나. 사람 패러다임people paradigm vs. 사물 패러다임things paradigm

코칭 관계를 맺은 코치와 고객 사이의 대화는 두 사람이 세상을 사람 중심으로 보는지, 사물 중심으로 보는지에 따라 전혀 다른 양상으로 흘러간다. 사물 중심 패러다임은 상대방이 말하고 있는 '문제'를 중심으로 교류하고 소통한다. 반대로 사람 중심 패러다임은 상대방과 존재로서 연결되는 느낌을 중요시한다. 따라서 두 사람이 대화할 때 상대방이 사람에 관심을 두는지, 사물(사실, 사건, 문제, 이야기 등)에 관심을 두는지에 따라 두 사람 사이의 연결감은 달라지게 마련이다. 어느 모임에서 있었던 사례 하나를 살펴보자. 자신이 화자의 입장이 되어 읽어 보기 바란다.

> 화자: 최근에 코칭에 관한 책을 한 권 읽었어요. 책 내용이 너무 훌륭해서 그 저자에게 존경심이 들었는데, 다른 한편으로는 제 자신에 대한 자괴감도 느껴졌어요. 저도 지금까지 나름 열심히 코칭을 배우고 공부했는데, 그런 책을 쓰신 분을 보니 나는 그동안 뭐하고 살았나 하는 부끄러운 마음이 들더라고요.
>
> 청중: (거의 동시에 질문함) "어떤 책이에요?", "책 제목이 뭐예요?", "누가 썼어요?"

청중들의 질문에 어떤 느낌이 드는가? 내가 만약 화자라면 청중에게 어떤 말을 듣고 싶었겠는가? 안타깝게도, 사람들은 그 책에 대해서만 관심을 보일뿐, 화자가 왜 그런 마음이 들었는지, 원하는 것이 무엇인지에 대해서는 묻지 않았다. 그의 감정 밑에는 자신이 원하는 미래와 더욱 성장하고 싶은 큰 욕구가 있었지만, 그런 것에는 아무도 관심을 보여 주지 않았다. 화자는 자신의 느낌을 나누고 격려 받고 싶었지만, 사람들은 책thing에만 관심을 보이고, 책을 통해 무언가 느낀 그 사람people에 대해서는 관심을 보이거나 공감해 주지 않았던 것이다. 이 사례는 사물 패러다임으로는 사람 패러다임에 접근할 수 없음을 여실히 보여 준다.

『당신이 옳다』(2019)의 저자 정혜신은, "공감은 인내심을 가지고 들어 주는 것이 아니라 정확하게 듣는 일이다. 정확하게라는 말은 대화의 과녁이 분명히 존재한다는 뜻이다. 공감적 대화의 과녁은 언제나 '존재 자체'다. 상대의 말이 과녁에 분명히 도달할 때까지, 상대의 존재 자체를 만날 때까지. 공감은 그렇게 시작된다."라고 하였다. 공감적 대화의 과녁은 언제나 '존재 자체'여야 한다는 사람 중심 패러다임을 잘 설명해 주는 말이다.

또 다른 사례를 하나 살펴보도록 하자.

> **고객:** 요즘 잠이 잘 오지 않아서 걱정이에요.
>
> **코치:** 혹시 그것에 대해 의사의 진단은 받아보셨나요? 저도 가끔 그럴 때 우유 한 잔을 마시고 자는데요.
>
> **고객:** 아니, 그 정도는 아닌 것 같아요. (에너지가 급격히 다운됨)

이 사례는 코칭적 접근에서 두 가지가 아쉽다. 하나는 고객이 '걱정이다'라고 했는데 코치가 걱정하고 있는 고객(사람)에게 공감해 주지 않고, "혹시 의사의 진단은 받아보셨나요?"라고 문제에 집중하는 점이다. 두 번째는 코치가 은근히 해결책을 제안한 부분이다. 즉, 사람 중심이 아닌 사물 중심 패러다임으로 접근할 뿐만 아니라, '나도 겪어 봐서 아는데'라는 식으로 은근히 자신의 해답을 제시함으로써 고객이 스스로 탐색하고 성장할 기회를 앗아가 버렸다. 이는 코치가 코칭의 정의와 철학, 패러다임에 대해 충분히 숙고하고 숙지하지 못한 상태임을 보여 준다.

사람들이 무언가를 표현할 때는 자신만의 순수한 가슴이 있다. 누군가 그 가슴의 주파수에 공명해 준다면, 사람들은 자신이 입고 있는 단단한 갑옷을 벗을 수 있다. 하지만 '아무도 내 마음을 알아주지 않는구나. 내가 원하는 것에는 관심도 없고, 모두 자기 생각으로만 가득 차 있구나.'라는 생각이 들면 자신을 보호하기 위해 더 두꺼운 갑옷을 입게 된다. 이것이 코칭에서 사물 패러다임보다 사람 패러다임이 중요한 이유이다. 따라서 코치는 자신이 사물 패러다임으로 접근하고 있음을 알아차리는 순간, 사람 패러다임으로 전환해야 하며, 이런 경험을 계기로 조금씩 더 성숙해질 수 있다.

다. 나 중심me-centered 패러다임

나 중심 패러다임me-centered은 나 중심으로 생각하고 판단하며 그게 나인 것처럼 인식하는 에고 패러다임이다. 영성가 에크하르트 톨레Eckhart Tolle는 『NOW』(2008)에서 '에고는 허구적 존재'라고 규정한다. 그리고 허구적 존재인 에고가 나의 자리를 차지하고 주인 행세를 하고 있다고 말한다. 에고는 철갑을 두르고 있어서 외부의 공격에는 잘 무너지지 않지만, 내부로부터의 깨어 있는 인식을 통해 허구적 존재임이 드러나게 된다.

에고는 내가 인식하는 형상을 자신이라고 믿는다. 물질적 형상과 생각 속 형상, 감정 속 형상을 동일시하여 '나'라는 가상의 이미지를 만들고 그것이 자신이라고 여긴다. 그리고 자신이 세상의 다른 사람, 다른 존재들과는 완전히 분리된 독립적 개체라고 생각한다. 이러한 에고의 특성은 인간이 우주 전체와 연결되어 있고, 생명의 근원은 물론 다른 모든 존재와 본래 하나임을 자각할 수 없게 만든다. 우리가 만약 이런 허구적 존재인 에고를 내 존재의 주인으로 받아들이고, 에고가 나의 생각과 말과 행동을 지배한다면 그때 나는 어떤 세상을 창조하겠는가? 에고의 허상에 대해 깨닫지 못하는 한 우리는 똑같은 세상에서 똑같은 기능장애를 반복하며 살아갈 뿐이다(노혜숙, 유영일 역, 2008).

그런데 코칭을 할 때 이 허구적 존재인 코치의 에고가 고객의 문제를 해결해 주려고 충고하고 조언하고 답을 주려고 할 때 무슨 일이 일어나겠는가?

그리스 신화에 나르키소스 이야기가 있다. 사냥을 하다 물을 마시려 호수를 찾았던 그가 호수에 비친 자신의 모습을 보고 반해 버린다. 매일 숲속 호숫가를 찾아와 물에 비친 아름다운 자신을 보며 사랑에 빠진 그는 결국 물속으로 들어가 죽고 만다. 그 후 그 자리에 피어난 꽃을 그의 이름을 따서 나르키소스(수선화)라고 부르게 되었다. 정신분석학에서 자기애를 의미하는 나르시시즘은 이 나르키소스 신화에서 유래한 것이다.

그런데 나르키소스의 이야기는 거기서 끝나지 않는다. 나르키소스가 죽자 쓰디쓴 눈물을 흘리며 슬퍼하는 호수를 보고 숲속의 요정들이 다가와 물었다.

요정: 그대는 왜 울고 있나요?

호수: 나르키소스를 애도하고 있어요.

요정: 하긴 그렇겠네요. 그대야말로 그의 아름다움을 가장 가까이서 바라볼 수 있었을 테니까요.

그러자 호수가 물었다.

호수: 나르키소스가 그렇게 아름다웠나요?

요정: 그대만큼 나르키소스의 아름다움을 잘 아는 이가 어디 있겠어요? 그는 날마다 그대의 물결 위로 몸을 구부리고 자신의 얼굴을 들여다보았잖아요!

호수는 한동안 아무 말도 하지 않고 가만히 있다가, 조심스레 입을 열었다.

호수: 저는 지금 나르키소스를 애도하지만, 그가 그토록 아름다운 줄은 몰랐어요. 저는 그가 제 물결 위로 얼굴을 비출 때마다 그의 눈 속 깊은 곳에 비친 나의 아름다움을 볼 수 있었어요. 그런데 그가 죽었으

니 아, 이젠 그럴 수 없어서 슬퍼하는 거예요.

−최정수 역(2001).

코치가 나 중심적 패러다임을 가지고 있으면, 호수와 나르키소스의 관계처럼, 코치와 고객과의 연결이 끊어진 상태이다. 이 상태에서는 코칭 대화가 겉돌다가 힘없이 끝나게 된다. 나 중심 패러다임을 가진 코치는 고객이 표현하는 자기 세계를 온전히 비추어 주지 못하기 때문이다. 코치는 고객의 거울이 되어 주어야 한다. 고객은 코치라는 거울을 통해 자기를 비춰 보고 성찰하기 때문이다. 따라서 코치는 고객을 위해 최대한 맑고 깨끗한 거울이 되어야 한다. 만약 코치가 고객의 자기 표현에 대해 자신의 에고로 듣거나 말하고, 고객이 말하는 동안 다음에 할 질문을 생각하고 있다면 이것은 에고의 때가 많이 낀 거울이다.

그러므로 코치는 에고의 때를 계속 제거하며 맑은 거울로 있어야 한다. 고객은 그 맑은 거울을 통해 처음에는 자신의 외적인 모습을 비춰 보지만 나중에는 고객 스스로 자신의 내면을 들여다보게 된다. 에고의 찌꺼기가 없는 맑은 거울은 고객으로 하여금 더 깊은 탐구를 가능하게 하는 것이다. 코치의 맑고 참된 응답은 고객이 자신을 성찰하게 하고 결국 자신을 자유롭게 한다.

본문의 각 코칭 역량에는 전문 코치 평가 지표PCC Markers가 있다. 그런데 모든 바람직한 역량에 에고를 곱하면 불합격 요소가 된다. 다시 말해, '코칭 역량 × 에고 = 불합격'이다. 이것은 '강점 × 에고 = 약점'이 되는 원리와 같다. 예를 들어, 일처리를 꼼꼼하게 하는 강점을 발휘할 때 에고가 작동하면 깊은 자기 독선에 빠지게 되는 것이다.

따라서 고객이 선택한 주제로 고객의 세계에서 고객과 함께 하는 것, 이것이 코치의 참된 응답이다. 에고가 없는 맑은 거울은 세상에서 보기 드문 귀한 거울이 된다. 이렇게 맑은 거울이 되어 고객이 자기 사랑을 세상에 표현하게 한다면 얼마나 값진 일이겠는가? 코치가 나 중심적인 패러다임에서 벗어나 고객과 연결되어 코칭의 여정을 걸어갈 때, 두 사람은 함께 의미 있는 한 걸음을 내딛게 될 것이다.

라. 상대방 중심you-centered 패러다임으로 전환

나 중심 패러다임에서 탈피하는 방법은 무엇인가? 패러다임을 '나 중심me-centered'에서 '상대방 중심you-centered'으로 바꾸는 것이다. 나 중심 패러다임은 코치가 중심이 되는 대화로 흐르게 된다. 코치에게 나 중심 패러다임이 깊이 새겨져 있으면, 코치는 고객이 꺼내는 이야기를 자신의 상황, 신념, 가치관, 체험을 중심으로 보게 된다. 코치의 에고가 작동되어 고객의 말을 자기 중심적으로 왜곡하게 되는 것이다. 그렇게 되면 코치는 모든 것을 자기의 의식 상태로 볼 수밖에 없고, 고객의 상황을 객관적으로 인식하지 못한 채 코치가 인식한 방향으로 코칭을 이끌어 가려 한다. 그리고 코치가 마치 해결사처럼 해답을 주려고 하거나 멘토처럼 자기 경험담을 얘기하며 교훈을 주려고 한다.

그러나 '상대방 중심' 패러다임으로 바뀌게 되면 고객이 주인이 되는 코칭 대화가 전개된다. '상대방 중심' 패러다임으로 코칭에 임하면 고객이 스스로 주제를 제기하고, 스스로 대안을 생각하고 선택하여, 스스로 행동하도록 지원해 주는 코칭의 본래 목적을 충실히 이루어 내게 된다.

코치는 고객의 말에 공감하며 있는 그대로를 수용해 주고, 생각을 자극하는 질문을 함으로써 고객과 완전히 함께 있어야 한다. 이때 코치는 고객의 말을 온전히 수용하더라도 그것에 의해 흔들려서는 안 되며, 늘 평정심을 유지

그림 2 패러다임의 전환

할 수 있어야 한다. 평정심은 바른 알아차림_{awareness}과 바른 관찰_{observation}을 통해 얻어진다. 이런 훈련을 통해 코치의 마음이 맑은 거울처럼 투명하게 유지되면 고객을 있는 그대로 비추어 줄 수 있다. 그리고 그것은 코치에 대한 고객의 깊은 신뢰로 이어진다. 이 모든 것은 코치가 상대방 중심 패러다임을 가지고 있을 때 가능하다.

5. 코칭 역량

코치로서 성장 발전하기 위해서는 코칭 역량에 대한 체계적 이해와 단계적 훈련이 필요하다. ICF 핵심 코칭 역량은 코칭 철학을 바탕으로 여러 가지 코칭 스킬과 접근 방법들을 체계적으로 제시하기 위해 개발되었다. ICF는 코칭에 필요한 핵심 역량을 크게 4가지 범주로 나누어 8가지 역량을 제시하고 있다.

표1 ICF 코칭 핵심 역량

A. 기초 세우기 foundation	1. 윤리적 실천을 보여 준다_{Demonstrates ethical practice}
	2. 코칭 마인드셋을 구현한다_{Embodies a coaching mindset}
B. 관계 공동 구축하기 co-creating the relationship	3. 합의를 도출하고 유지한다_{Establishes and maintains agreements}
	4. 신뢰와 안전감을 조성한다_{Cultivates trust and safety}
	5. 프레즌스를 유지한다_{Maintains presence}
C. 효과적으로 의사소통하기 communicating effectively	6. 적극적으로 경청한다_{Listens actively}
	7. 알아차림을 불러일으킨다_{Evokes awareness}
D. 학습과 성장 북돋우기 cultivating learning and growth	8. 고객의 성장을 촉진한다_{Facilitates client growth}

가. ICF 코칭 핵심 역량 8가지

코칭은 8가지 핵심 역량들이 상호작용하면서 결과가 창출된다. 이 8가지 핵심 역량은 코칭 초보 단계에서는 순차적으로 진행될 가능성이 높지만, 나중에는 코칭 과정에서 동시에 작용하는 경우가 많아진다. 코칭은 고객의 생각이나 감정, 의도에 따라 파트너 역할을 하며 유연하게 진행되기 때문에 미리 정해진 프로세스를 따르지 않는다. 코치는 고객이 표현하는 것에 잘 반응하고 질문하며 되비추어 줌으로써 고객 스스로 자신이 말하는 한 부분이 자신의 다른 부분에 어떻게 영향을 미치는지 알아차리게 도와 주어야 한다. 코칭 핵심 역량은 마치 인드라망처럼 서로 상호작용하며 서로를 비춰 주고 비춰지며 지지해 준다.

나. 코칭 역량과 인드라망

8가지 코칭 핵심 역량이 서로 상호작용하는 관계를 불교의 인드라망(因陀羅網-네이버 인드라망 참조)에 비유할 수 있다. 불교의 『화엄경』에 나오는 인드라망은 우주의 모든 존재와 세계가 거미줄처럼 서로 얽혀 있는 유기적 관계라는 세계관을 상징적으로 표현하고 있다. 인드라망은 불교의 욕계欲界에 속한 천신天神들의 왕인 인드라, 즉 제석천이 머무는 궁전 위에 끝없이 펼쳐진 그물인데, 이 그물의 모든 매듭에는 구슬이 달려 있고 그 구슬들은 서로가 서로를 비추어 주기 때문에 겹겹으로 끝없이 연결되어 있다고 한다. 그래서 만약 구슬 중 하나의 색깔이 바뀌면 다른 모든 구슬에 투영되기 때문에 다른 구슬들의 색깔도 동시에 변하게 된다. 즉, 모든 것은 서로 연결되어 상호작용하고 있다는 것이다. 인간관계도 마찬가지다. 인드라망 개념에 8가지 코칭 핵심 역량을 적용해 표현하면 [그림 3]과 같다.

그림 3 인드라 망과 코칭 역량 망

출처: 인드라 망 EBS 다큐 〈동과 서〉 스틸컷(좌).

코칭 역량의 관계도 인드라망처럼 한 가지 역량의 색깔이 변하면 다른 역량들에 투영되기 때문에 다른 역량들의 색깔도 변하게 된다. 예를 들어, 역량 3번의 코칭 합의 맺기에서 합의된 코칭 주제와 목표는 다른 모든 역량에 영향을 미치며, 적극적 경청이나 질문 역시 다른 모든 역량에 영향을 미친다. 이처럼 8가지 코칭 핵심 역량은 코칭 스페이스 안에서 서로 거미줄처럼 연결되어 있으며, 코칭 과정 중에 서로 영향을 주고받으며 상호작용한다. 또한 8가지 코칭 역량은 하나하나가 동등하게 중요하며, 서로가 같은 비중으로 작용한다. 본문에서는 8가지 코칭 핵심 역량을 한 가지씩 차례대로 설명할 것이다.

다. 스페이스space와 파티클particle

인드라망 안에 모든 존재와 세계가 서로 거미줄처럼 얽혀 있듯이, 코칭에서도 공간을 표현하는 스페이스space와 입자라는 의미의 파티클particle의 개념을 이해할 필요가 있다.

스페이스는 '비어 있는, 이용할 수 있는 널찍한 공간'을 뜻하고, 파티클은 '입자, 미립자, 혹은 극히 작은 것'을 의미한다. 양자물리학에서 스페이스는 아무것도 없는 것처럼 보이지만 그 안에 무한한 가능성이 있는 공간을 말한다. 마치 불교의 공(空, 아무것도 없지만 무한한 가능성으로 가득 차 있는 것)의 개념과 유사하다. 한편, 파티클은 눈으로 확인할 수 있는 가시적인 물질들, 즉 입자를 의미한다. 그 입자를 제외하면 나머지는 공간으로 채워져 있다고 볼 수 있다.

이를 코칭에 적용해 보면, 파티클은 구체적으로 손에 잡히는 이슈나 문제, 내용을 말하며, 스페이스는 그 파티클을 담고 있는 충분한 여유 공간이자 코칭을 가능하게 하는 공간을 말한다. [그림 3]에서 각 코칭 역량은 입자이며, 역량과 역량들이 상호 연결되고 작용하도록 하는 것은 스페이스라고 볼 수 있다. 각 역량 한 가지가 발휘하는 기능보다 역량을 서로 연결시켜 주는 스페이스의 에너지가 훨씬 더 큰 의미가 있고, 아울러 코칭의 효과도 그만큼 커진다.

정리하면, 고객이 말하고자 하는 주제는 파티클이고, 코치와 고객 사이에 형성된 코칭 관계와 파티클을 담고 있는 주변 환경 요소는 스페이스라고 할 수 있다. '하는 것doing'에 초점을 둔 이슈 중심의 코칭은 파티클 중심 코칭이고, '존재being'와 '관계'에 초점을 둔 코칭은 스페이스 중심 코칭이라 할 수 있다.

표 2 스페이스와 파티클 비유

	스페이스	파티클
양자물리학	입자를 둘러싼 공간 (배경, 상황, 관계 등)	구체적으로 손에 잡히는 입자
불교	아무것도 없는 것처럼 보이지만 무한한 가능성이 있는 공간	인간이 현실적으로 의식하고 있는 여러 가지 문제들
일상	카페의 분위기(음악, 커피 향기, 실내 인테리어, 건물 외관 등)	커피 맛, 머그컵, 의자와 테이블 등
코칭	코치와 클라이언트 사이에 형성된 코칭 관계	고객이 제기하는 여러 가지 주제들

코칭에 스페이스가 있다는 것을 알고 활용하면 코칭 대화의 폭과 깊이가 달라지게 된다. 코칭 스페이스를 인식하지 못하면 코치는 주로 고객이 말하는 문제 해결에 집중하는 파티클 중심의 코칭을 하게 된다. 그러나 코칭 스페이스를 인식하면 고객이 말하는 문제는 물론, 고객의 삶, 평소에 드러내지 않던 생각, 상황을 바라보는 관점과 감정 등이 풍성하게 드러나게 된다. 코칭 역량들이 코칭 스페이스 안에서 상호작용할 때 수준 높은 코칭이 가능하게 된다.

라. 코칭의 흐름

1) 코칭 흐름의 큰 사이클

코칭의 흐름을 하나의 사이클로 표현하면 큰 사이클과 작은 사이클로 구분할 수 있다.

큰 사이클은 일반적으로 기업 코칭이나 여러 회에 걸친 개인 코칭에서 사용되는 사이클이다. 연속적인 코칭이 필요한 기업이나 개인의 경우 고객과

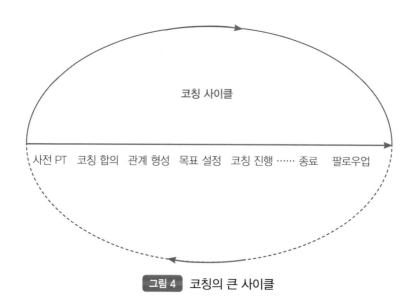

그림 4 코칭의 큰 사이클

사전 미팅 시간을 갖는다. 코칭이 무엇이고, 코칭 과정이 어떻게 진행되는지 등에 대한 탐색이 이뤄지고, 고객이 코칭에 대해 긍정적인 관심을 갖게 되면 기대 목표를 설정하고 이에 대한 계약이나 합의가 이뤄진 후 본격적인 코칭이 진행된다. 때로는 계약이 먼저 이뤄지고 구체적인 목표 설정은 코칭 과정에서 이루어질 수도 있다. 코칭이 모두 종료되면 사후 평가를 하고, 그 효과에 따라 재계약이 이루어지기도 한다. 필자의 경험에 따르면, 기업 코칭이나 개인 코칭에서 10회 이상을 진행하는 경우에 기대했던 목표에 도달하는 비율이 비교적 높았다. 그러나 코칭 비용의 부담 때문에 최근에는 3~6회 코칭이 점점 많아지고 있다.

2) 코칭 역량의 작은 사이클

코칭의 큰 사이클 속에서 진행되는 작은 사이클은 코치와 고객이 서로 자극을 주고받는 가운데 상호작용하며 변화를 일으키는 과정이 한 번씩 돌아가는 것을 의미한다. 큰 사이클이 코칭의 큰 그림이라면, 작은 사이클은 코칭 역량이 구체적으로 발휘되어 효과를 얻어 내는 과정이다. 고객의 입장에서는 코칭의 효과가 이 작은 사이클에서 일어난다고 생각하는 경우가 많다. 그러나 작은 사이클이 비록 서로 다른 주제로 진행되더라도 결국은 큰 사이클 안에서 서로 연결되어 있다. 만약 어느 시점에서 관계에 대한 문제가 해결되면, 성과가 낮은 직원을 동기부여하는 일이나 세일즈 관계로 만나는 고객들과의 관계 개선에도 긍정적인 영향을 미치고, 부부 관계를 비롯한 사적인 관계에도 영향을 미치게 된다. 따라서 작은 사이클에서 일어나는 변화는 큰 사이클 차원에서 맥락적으로 이해할 필요가 있다.

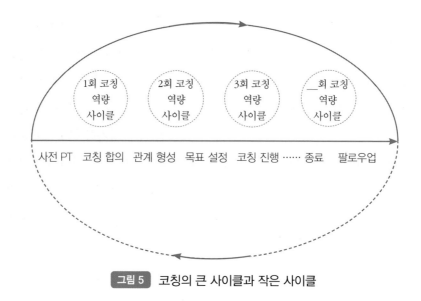

그림 5 코칭의 큰 사이클과 작은 사이클

코칭의 작은 사이클은 주로 코칭 역량의 흐름이라고 할 수 있다. 앞에서 언급했듯이, 코칭의 스페이스에서 각 역량은 순간순간 입자처럼 기능하지만, 큰 사이클의 관점에서 보면 어떤 흐름으로 나타난다. 큰 흐름이든 작은 흐름이든 그 상황에 맞춰 코칭 역량을 발휘하면 바람직한 코칭 수준에 가까워질 수 있다.

코칭 공간에서 코칭 역량은 일반적으로 다음과 같이 흘러간다. 그러나 흐름이 원활하지 않을 경우 다시 처음이나 이전 단계로 돌아가기도 한다. 이런 현상은 잘못된 것이 아니라 오히려 자연스럽고 바람직한 것이다. 고객의 상황에 맞춰 유연하게 코칭을 진행하고 있다는 의미이기 때문이다.

[그림 5]는 각 회차별 코칭 역량 사이클을 표현할 수 있다. 코칭의 작은 사이클은 코칭 현장에서 역량을 중심으로 흐르는 사이클이다. 이 작은 사이클 하나를 확대하면 [그림 6]과 같이 표현할 수 있다.

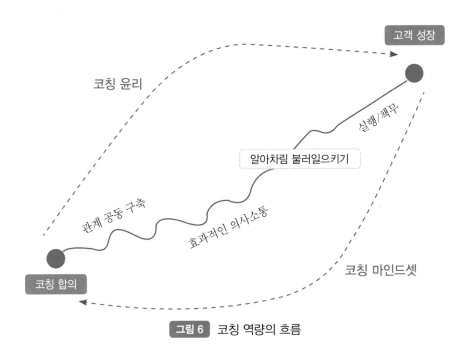

그림 6　코칭 역량의 흐름

　[그림 6]을 설명하면 '역량 1. 코칭 윤리'와 '역량 2. 코칭 마인드셋'을 바탕으로 '역량 3. 코칭 합의'를 맺으며 출발한다. 합의된 코칭 주제와 목표가 좋은 결과를 얻으려면 '역량 4. 신뢰와 안전감 조성' '역량 5. 프레즌스를 통한 코칭 관계의 공동 구축'으로 스페이스를 창출하는 과정을 거쳐야 한다. '역량 6. 적극적 경청'과 '역량 7. 알아차림 불러일으키기'는 그 관계 안에서 효과적인 소통을 통한 교감의 단계이며, '역량 8. 고객 성장 촉진'은 실행 및 책무를 분명히 하고 마무리하는 단계이다. 특히 '역량 7. 알아차림 불러일으키기'는 매우 중요한 역할을 한다. 지금까지의 코칭 흐름에서 발견된 모순점이나 갭(예를 들면 말과 행동의 차이, 표현된 말과 표정의 차이, 앞뒤 목표의 불일치 등)을 스스로 확인하고 자각함으로써 효과적인 실행 계획과 연결시킬 수 있기 때문이다.

　이와 같은 코칭의 흐름을 이해한다면 코칭의 시작을 어떻게 해야 하고, 그것을 관계의 흐름으로 어떻게 연결시켜야 하는지, 실행과 책임 단계로 넘어

가기 전에 고객을 알아차리게 해 주는 일깨우기의 역할은 어떠해야 하는지 새롭게 알게 될 것이다. 그리고 마지막으로 고객의 성장과 성숙을 위해 코치가 고객을 격려하며 마무리하는 단계로 끝이 난다.

　코칭의 흐름은 각 역량의 작용과 연관되어 있다. 그러므로 코칭하는 동안 역량의 흐름에 대한 믿음을 갖는 게 좋다. 이 믿음이 코칭을 자연스럽게 흘러가도록 인도할 것이다. 각 역량의 흐름 효과를 믿고 나면 역량 하나하나에 구애받을 필요가 없다. 그 흐름은 한 방향으로만 흐르는 게 아니라 역으로도 흐른다. 그러한 역량의 흐름으로 인한 코칭의 전반적인 진행 과정을 이해하고 그 흐름의 방향을 마디마디에서 알아차리고 있으면 된다.

3) 코칭의 흐름이 갖는 역동성

가) 표면 의식의 코칭 흐름

　고객이 지금 의식 차원에서 일어나는 문제 해결 중심의 주제를 말하고 있다 할지라도 코치가 고객의 의식 아래 있는 무의식 차원에서 뭔가 일어나고 있음을 간과하면 대화의 흐름은 의식 차원에서 표피적으로 흐르고 만다. 이러한 코칭은 문제 해결 중심 코칭으로, 문제는 해결될지언정 고객의 성장에는 큰 도움이 되지 않는다. 따라서 코칭이 의식 차원에서 추상적인 주제나 문제 해결 중심으로 시작되었다 하더라도 잠재의식 차원에서 뭔가 일어나고 있음을 알아차리고 있다면 코칭은 전혀 다른 방향으로 흘러가게 된다. 사례를 살펴보자.

표면 의식의 코칭 흐름

　코치: 오늘 어떤 이야기를 하고 싶으세요?

　고객: 아들과 대화를 잘하고 싶습니다.

　코치: 지금까지는 어떻게 하셨어요?

고객: 집안에 몇 가지 규칙을 정해 놓고 서로 지켜 왔어요. 그런데 아들이 규칙을 무시하고 잘 지키지 않으면 언성이 높아지고 화를 내곤 했어요. 그래서 관계도 점점 나빠지고요.

코치: 그러면 그동안 소통을 잘하기 위해 어떤 시도를 해 보셨어요?

고객: 몇 가지 대화 기법 강의를 들었어요.

코치: 많은 노력을 하셨네요. 거기서 배운 내용을 적용해서 앞으로 어떻게 개선하시겠어요?

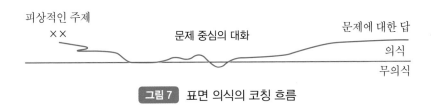

그림 7　표면 의식의 코칭 흐름

이 사례를 보면 피상적인 코칭 주제가 코칭을 피상적으로 흐르게 하는 것을 볼 수 있다. 이런 대화에서 코치와 고객은 대화를 이어가기는 하지만, 본질적인 의미에서 성찰하고 드러내야 하는 것을 말하는 것은 아니다.

나) 잠재의식의 흐름과 변혁적 코칭

코칭이 효과적으로 진행된다면 무의식적 공간의 에너지를 더 많이 활용할 수 있다. 그 결과 코칭은 변혁적 코칭으로 흘러가게 된다. 변혁적 리더십은 구성원을 목표 달성을 위한 인적 자원human resources으로 보는 것이 아니라 그 사람 자체human being로 대한다. 사람이 목표 달성을 위한 수단이나 도구가 아니라 사람 자체가 목적이 되는 것이다. 성과도 중요하지만 구성원들이 인간답게 성장하도록 표면 의식의 행동 수준에서 정신적 · 영적 수준으로 끌어올리는 것이다.

변혁적 리더십은 구성원들이 본래 기대했던 단순한 목표를 넘어, 미래 비전을 가치 있게 바라보는 시각 전환을 가져올 수 있는 변혁적 코칭 역량이 필요하다. 마치 애벌레가 고치에서 탈피해 나비로 변화하는 단계를 거치는 것과 같다. 코칭 주제 또한 피상적인 주제가 아니라 [그림 8]에서와 같이 내적 욕구에서 비롯된 '정말 원하는 것'을 다룬다. 이러한 시각 전환을 통한 새로운 발견과 새로운 방식으로 문제를 해결하는 여정을 계속하며 고객에게 정신적, 영적인 변화가 일어나게 하는 것에 초점을 맞춘다. 그러한 내면의 알아차림 공간awareness space으로 내려갈수록 존재와 함께하는 알아차림이 일어나게 된다. 그리고 이 공간에서 변혁적 코칭이 가능하게 된다.

잠재의식에서 알아차림의 공간이 생겨나게 되면 다음과 같은 변혁적 코칭 단계(고현숙 역, 2018)를 거치게 된다.

• 1단계 전환

신체적인 모습이 바뀐다. 더 밝고 개방적이며 더 열심이다. 활기가 넘친다. 자세와 호흡, 그리고 목소리 톤이 더 안정된다.

• 2단계 전환

세션에서 새로운 행동을 적용한다. 덜 추측하고, 더 실험적이며, '머리로'만 생각하는 것이 줄어든다.

• 3단계 전환

느끼는 톤이 바뀐다. 종종 놀랍다는 반응을 보인다. 오랫동안 사실로 믿어 왔던 이야기를 믿지 못하게 되면서 웃으며 손바닥으로 이마를 때린다. 톤이 밝아지고 웃는 것은 전환이 일어나고 있다는 강력한 신호이다.

• 4단계 전환

과거의 가정을 알아채고, 낡은 사고방식으로 퇴행하려고 할 때 스스로 제어할 수 있다. 코치로서 우리는 이런 미묘한 전환의 신호에 민감해질 필요가 있다.

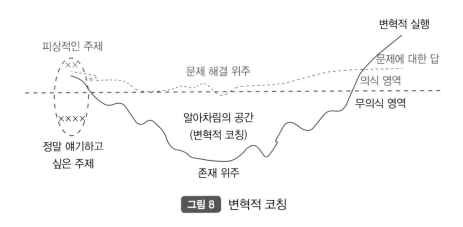

그림 8 변혁적 코칭

변혁적 코칭 흐름

코치: 오늘 어떤 이야기를 하고 싶으세요?

고객: 아들과 대화를 잘하고 싶습니다.

코치: 예, 아들과 대화를 잘하고 싶다는 말씀이시군요. (잠시 침묵) 그것에 대해 조금 더 구체적으로 얘기해 주세요.

고객: 제가 지금 은퇴해서 집에서 지내고 있는데, 아들과 같이 있는 동안 집에서 규칙을 정해 놓고 서로 지키기로 한 게 있어요. 예를 들어, 새벽까지 술 먹고 들어오지 않기 같은 거죠. 그런데 아들이 그걸 안 지켜요.

코치: 그럴 때 어떤 느낌이 드세요?

고객: 아, '이놈이 이제 아버지가 은퇴하고 나니 나를 무시하는구나.' 하는 생각이 들어 화가 치밀어 올라요.

코치: 말 안 듣는 것도 힘든데, 은퇴하고 집에 있는 아버지를 무시한다고 생각하니 정말 화도 나고 힘드시겠어요. (잠시 침묵) 지금 이런 상황에 처해 있는 자신의 모습을 바라보니 어떤 느낌이 드세요?

고객: 참, 한심하다는 느낌이 들어요. 사실 처음에는 여유 있는 시간에 책도 읽고, 아들과 의미 있는 대화도 하고, 한번도 해 보지 못한 아들과 여행도 같이 하는 꿈도 있었어요. 특히 아들에게 성장의 디딤돌이 되어 줄 수 있는 게 뭘까 하고 고민도 하곤 했죠. 그런데 지금은 자기 집착에 빠진 은퇴한 아버지라는 이름의 나이든 외로운 남자의 모습이 보이네요. (흐느낌)

코치: 아들과 함께 해 보고 싶은 몇 가지 소망, 한편 자기 집착에 빠진 외로운 아버지 모습. 참 안타까우시겠네요. (잠시 침묵) 특히 아들에게 성장의 디딤돌이 되어 주겠다는 마음, (잠시 멈춤) 그게 어떤 의미죠?

고객: (길게 설명) _____

코치: 그렇게 속마음을 풀어 내니 지금은 어떤 생각이 드세요?

고객: 아들에게 걸림돌이 아닌 디딤돌이 되는 아버지로 거듭 태어나야겠다는 생각이 드네요.

　　고객은 아들을 위한 디딤돌 역할에 대해 재정의하는 과정에서 자신이 아들의 '디딤돌'이 아니라 '걸림돌'이 되고 있다는 것을 스스로 깨닫고 변혁적 전환을 일으키게 되었다. 주제도 '아들과의 대화'에서 '자기 변화와 성장'에 초점을 맞추게 되었다. 코칭 중에 그는 틀 안에 갇힌 고착된 시각(에고 중심의 집착된 시각)에서 새로운 디딤돌 시각으로 전환되는 순간 눈빛이나 목소리, 신체 언어 표현 등에 변화가 일어났다.

　　중국 전국시대 사상가인 맹자의 『고자편告子篇』에서 고자가 "인간의 본성은 소용돌이치는 물과 같아서, 동쪽으로 터 주면 동쪽으로 흘러가고 서쪽으로

터 주면 서쪽으로 흘러간다."라고 했듯이, 코칭의 흐름도 마찬가지다. 물이 흘러갈 때 동쪽이나 서쪽으로 정해진 방향이 없는 것처럼, 코칭도 고객의 상황과 코치의 역량 적용 수준에 따라 코칭 대화의 흐름이 의식의 표면에서 흐르게 할 수도 있고, 내면의 깊은 성찰 영역에서 흐르게 할 수도 있다. 이러한 코칭의 흐름이 자연스럽게 이루어진다면 마스터풀 코치라 할 수 있을 것이다.

역량 1

윤리적 실천을 보여 준다

Demonstrates Ethical Practice

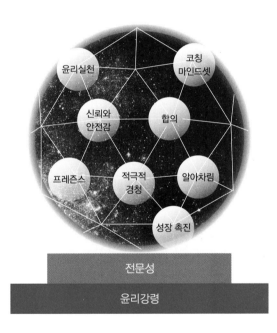

1. '윤리적 실천을 보여 준다' 역량 이해를 위한 사전 질문

2. '윤리적 실천을 보여 준다'는 것은 무엇인가

3. '윤리적 실천을 보여 준다'의 정의 및 핵심 요소

4. '윤리적 실천을 보여 준다'의 실행 지침

5. 전문 코치 평가 지표PCC Markers

💬 핵심 요약

● 자기 개발을 위한 성찰 및 연습S-A-C

1. '윤리적 실천을 보여 준다' 역량 이해를 위한 사전 질문

가. 코치가 보여 주어야 할 진실성은 어떤 모습인가?

나. ICF 윤리강령code of ethics에 담긴 내용은 무엇인가?

다. 코칭 관계에서 비밀을 유지하거나 하지 않을 때는 언제인가?

라. 코칭은 멘토링, 컨설팅, 심리치료와 어떻게 다른가?

마. 코칭 윤리가 자격 인증 코치에게 어떤 역할을 하는가?

2. '윤리적 실천을 보여 준다'는 것은 무엇인가

가. 코칭 실행과 윤리 적용

전문직은 직업 윤리를 준수함으로써 직업 실행에서 논리적으로 판단하고 전문가의 책임을 다할 수 있다. 직업 윤리는 특정 직업에 종사하는 사람들이 지켜야 할 행동 규칙이다. ICF는 코치가 코칭 관계에서 전문직업인으로서 실천해야 할 사항들을 윤리강령을 통해 명시하고 전문 코치를 위한 핵심 가치, 윤리 원칙, 윤리적 행동 기준에 대한 지침을 규정하고 있다. 윤리강령에 나타난 윤리 기준들은 가치에 기반을 두고 코치의 역량, 진실성, 전문성, 그리고 고객의 권리와 존엄성에 대한 존중을 다룬다(김상복 외 역, 2015). 또한 윤리강령은 코칭 관계와 코칭 과정에서 발생할 수 있는 문제나 내재적 위험 요소들에 대해 코치로서 적절히 대응할 수 있게 하고, 코치와 고객 그리고 대중의 안전을 보장하고 위험한 실행으로부터 보호하기 위한 목표를 가진다(Law, 2005). 윤리강령은 코치가 고객과의 코칭 관계에서 해야 하는 것과 하지 말아야 하는 것을 명시함으로써 코칭 관계 및 코칭 실행에서 문제적, 혹은 딜레마 상황에 직면했을 때 코치의 행동 방향에 대한 지침을 제시하고 감독기관이 적절한 정책을 수립할 수 있게 한다.

코치는 전문직업인으로서 높은 수준의 직업 윤리 의식을 가지고 윤리강령을 이해하고 지속적으로 적용함으로써 윤리적 실천을 보여 줄 수 있다. 윤리강령은 또한 코칭이 사람을 지원하는 다른 전문 직종과 어떻게 구별되는지 분명히 명시하고 있으며, 윤리강령을 준수할 때 코치는 코칭다운 전문적 지원을 할 수 있다고 밝힌다. 즉, 코치가 윤리강령을 준수하는 것은 그 자체로 핵심 역량을 갖추고 있음을 보여 주는 것이고, 바로 그때 코치는 고객과의 코칭 관계에서 신뢰를 형성하게 되는 것이다. ICF는 윤리적 실천을 보여 준다는 것을 첫 번째 역량으로 강조하고 있다. 만약 윤리강령을 준수하지 않는다면 코치로서 발휘하는 모든 역량이 의미가 없다고 말한다. 이처럼 윤리강령은 코치들을 전문직업인으로서 준비시키는 역할을 한다. 코치는 지침에 기초하여 정해진 행동 기준을 따름으로써 문제 상황에서 어려운 결정을 내리거나 용감하게 행동할 수 있고, 고객과 함께 더욱 효과적으로 일할 수 있게 된다.

ICF는 신뢰성reliability, 개방성openness, 수용성acceptance, 일치성congruence을 중시하며, ICF의 커뮤니티가 이 가치들에 대해 상호 책임을 져야 함을 강조한다. ICF 윤리강령의 자세한 내용은 다음과 같다.

나. ICF 윤리강령

ICF는 코칭 관계에서 코치와 고객이 상호 간에 지켜야 하는 행동 지침을 다음과 같이 5가지 주요 부분으로 명문화하고 있다(더 자세한 내용은 https://

coachfederation.org/ethics/code-of-ethics 참조).

1) 도입introduction

ICF 윤리강령은 국제코칭연맹ICF의 핵심 가치와 모든 ICF 전문가를 위한 윤리 원칙 및 윤리적 행동 기준을 설명한다. 그리고 이 ICF의 윤리적 행동 기준을 충족하는 행동이 ICF 핵심 코칭 역량ICF core Coaching competency의 첫 번째 역량이다. 이 역량은 코치가 ICF 코칭 윤리와 코칭 표준을 이해하고 지속적으로 적용하는 것을 의미한다.

ICF 윤리강령은 다음의 행동을 통해 ICF와 글로벌 코칭 직업의 완전성을 유지하는 역할을 한다.

- ICF 핵심 가치 및 윤리 원칙에 부합하는 행동 기준 수립
- 윤리적 성찰, 교육, 의사 결정을 지도
- ICF 윤리 규범을 통해 ICF 코치 표준을 판단하고 보전함에 있어 윤리 행동 검토Ethical Conduct Review: ECR 프로세스 수행
- ICF 인증 교육에서 ICF 윤리 교육의 기초 제공

ICF 윤리강령은 ICF 전문가가 코칭과 관련된 상호작용을 하는 모든 경우에 적용되며, 이 강령은 모든 ICF 전문가의 윤리적 의무를 명확히 규정한다.

2) 핵심 정의key definitions

- **고객**client: 코칭을 받는 개인이나 팀/그룹, 멘토링 또는 수퍼비전을 받는 코치, 교육훈련을 받는 코치 또는 훈련 중에 있는 코치
- **코칭**coaching: 개인적, 직업적 잠재력을 최대한 발휘할 수 있도록 영감을 주고, 생각을 자극하고 창의적인 과정을 통해 고객과 협력하는 것
- **코칭 관계**coaching relationship: ICF 전문가와 고객(들)에 의해 수립된 관계 또는

각 이해 당사자의 책임과 기대를 정의하는 계약에 따라 체결되는 관계

- **강령**code: ICF 윤리강령
- **비밀유지**confidentiality: 정보 공개 동의가 있지 않는 한, 코칭 과정을 통해 얻은 모든 정보 보호
- **이해 상충**conflict of interest: ICF 전문가가 여러 이해관계에 관련된 상황에서 하나의 이해를 제공하는 것이 다른 이해에 반하거나 충돌할 수 있는 상황(재정적, 개인적 또는 기타의 사유)
- **평등**equality: 인종, 민족, 출신 국가, 피부색, 성별, 성적 지향, 성 정체성, 나이, 종교, 이민 신분, 정신적 또는 신체적 장애, 그리고 다른 인간적 차이의 영역과 상관없이 모든 사람이 포용, 자원, 기회에 대한 접근을 경험하는 상황
- **ICF 전문가**ICF professional: 코치, 코치 수퍼바이저, 멘토 코치, 코치 트레이너, 코칭 학습자 등 ICF 회원 또는 ICF 인증 자격 보유자로 자신을 대표하는 개인
- **ICF 직원**ICF staff: ICF를 대표하여 전문 관리 및 행정 서비스를 제공하는 관리 회사와 계약한 ICF 지원 직원
- **내부 코치**internal coach: 조직에 고용되어 해당 조직의 직원들을 파트 타임 또는 풀 타임으로 코칭하는 개인
- **후원자**sponsor: 제공될 코칭 서비스에 대한 비용을 지불을 하거나 코칭 서비스를 주선하고 정의 내리는 실제 주체 또는 법인(대리인 포함)
- **지원 담당자**support personnel: 고객을 지원하기 위해 ICF 전문가와 일하는 사람들
- **체계적 평등**systemic equality: 성 평등, 인종 평등, 그리고 각 공동체, 조직, 국가 및 사회의 윤리, 핵심 가치, 정책, 사회 구조, 문화 등에 의해 제도화된 다른 형태의 평등

3) ICF 핵심 가치와 윤리 원칙ICF core values and ethical principles

ICF 윤리강령은 ICF의 핵심 가치(https://coachfederation.org/about 참조)와 그로부터 나오는 행동을 기반으로 한다. ICF의 핵심 가치들은 대단히 열망적이다. 모든 가치들은 똑같이 중요하며 서로를 지원한다. 이 가치들은 ICF 윤리강령은 행동의 표준을 이해하고 해석하기 위해 사용되어야 한다. 모든 ICF 전문가는 모든 상호작용에서 이러한 가치를 보여 주고 전파해야 한다.

4) 윤리 기준ethical standards

ICF 전문가의 직업 활동에서 코치는 고객에 대한 책임, 실행과 성과에 대한 책임, 전문성에 대한 책임, 사회에 대한 책임을 규정하고 있으며, 다음과 같은 윤리 기준이 적용된다.

첫째, 고객에 대한 책임
① 코칭에 앞서 고객과 후원자가 코칭의 본질과 잠재적 가치, 비밀유지의 성격과 한계, 재정적 합의 및 기타 코칭 협의 조건을 이해할 수 있도록 설명하고 확인한다.
② 서비스를 실행하기 전에 내 고객(들) 및 후원자(들)와 관련된 모든 당사자의 역할, 책임 및 권리에 대한 계약을 체결한다.
③ 합의한 대로 모든 당사자와 가장 엄격한 수준의 비밀을 유지해야 하며, 개인정보 및 통신과 관련된 모든 법률을 알고 준수할 것에 동의한다.
④ 코칭 상호작용에 관련된 모든 당사자 간에 정보가 교환되는 방식을 명확하게 이해한다.
⑤ 정보가 비밀로 유지되지 않는 조건에 대해 고객, 후원자 및 이해관계자가 명확히 이해할 수 있게 한다.
⑥ 내부 코치로 일할 때 나의 코칭 고객 및 후원자와의 이해 상충 또는 잠재적 이해 상충을 관리한다.

⑦ 비밀유지, 보안 및 개인정보 보호에 힘쓰고 관련 법률 및 계약을 준수하며, 업무상 상호작용 중에 생성된 모든 기록(전자 파일 및 통신 포함)을 유지, 저장, 폐기한다. 또한 코칭 서비스에 사용되는 새로운 기술을 적절하게 활용하고, 다양한 윤리 표준이 적용되는 방식을 인지한다.

⑧ 코칭 관계에 변화가 필요하다고 느낄 경우, 고객이 다른 코치나 다른 전문가, 또는 다른 자원을 활용하도록 권장한다.

⑨ 계약 조항에 따라 코칭 프로세스 중에 어떤 이유로든 코칭 관계를 종료할 수 있는 모든 당사자의 권리를 존중한다.

⑩ 이해 상충적인 상황을 피하기 위해 동일한 고객(들) 및 후원자(들)와 동시에 다중적 계약 및 관계를 맺는 것이 초래할 수 있는 결과에 대해 인식한다.

⑪ 문화적, 관계적, 심리적, 상황적 문제로 인해 발생할 수 있는 고객과 코치 사이의 권력 또는 지위의 차이를 인식하고 적극적으로 관리해야 한다.

⑫ 내 고객을 제3자에게 추천함으로써 받을 수 있는 잠재적 보상 및 기타 혜택을 고객에게 공개한다.

⑬ 합의된 보상의 정도와 형태에 관계없이 일관된 코칭의 품질을 보장한다.

둘째, 실행 및 성과에 대한 책임

① 코치는 모든 코칭 상호작용에서 ICF 윤리강령을 준수해야 한다.

② 자신이 윤리강령을 위반할 가능성이 있음을 알게 되거나 다른 ICF 전문가의 비윤리적인 행동을 인지하게 되면 관련자들에게 정중하게 문제를 제기한다. 이 방법으로 문제가 해결되지 않으면 공식 기관(예: ICF 직원)에 해결을 의뢰한다.

③ 지속적인 개인적 · 전문적 · 윤리적 개발을 통해 탁월함을 추구한다.

④ 코칭 관계를 손상시키거나 충돌하거나 방해할 수 있는 개인적인 한계나 상황을 인식한다. 필요한 조치를 취할 수 있도록 지원을 요청하거나 관

련 지침을 구한다. 여기에는 코칭 관계를 일시 중단하거나 종료하는 것
이 포함될 수 있다.

⑤ 관련 당사자와 함께 문제를 해결하거나, 전문적인 도움을 구하거나, 코
칭 관계를 일시적으로 중단하거나 종료하여 이해 상충 또는 잠재적 이
해 상충을 해결한다.

⑥ ICF 회원들의 개인정보를 보호하고, ICF 또는 ICF 회원이 승인한 경우
에만 회원들의 연락처 정보를 사용한다.

셋째, 전문성에 대한 책임

① 코칭 자격, 코칭 역량, 전문 지식, 경험, 교육, 인증 및 ICF 자격 인증 수
준을 정확하게 확인한다.

② ICF 전문가로서 코치가 제공하는 것, ICF가 제공하는 것, 코칭 직업 및
코칭의 잠재적 가치에 대해 진실하고 정확한 구두 및 서면 진술을 한다.

③ 이 강령에 의해 확립된 윤리적 책임에 대해 알려야 하는 사람들과 소통
하고 인식을 제고한다.

④ 문화적으로 민감한 경계를 인식하고 설정할 책임이 있다.

⑤ 고객 또는 후원자와 부적절한 관계를 갖지 않는다. 관계에 적합한 친밀
함의 수준을 항상 염두에 두며, 문제를 해결하거나 계약을 취소하기 위
해 적절한 조치를 취한다.

넷째, 사회에 대한 책임

① 지역의 규칙과 문화적 관행을 존중하면서 모든 활동과 운영에서 공정성
과 평등을 유지함으로써 차별을 피한다.

② 다른 사람의 기여와 지적 재산을 인정하고 존중하며, 자신의 자료에 대
한 소유권만 주장한다.

③ 연구를 수행하고 보고할 때 인정된 과학적 표준, 적용 가능한 주제 지

침, 자기 능력의 범위 내에서 정직하게 한다.

④ 자신과 고객들이 사회에 미치는 영향에 대해 안다. '선을 행하는 것'과 '나쁜 것을 피하는 것'의 철학을 고수한다.

5) ICF 전문가로서의 서약the pledge of ethics of the lcf professional

ICF 서약서 전문은 다음과 같다. 다음 서약을 읽어 보고 코치가 되고자 하는 사람은 이 서약서에 스스로 서약을 해 보기 바란다.

본인은 ICF 전문가로서 ICF 윤리강령의 표준에 따라 고객, 후원자, 동료 및 일반 대중들에 대한 윤리적·법적 의무를 이행할 것을 인정하고 동의합니다.

본인이 ICF 윤리강령의 일부를 위반하는 경우, ICF가 단독 재량으로 그에 대한 책임을 물을 수 있다는 데 동의합니다. 또한 위반에 따르는 ICF에 대한 본인의 책임에는 의무적인 추가 코치 훈련이나 기타 교육, 또는 ICF 멤버십 및 자격 상실과 같은 제재가 포함될 수 있다는 데 동의합니다.

이름: .... (서명)

날짜: ....

3. '윤리적 실천을 보여 준다'의 정의 및 핵심 요소

가. 정의
코칭 윤리와 코칭 표준을 이해하고 지속적으로 적용한다
Understands and consistently applies coaching ethics and standards of coaching.

'윤리적 실천을 보여 준다'는 역량은 다른 모든 코칭 역량의 초석이 되는 역량으로, ICF 전문 코치로서 코칭 윤리와 기준을 이해하고 지속적으로 적용하는 것을 의미한다. 코칭이라는 직종이 전문가로서 진실되고 온전하게 유지되며 인정받기 위해서는 윤리적 원칙과 기준을 지키는 것이 매우 중요하다. 윤리적으로 실천하는 것은 '코치가 되기' 위해 코칭 윤리에 따라 행동하겠다고 서약한 것을 지키고, 다양한 코칭 관계나 문제 상황에서 코치로서의 바람직한 행동을 보여 주는 것을 의미한다. 이는 코칭 관계가 유지되는 동안, 그리고 코칭을 하는 매 순간 '코치로서 어떻게 행동할 것인가?' '고객과 어떻게 함께할 것인가?' '내가 하는 일의 의미는 무엇인가?'에 대해 끊임없이 숙고하며 자신에게 묻고 답하고 행동하는 것이다.

코치가 지속적으로 윤리적 실천을 하는 모습을 보여 줄 때 고객에게 신뢰를 얻을 수 있고, 고객은 자신의 정체성과 가치관, 신념을 코치에게 편안하게 드러낼 수 있게 된다. 윤리 지침과 전문성은 모든 코치가 코치의 정체성에 기반하여 행동하게 하는 나침반과 같은 것으로 코치의 윤리 의식과 행동을 뒷받침하는 핵심 가치 및 윤리적 실천 원리를 포함하고 있다. '윤리적 실천을 보여 준다'의 핵심 요소는 다음과 같다. 참고로, 이 책에서는 모든 역량의 개념을 정의하고, 각 개념의 핵심 요소를 서너 가지씩 발췌하여 설명하였다. 이 핵심 요소는 ICF에서 개정된 8가지 코칭 핵심 역량을 설명하는 교육 영상을 참고하였다(https://coachingfederation.org/core-competencies 참조).

1) 진실성을 보여 준다_{Demonstrates integrity}.

2) ICF 윤리강령을 준수한다_{Abides by the ICF code of ethics}.

3) 비밀을 존중한다_{Respects confidentiality}.

4) 다른 지원 전문직과의 차별성을 유지한다_{Maintains the distinctions with other support professions}.

나. 핵심 요소

1) 진실성을 보여 준다_{Demonstrates integrity}.

영어 단어 'integrity'는 '나뉘지 않고 완전한 상태' 혹은 '온전한'이라는 사전적 의미를 가지고 있으며, 우리말로는 진실성, 성실성, 통합성 등으로 표현된다. 어떤 신념이나 이론의 체계에 있어 구성 요소들이 모순, 갈등, 충돌하지 않고 응집력을 가진 상태로 서로 연결되어 상호 보조적인 정도가 높은 통합성을 갖고 있을 때 integrity가 있다고 말할 수 있다(지식백과 참조). 또한 integrity는 인간적 진실성, 직업적 진실성 혹은 예술가적 진실성을 강조할 때 사용되기도 하는데, 이때의 integrity는 모든 관계에 있어 바르고, 진실하며, 편견 없이 유연하게 대처하는 것을 의미한다.

코칭에서는 코치가 코칭 철학에 근거하여 ICF에서 규정한 코칭 정의를 코칭 역량을 통해 실현해 나갈 때 integrity(진실성)가 있다고 말할 수 있다. 진실성을 보여 주기 위해 코치가 해야 할 구체적인 행동은 다음과 같다.

첫째, 코치로서 윤리강령을 명확히 이해하고 지키는 것이다. 전문 코치가 되기 위해 서약하는 것은 코치로서 자신의 말과 행동을 통합시키겠다고 약속하는 것이다.

둘째, 코치는 코칭 잠재고객과의 첫 만남 혹은 회의, 코칭 서비스 계약 및 코칭을 제공하는 과정에서 다음과 같이 진실성을 보여 줄 수 있다.

① 코치는 첫 만남 전 또는 첫 만남 때, 코칭 고객과 후원자가 코칭의 본질과 잠재적 가치, 비밀유지 조항의 성격과 한계, 재정적 준비, 그리고 기타 코칭 계약의 조건을 이해하도록 설명하고 확인한다.

② 코칭 서비스를 시작하기 전에 내 고객과 후원자 및 모든 관련 당사자의 역할, 책임 및 권리에 대해 계약을 작성한다.

③ 합의된 대로 모든 당사자와 엄격한 수준의 비밀을 유지한다. 개인 데이터 및 통신과 관련된 모든 관련 법률을 숙지하고 준수하기로 동의한다.

④ 모든 코칭 상호작용 중에 관련된 모든 당사자 간에 코칭 정보가 공유되는 시기와 교환되는 방법을 명확하게 한다.

⑤ 고객 및 후원자 또는 이해관계자와 함께 정보가 비밀로 유지되지 않는 조건(예: 유효한 법원 명령 또는 소환장, 법이 요구하는 경우, 불법 행위, 자신이나 타인에게 위험이 임박한 경우 등)에 대해 명확히 이해한다. 이러한 상황 중 하나에 해당된다고 합리적으로 생각되는 경우, 해당 기관에 이 사실을 알려야 할 수도 있다.

셋째, 코치는 코칭 관계가 시작된 후 코치와 고객이 합의한 내용을 실제로 이행해 나감으로써 진실성을 보여 줄 수 있다. 이에 대해서는 '역량 3. 합의를 도출하고 유지한다'에서 보다 자세하게 다루기로 한다.

2) ICF 윤리강령을 준수한다 Abides by the ICF code of ethics.

ICF 윤리강령은 코치가 전문직업인으로서 지켜야 할 행동강령이다. ICF는 코칭의 탁월성을 유지하기 위해 자격 인증 코치(코치, 코치 수퍼바이저, 멘토 코치, 코치 트레이너, 코칭 학습자)들이 윤리적 행동의 항목과 원칙을 준수하여 유능한 코치가 되고, 코칭 관계에서 ICF 핵심 역량을 효과적으로 발휘하기를 기대한다.

3) 비밀을 존중한다 Respects confidentiality.

코치는 고객과의 계약에서 합의된 바에 따라 고객의 비밀을 지키고 명예를 보호하기 위해 최선을 다해야 한다. 이를 위해 코치는 코칭 계약을 할 때 비밀유지의 한계에 대해 고객과 후원자 및 이해관계자들과 충분히 논의하고 합의해야 한다. 또한 코치는 비밀을 유지하지 못하는 상황이 발생할 수 있음을 알고, 그럴 경우 고객의 정보를 어느 수준까지 공유할 것인지에 대해서 고객과 미리 합의해야 한다(탁진국 외 역, 2010). 만약, 코치와 고객이 정보의 일부를 공개하기로 결정했다면 세부사항을 구체적으로 밝힌 서면 계약서를 작성하는 것을 고려해야 한다(김정근 외 역, 2017).

비밀유지에 있어 코치는 먼저 이에 대한 고객의 생각을 확인해야 한다. 예를 들어, 코칭 비용을 회사에서 지불할 경우 그 조직의 상사나 감독자, 또는 인사 담당자가 고객의 코칭 관련 정보를 요청할 수 있다. 이때 고객이 허락하지 않는 한 코치는 비밀을 유지해야 한다. 그러므로 코칭 계약을 맺을 때 회사 측에 코치는 고객의 이익을 우선시한다는 점을 이해시켜야 하며, 코칭의 주도권이 조직에게 있는지 개인에게 있는지에 대해 솔직히 터놓고 논의하고 결정해야 한다. 경우에 따라 코치가 비밀유지에 대한 고객의 기대 수준을 조정해 주어야 할 수도 있다. 그러나 어떤 경우에도 코치로서 고객의 정보를 신중하게 다룰 것을 약속해야 한다.

또한 코치가 고객을 평가해야 할 경우, 평가 정보를 어느 정도 범위까지, 누구와, 언제, 어떻게 공유할지 서면으로 분명하게 합의해야 한다. 이 과정에서 고객 정보 공유에 대한 조직의 요구가 불편하게 느껴진다면 코치는 코칭 의뢰를 수락할지 재고하고, 경우에 따라 의뢰를 사양해야 한다(Peltier, 2010).

한편, 코치의 비밀유지 의무란 고객과 후원자의 사생활을 보호하기 위해 정보 공개 동의가 있지 않는 한 코칭 계약과 관련해 획득한 모든 정보를 보호하는 것을 말한다. 코치는 비밀유지, 보안 및 개인정보 보호에 힘쓰고 모든 관련 법률 및 계약을 준수하며, 전문적 상호작용 중에 생성된 전자 파일 및 통신을 포함한 모든 기록을 신중하게 유지, 저장 및 폐기해야 한다. 여기서 기록이란, 코칭 과정에서 만들어진 서면 메모, 서류철, 전자 파일, 이메일, 음성 및 영상 파일, 휴대폰 메시지 등을 포함한 모든 기록을 말한다. 코치는 고객과 후원자의 신원을 보호하기 위해 모든 기록을 주의 깊게 취급하고 관리해야 한다. 또한 코칭 서비스에서 사용되는 새로운 기술을 적절히 활용하고, 다양한 윤리 표준이 새로운 기술에 어떻게 적용되는지 알아야 한다.

4) 다른 지원 전문직과의 차별성을 유지한다Maintains the distinctions with other support professions.

ICF 윤리강령은 코칭이 인간을 대상으로 하는 다른 지원 전문 분야와의 차별성을 유지하도록 명시하고 있다. 코칭이 다른 지원 전문 분야와 다른 점은 코치와 고객 간에 수평적 관계를 유지하는 것과 전문지식을 활용하는 방법이다. 멘토링, 컨설팅, 심리치료 등에서는 전문가가 고객의 이슈나 해결 과제에 대해 고객보다 더 많은 전문지식을 가지고 우월적 지위에서 고객의 문제를 진단하고 해결 방안을 제공한다. 반면, 코칭에서는 코치와 고객의 관계가 협력적인 파트너 관계이다. 코치는 고객의 이슈를 해결하거나 목표를 달성하기 위해 직접적인 조언이나 해결 방안을 제시하지 않고, 고객과 수평적 파트너 관계를 형성하여 고객 스스로의 자기 인식력을 높이도록 돕는다.

코칭과 다른 지원 전문직과의 차이를 이해하기 위해 구체적인 사례를 살펴보자.

가) 멘토링 vs 코칭

멘토링은 풍부한 경험을 가진 멘토mentor가 경험이 부족한 멘티mentee의 조언자가 되어 실력과 잠재력을 개발하도록 지원하는 활동이다. 멘토는 전문가로서 자신의 전문적 경험에 기초한 지식과 지혜를 멘티에게 전수함으로써 멘티의 개인적 · 전문적 성장을 돕는다. 조직 내의 멘토링은 직무 역량 차원에서 전문성 개발을 지원함으로써 멘티의 업무 수행과 과제 수행력을 높일 수 있도록 조언하고 지도하는 기능을 갖는다. 멘토링은 특별히 멘토의 역할을 모델링함으로써 멘토를 존경하고 그의 능력과 인성, 태도 등을 닮아 가게 한다.

　이와 달리 코칭은, 전문가와 비전문가의 관계가 아닌 수평적 관계로서, 고객(개인 또는 조직)이 원하는 목표를 달성하거나 또는 목적에 부합하는 목표를 개발하여 결과를 얻을 수 있도록 파트너로서 참여한다.

멘토링 접근 예시

초임 교사: 선생님. 제가 좋은 교사가 되고 싶은데, 어떻게 하면 될까요?

멘토: 아, 선생님. 저도 그런 고민 많이 했는데, 시행착오를 거치면서 경험을 쌓아 가는 수밖에 없는 것 같아요. 그리고 틈틈이 선생님이 관심 있는 분야의 직무연수나 자율연수를 꾸준히 찾아서 듣고, 모르는 건 선배들한테 물어가면서 하면 돼요. 기회가 되면 대학원에 가는 것도 좋고요.

　멘토는 선배 입장에서 초임 교사의 고민을 듣고 자신의 경험과 지식을 바탕으로 적절한 방법들을 알려 주고 있다. 초임 교사의 관점에서 스스로 할 수 있는 방법들을 더 탐구하거나 탐색하지는 않고 있다. 만약 선배 교사가 코치형 교사라면 어떻게 접근할까?

코칭 접근 예시

초임 교사: 선생님. 제가 좋은 교사가 되고 싶은데, 어떻게 하면 될까요?

코치: 아, 좋은 교사가 되고 싶으시군요. 선생님이 되고 싶은 좋은 교사는 어떤 모습인데요?

초임 교사: 음……, 저는 아이들이 많은 시간을 보내는 학교에서 더 즐겁

게 지내고, 각자의 장점과 능력을 발견해 가도록 돕는 교사가 되고
싶어요.

코치: 와, 참 멋지네요! 그럼 그중에서 선생님이 제일 먼저 집중하고 싶은
건 뭐예요?

초임 교사: 그중에서……, 아이들이 각자의 장점이나 능력을 발견하도록
돕는 거요.

코치: 아, 그러시군요. 그러면 아이들이 각자의 장점이나 능력을 발견하
도록 돕기 위해서 선생님이 생각하거나 시도해 보신 게 있으세요?

초임 교사: 대단한 건 아니고요, 아이들이 뭔가 잘하는 걸 볼 때마다 그 점
을 칭찬해 주려고 노력하고 있어요.

코치: 오, 아주 좋은 방법이네요. 그리고 또 어떤 방법이 있을까요?

(여러 가지 방법을 탐색하기 위해 브레인스토밍한다. 고객이 생각
의 범위를 넓히도록 계속 질문하며 함께 새로운 대안을 탐색한다).

코치는 초임 교사에게 자신의 경험이나 조언을 먼저 제시하지 않는다. 초
임 교사가 되고 싶은 '좋은 교사'의 모습에 대해 스스로 원하는 관점과 범위를
명료화함으로써 자신의 방식을 찾도록 지원한다. 코치는 고객이 실천 가능
한 방식을 탐색할 때 파트너로서 참여하며 다양한 관점에서 탐색할 수 있도
록 지원한다. 이때 코치는 고객보다 전문성이 뛰어나거나, 경험과 경력이 많
아야 하는 것은 아니다. 대신 고객과 협력하는 파트너로서 고객이 자신을 비
추어 볼 수 있는 거울이 되어 주고, 고객의 특별한 능력과 개성을 발휘할 수
있도록 지원해 준다.

나) 컨설팅 vs 코칭

컨설팅은 전문지식을 갖춘 컨설턴트가 고객이 의뢰한 문제에 대해 진단과
분석을 거쳐 해결책을 제시해 주는 것이다. 그리고 컨설턴트는 문제를 정의

하고 고객에게 답을 주며, 고객은 답을 받아서 이행한다. 이때 컨설팅 회사나 컨설턴트 개인의 능력에 따라 성과에 큰 차이가 날 수 있다. 만약 고객에게 새로운 문제가 발생하면 또 다시 컨설턴트에게 답을 구하며 그에게 의존하게 된다.

반면, 코칭은 코치가 질문을 통해 고객 스스로 답을 찾게 한다. 고객이 새로운 관점에서 문제를 바라보고 정의할 수 있도록 탐구하며, 효과적인 대안을 탐색하고 선택, 결정, 실행을 통해 결과를 얻는 과정을 고객이 주도할 수 있게 한다. 이 과정에서 고객은 문제 재정의 능력, 주도성, 실행력 등이 개발되어 새로운 문제가 생겨도 스스로 해결할 수 있게 된다. 다음은 이직을 결심한 고객과의 대화이다. 컨설팅과 코칭의 대화 방식에 어떤 차이가 있는지 살펴보자.

컨설팅 접근 예시

고객: 제가 요즘 이직을 생각하는 중입니다. 그래서 저에게 맞는 적당한 자리를 찾고 싶은데, 어떻게 해야 할지 정보가 별로 없네요.

컨설턴트: 예, 그러시군요. 그러면 지금까지 주로 어떤 일을 해오셨나요?

고객: 저는 세일즈 파트에서 한 25년 정도 근무했습니다.

컨설턴트: 그러시군요. 그러면 이직하고 싶은 분야나 원하는 회사 또는 업무 파트가 있으신가요?

고객: 계속 세일즈 파트에서 일하면 좋겠지만, 다른 직종도 괜찮습니다.

컨설턴트: 예, 그러시면 현재로서는 본인의 경력을 최대한 살리시는 게 좋겠습니다. 세일즈 파트 경력직을 채용하는 곳 중에 _____을 추천해 드립니다.

컨설턴트는 고객이 의뢰한 주제인 이직에 초점을 맞추어 고객에게 필요한 정보를 묻거나 제공하고 있다. 고객의 문제에 대한 해결책을 제공하는 것이

컨설팅의 핵심이기 때문에 컨설턴트는 고객과 그 주제에 대한 탐색이나 탐구 대신 오직 고객의 이직을 도울 정보를 얻기 위한 질문을 한다. 만약 코치라면 어떻게 접근할 수 있을까?

코칭 접근 예시

고객: 제가 요즘 이직을 생각하는 중입니다. 그래서 저에게 맞는 적당한 자리를 찾고 싶은데, 어떻게 해야 할지 정보가 별로 없네요.

코치: 아, 그러시군요. 이직을 결심하신 중요한 이유가 있으신가요?

고객: 예, 최근 회사 분위기나 팀 분위기가 너무 안 좋아요. 그리고 회사가 그다지 비전이 있어 보이지도 않고요. 그래서 이대로는 안 되겠다 싶더라고요.

코치: 그러시군요. 그러면 혹시 최근에 이직을 결심하게 된 어떤 결정적인 사건이 있으셨나요?

고객: 네, 사실…… 최근 인사이동에서 제가 승진이 안 됐어요. 후배들은 자꾸 치고 올라오고, 그래서 조금 불안하기도 하고요.

코치: 예, 그러셨군요. 그러면 고객님께서 진심으로 바라는 것은 무엇인가요?

고객: 글쎄요……. (잠시 생각에 잠긴다.) 제가 이번에 승진에서 누락되면서 조바심이 좀 커진 것 같아요. 그래서 이대로 있다간 안 되겠구나 싶었고요. 그런데 제가 정말로 바라는 것을 다시 생각해 보니, 꼭 이직만이 답은 아닌 것 같아요. 아내한테 얘기하기도 쉽지 않은 문제고요.

코치: 그러시군요! 그럼 오늘 코칭의 주제를 다시 정한다면 뭐라고 하시겠어요?

고객: 음……. 다음 승진을 위해 어떤 노력을 하면 좋을지 이야기해 보고 싶습니다.

코치는 먼저 고객이 이직을 결심하게 된 맥락을 이해하기 위해 탐구 질문을 하였다. 그리고 고객이 실제로 원하는 것을 스스로 인식하도록 도와, 결국 이직이 아닌 승진을 위한 노력으로 대화의 초점을 재조명해 주었다.

컨설턴트와 코치의 가장 큰 차이점은 질문을 하는 관점이다. 컨설턴트는 고객이 말한 주제인 이직을 기정사실로 받아들이고 그에 대한 적절한 솔루션을 찾기 위한 정보 탐색 질문을 한다. 이와 달리 코치는 이직에 대한 고객의 상황과 관점을 고객과 함께 탐구하면서, 고객이 실제로 원하는 것을 발견하고 그것을 위한 행동 대안을 스스로 탐색하도록 돕는 질문을 한다. 요약하면, 컨설팅에서는 컨설턴트가 문제 해결의 주체가 되어 컨설턴트에게 필요한 질문을 하고, 코칭에서는 고객이 문제 해결의 주체가 되며, 코치는 고객의 파트너로서 고객에게 필요한 질문을 한다.

다) 심리치료 vs 코칭

심리치료는 심리학적 기법을 사용해 심리이상이나 정신장애를 치료하는 과학이나 기술을 말하며, 현재의 삶에 나타나는 특정한 증상을 개선하기 위해 주로 개인의 과거로부터 해답을 찾는다. 심리치료는 과거 어린 시절의 어떤 경험이 현재에 영향을 미치고 있음을 깨닫고, 그에 대한 생각, 감정, 정서, 동기, 행동 패턴, 자기 파괴적 행동 등을 인지하여 예전과 다른 행동을 하도록 대처 기술을 제시하고 과제를 수행하게 한다. 심리치료는 심리나 정서를 재구성하여 보다 심층적인 인간의 분노, 적개심, 수치심, 죄책감, 두려움, 낮은 자존감 등의 성격적인 문제를 치료하고 변화시키는 데 집중하기 때문에 일반적인 상담보다 장기간에 걸쳐 진행된다.

이와 달리 코칭은 개인이 현재 상태에서 시작해 앞으로 더 개선되고 발전하도록 돕는 과정으로, 원하는 미래의 모습에 초점을 맞춘다. 고객이 말하는 것을 넘어 고객이 진실로 원하는 것을 깨닫게 하고, 원하는 미래를 향해 앞으로 나아가는 전향적 사고와 행동에 집중한다. 그러면 다음 사례를 통해 심리치료와 코칭에서 심리치료사와 코치가 보여 주는 차이점을 살펴보자.

심리치료 예시

내담자: 제가 최근에 새로운 업무를 맡게 됐는데, 이럴 때마다 스트레스를 많이 받고 두렵기도 해요. 때로는 제 자신이 무능하고 쓸모없는 존재로 느껴져서 어디로 도망가 버리고 싶어요. 이럴 땐 어떻게 해야 할지 모르겠어요.

치료사: 음……. 자신이 무능하고 쓸모없는 존재로 느껴지고 어디로 도망가 버리고 싶고, 그럴 때마다 힘드시겠어요. 언제부터 그랬나요? 기억나는 최초의 상황을 한번 이야기해 보실래요?

내담자: 이게 맞는지는 모르겠지만, 제가 어렸을 때 엄마가 아빠에게 가끔씩 심한 폭행을 당했는데, 저는 아빠가 무서워서 엄마한테 아무런 도움도 주지 못하고 울고만 있었어요. 그때를 생각하면 제가 얼마나 무능하고 쓸모없는 딸이었는지 모르겠어요.

치료사: 그런 일이 있었군요. 그때의 감정을 지금 알아차렸다는 게 중요해요. 그게 치료의 시작이고요. 또 다른 기억이 있으세요?

내담자: 지난 번 회사에서 상사가 저에게 일을 제대로 못한다고 폭언을 하고 일을 맡기지 않았어요. 그래서 제가 스스로 퇴사를 할 수밖에 없었어요. 그때 마치 어릴 때 그 순간처럼 제가 너무 무능하고 쓸모없는 존재 같이 느껴져서 도망치고 싶었어요. 그러고 보니 어린 시절의 그 일이 원인인 것 같기도 해요.

치료사: 네, 그렇군요. 어른이 되어도 누구나 내면에 상처받은 어린아이를 가지고 있어요. 내담자분도 어린 시절의 그 경험이 지금도 영향을 미치고 있는 거고요.

내담자: 네, 그런 것 같아요, 선생님.

치료사: 이런 경우 10회기에 걸쳐서 치료를 진행해요. 10회기가 끝날 때

쯤이면 스스로 변화를 느낄 수 있을 거예요. 잘 될 테니 안심하시고요, 다음 시간에 내면에 상처받은 어린아이를 만나보기로 해요.

이 장면은 심리치료사와 내담자의 첫 만남이다. 내담자는 현재 느끼고 있는 심리 상태에 대해 두렵고, 무능하고, 쓸모없고, 도망가 버리고 싶다고 치료사에게 말한다. 치료사는 고객이 말하는 심리 상태를 주의 깊게 들으며 현재의 심리 상태에 영향을 미친 과거의 일을 떠올리도록 질문한다. 내담자는 자신이 경험했던 사건과 그때의 심리를 말하며 그때의 경험이 현재에 영향을 미치고 있다는 것을 깨닫는다. 치료사는 내담자가 말한 현재 심리 상태의 원인에 동의하면서, 이 원인을 해소하기 위한 치료방법을 제시하고 있다. 심리치료의 초기 대화 장면을 통해 알 수 있는 것은 심리치료사가 고객이 말하는 심리에 초점을 맞추고, 그 심리 상태를 치료하기 위한 방법을 제시한다는 것이다. 그러면 코치는 어떻게 접근할까?

코칭 접근 예시

고객: 제가 최근에 새로운 업무를 맡게 됐는데, 이럴 때마다 스트레스를 많이 받고 두렵기도 해요. 때로는 제 자신이 무능하고 쓸모없는 존재로 느껴져서 어디로 도망가 버리고 싶어요. 이럴 땐 어떻게 해야 할지 모르겠어요.

코치: 아, 새로운 업무를 맡게 됐는데, 두렵고 스트레스를 받고 계시네요. 많이 힘드시겠어요. 잘 해내고 싶은데, 지금도 두렵고 자신이 없다고 느끼시는 것 같네요.

고객: 네, 맞아요. 그것 때문에 우울증이 생길 지경이에요.

코치: 아, 우울증이 생길 정도로 힘드시군요. 그러면 고객님이 평소에 하고 싶은 일은 어떤 일인가요?

고객: 제가 평소에 하고 싶은 일은……. 하하~ 사실, 저는 강사가 되는 게

꿈이에요. 예전부터 정말 하고 싶었어요.

코치: 아, 강사가 되고 싶으셨군요! 강사가 되는 것이 고객님께 어떤 의미인가요?

고객: 저는 사내 강사가 되어서 직원들의 적응을 도와주고, 더 좋은 성과를 내도록 지원하는 사람이 되고 싶었어요. 그래서 그들이 잘되면 진심으로 함께 축하해 주고, 제 스스로 정말 뿌듯함을 느낄 것 같아요.

코치는 고객이 현재 업무에서 두려움과 스트레스로 힘들어하는 것에 공감해 주고, 여기서 한 걸음 더 나아가 평소 고객이 원하는 것에 대해 탐구하고 있다. 코치의 질문에 고객은 사내 강사가 되고 싶은 꿈을 이야기하면서 대화의 흐름이 변하고 있다.

코치의 질문은 고객이 자신이 원하는 모습이나 상태에 초점을 유지하면서 자신의 상황을 객관적으로 보게 하고, 스스로 해결책을 발견할 수 있게 한다. 코치는 현재 드러난 증상의 원인을 찾기보다는 고객이 말하는 것 너머에 있는 고객이 진실로 바라는 것과 그것의 맥락을 이해하고 그것에 초점을 맞추어 대화한다.

요약하면, 심리치료는 고객이 말하는 증상의 원인을 찾기 위해 과거에 집중하고, 해결 방안을 찾아 행동 과제를 제시한다. 이와 달리 코칭은 고객이 말하는 것의 상황적 맥락을 이해하고 고객이 열망하거나 지향하는 모습을 표현하게 하며, 자신이 바라는 모습에 부합되는 대안을 고객과 함께 탐색한다.

지금까지 전문직업인으로서 코치가 직업 윤리 의식을 가지고 행동하는 것이 어떤 모습인지 살펴보았다. 코칭 윤리란 코치가 자기 자신, 고객, 기타 모든 이해관계자에게 일련의 윤리적인 질문을 하는 성찰적 실행이라 할 수 있다.

그러면, 코칭 윤리가 자격 인증 코치에게 어떤 역할을 하는가?

첫째, 코칭 윤리는 다른 모든 역량의 초석이기 때문에 윤리적 기초가 명확하게 잡혀 있지 않으면 다른 모든 코칭 역량의 발휘에 의미를 부여할 수 없다. 따라서 자격 인증 코치는 코칭 윤리에 대한 명확한 기초 위에서 코치로서의 역량을 발휘해야 한다.

둘째, 코치는 고객, 후원자 및 이해관계자와의 상호작용에서 고객 존중과 비밀유지를 통해 성실성과 진실성을 보여 준다. 이것이 신뢰 형성의 기반이며, 이를 통해 코칭 윤리의 중요성을 다시 한번 강조할 수 있다.

셋째, 코칭 윤리는 다른 전문직과의 차별성을 유지할 수 있게 해 주기 때문에 코칭다운 코칭을 통해 전문적 지원을 할 수 있게 한다. 또한 코칭 관계에서 일어날 수 있는 다양한 상황에서 코치가 코칭 윤리에 근거해 전문가다운 판단과 대처를 할 수 있도록 돕는다.

코칭 관계란 코치, 고객, 후원자 및 이해관계자의 역할과 책임을 규정하는 계약에 따라 수립되는 관계이다. 그런데 코칭 관계에서는 때때로 이해 상충 문제가 발생할 수 있다. 이런 여러 가지 문제 상황에서 코치로서 어떻게 대처하는 것이 바람직한지 다음의 실행 지침을 살펴보도록 하자.

4. '윤리적 실천을 보여 준다'의 실행 지침

가. 고객, 스폰서 및 이해관계자와의 상호작용에서 코치의 진실성과 정직성을 보여 준다.

나. 고객의 정체성, 환경, 경험, 가치, 신념에 민감하게 대한다.

다. 고객, 스폰서 및 이해관계자에게 적절하고 존중하는 언어를 사용한다.

라. ICF 윤리강령을 준수하고 핵심 가치를 지지한다.

마. 이해관계자 합의 및 관련 법률에 따라 고객 정보에 대해 비밀을 유지한다.

바. 코칭, 컨설팅, 심리치료 및 다른 지원 전문직과의 차별성을 유지한다.

사. 필요한 경우, 고객을 다른 지원 전문가에게 추천한다.

가. 고객, 스폰서 및 이해관계자와의 상호작용에서 코치의 진실성과 정직성을 보여 준다Demonstrates personal integrity and honesty in interactions with clients, sponsors and relevant stakeholders.

코치는 전문직업인으로서 역량을 갖추기 위해 교육을 받고 자격을 취득하고 일한다. 자격을 취득하는 과정에서 코치로서 지켜야 할 윤리강령을 준수할 것에 동의하고 서약한다. 이 서약과 윤리 지침에 대한 준수는 처음 코칭 계약을 맺을 때 뿐만 아니라 코칭이 실행된 후에도 지속적으로 유지되어야 한다. 코치는 고객이나 스폰서, 이해관계자와 상호작용함에 있어 자기 능력의 기준과 한계를 명확하게 인식하고, 능력의 한도 내에서 코칭을 실행함으로써 진실성과 정직성을 보여 줄 수 있다.

나. 고객의 정체성, 환경, 경험, 가치, 신념에 민감하게 대한다 Is sensitive to clients' identity, environment, experiences, values and beliefs.

코치와 고객은 각자 자기만의 정체성, 환경, 경험, 가치, 신념을 가지고 있다. 고객은 코치와 다른 환경, 문화, 교육, 경험, 정보를 가지고 있으며 관점이나 사고방식은 물론, 가치관과 신념도 다르다. 따라서 코치는 코칭 세션 중에 고객이 코치의 가치나 신념과 상반되는 가치와 신념을 표현할 경우 고객을 존중하면서도 온전히 긍정적인 마음으로 대단히 섬세하고 민감하게 대하도록 최선을 다해야 한다.

코치는 또한 고객의 나이, 성별, 장애의 유무, 인종, 종교, 신념, 성적 지향 등의 측면에서 개인적 차

이와 문화적 차이에 민감할 필요가 있다. 코치는 다양성을 존중하고 차별하지 않음으로써 윤리강령을 준수해야 한다. 이를 위해 코치는 늘 '고객 중심you-centered' 패러다임으로 고객을 대해야 한다. 예를 들어, 결혼과 출산을 당연하게 여기는 베이비붐 세대 코치가 비혼주의자인 MZ세대(1980~1995에 태어난 Y세대와 1996~2000년 초반에 태어난 Z세대를 통칭) 고객이나, 오늘날의 10대인 스크린에이저(screenager: 컴퓨터와 인터넷에 매달린 10대) 고객을 만난다면 코치로서 어떻게 의식하고 행동해야 할까? 스크린에이저는 자신만이 겪을 수 있는 경험을 원하고, 비선형적 방식으로 문자를 읽으며, 글자보다 이미지를 선호하는 경향이 있다. 이들은 디지털 콘텐츠에 너무 익숙한 나머지, 원하는 정보를 즉각적으로 얻을 수 있는 디지털 세계에서 느끼는 만족감을 디지털 세계 밖에서도 원하기 때문에 인내심과는 거리가 멀다고 한다(이진원 역, 2010). 이들과 상호작용함에 있어 코치는 다름을 수용하는 것이 불편할 수도 있다.

실제로 코치는 본인과 다르거나 혹은 반대되는 관점과 의견을 가진 고객을 종종 만나게 된다. 이럴 때 코치가 자신의 가치관, 정체성, 신념 등을 부정하거나, 잊으려고 애쓸 필요는 없다. 다만 코치는 상대방의 잠재력을 이끌어 내고, 그것을 최대로 발휘할 수 있도록 개인적 장애물과 한계를 넘어가도록 돕는 전문직업인임을 기억해야 한다. 코치는 고객의 관점과 시각을 존중하고, '고객 중심' 패러다임으로 고객을 대하며, 고객의 말에 섬세하고 민감하게 대응하는 것이 중요하다. 이를 위해 코치는 코치다운 마인드셋mindset을 정립하고 체화하기 위해 계속 노력해야 한다.

다. 고객, 스폰서 및 이해관계자에게 적절하고 존중하는 언어를 사용한다Uses language appropriate and respectful to clients, sponsors and relevant stakeholders.

코치는 고객을 독립적이고 평등한 존재로서 존엄성을 가지고 대해야 한다. 또한 고객이 자신의 비전, 목표, 열망을 긍정적으로 발전시켜 나갈 수 있도록 모든 의사소통에서 모든 사람의 존엄성에 대한 존중의 분위기와 민감성을 가지고 예의 바르고 존중하는 언어를 사용해야 한다. 특히 코치는 고객, 스폰서 및 이해관계자와 상호작용함에 있어 상대를 존중하는 의사소통을 해야 한다.

한국 사회는 집단주의와 서열주의 문화가 있어 나이, 사회적 지위, 직급, 성별 등에 따라 자동적으로 상하관계를 인식하는 경향이 있다. 따라서 코치는 특히 상대방의 나이에 따라 대하는 태도나 사용하는 언어가 달라지지 않도록 유의해야 한다. 또한 기혼자인 코치가 미혼 또는 비혼자인 고객, 스폰서, 이해관계자 등과 대화할 때 상대방이 당연히 결혼을 했거나 자녀가 있을 거라고 예단하지 않도록 주의해야 한다. 이처럼 코치는 사회 변화 양상에 대한 민감성과 수용성을 높임으로써 상대방을 배려하고 존중하는 언어를 사용할 수 있다.

최근 한국 사회에 코칭 문화가 많이 확산되고 있지만, 아직 대중적으로 보편화된 단계는 아니다. 따라서 코칭 계약을 하는 과정에서 종종 코칭에 대한 오해를 하거나, 코칭의 효과에 의구심을 표현하는 경우도 종종 있다. 이런 경우에 코치는 어떻게 적절한 코칭 대화를 할 수 있을까?

사례

고객: 코칭이 원래 이런 거예요? 저는 해결 방법을 듣고 싶었는데 질문만 하시네요.

코치: 제가 질문이 좀 많았나요? 하하~ 죄송합니다. 코칭이 물론 질문만 하는 것은 아닙니다. 그런데 오늘 여러 가지 질문을 받고 답을 하면서 어떤 것을 느끼셨나요?

고객: 이렇게 계속 질문을 받으면서 제 생각을 말해야 하는 대화가 처음이라 좀 부담스럽고 취조받는 듯한 기분이 들어서 살짝 불편하기도 했어요. 그런데 질문을 받으면서 그에 대한 답을 생각하고 말로 표현하는 과정에서 생각이 좀 정리되는 느낌이 들기도 했어요.

코치: 코칭 대화가 처음이라 좀 부담스럽고 힘드셨을 텐데, 긍정적인 부분을 찾아 말씀해 주셔서 감사합니다. 우리가 지금 이야기한 것처럼 코칭은 코치인 제가 해결책을 드리기보다는, 코치의 질문에 고객이 스스로 답을 찾아가는 대화입니다.

이 사례는 코치가 고객의 질문에 대해 당황하지 않고 고객을 존중하는 언어로 코칭의 정의를 자연스럽게 설명함으로써 코칭적 대화를 시작한 모습을 보여 준다. 코치는 고객이 다소 무례한 말이나 무리한 요청을 할 때에도 적절하고 존중하는 언어를 사용하여 설명할 수 있어야 한다. 이는 코칭 대화에서도 마찬가지이다. 따라서 코치는 고객의 나이, 직업, 성별 등과 상관없이 고객에게 늘 코치다운 언어를 사용해야 한다.

라. ICF 윤리강령을 준수하고 핵심 가치를 지지한다Abides by the ICF code of ethics and upholds the core values.

ICF는 신뢰성, 개방성, 수용성 및 조화를 위해 노력하고 있으며 코치의 진실성integrity, 탁월성excellence, 협력collaboration, 존중respect을 핵심 가치로 밝히고 있다.

코치의 진실성integrity이란 코칭 전문직과 조직 모두를 위한 최고의 기준을 유지하기 위해 ICF에서 규정하고 있는 코칭의 정의를 코칭 역량을 통해 실현해 나가는 것으로, 코치의 언행이 일치하며, 코칭 관계에서 합의한 것을 끝까지 유지하는 것을 말한다. 진실성에 대한 상세한 내용은 앞에서 이미 다루었다. 탁월성excellence이란 전문적 코칭의 품질, 자격 및 역량에 대한 우수한 기준을 설정하고, 지속적인 성찰을 통해 코치의 자격과 역량을 강화하는 것을 말한다. 협력collaboration은 고객과 협력적 파트너십을 유지할 뿐만 아니라, 공동의 성과를 통해 발생하는 사회적 연결과 공동체 구축을 중시하는 것을 뜻한다. 존중respect은 모든 사람이 충분한 자원을 가지고 있고resourceful, 누구나 독특하고 유일한 존재로 고유성을 가지고 있음을 믿으며, 이에 따라 고유성이 표현된 언어, 학습 스타일, 관점, 독특한 행동양식을 이해하는 것을 의미한다. 또한 포괄적이고 전 세계 이해관계자들의 다양한 가치와 풍요로움을 중시하는 것을 말한다. 이러한 가치를 준수하는 까닭은 코치로서 코칭의 규범, 정책 및 품질을 훼손하지 않으면서 사람들을 우선시하기 위해서이다.

마. 이해관계자 합의 및 관련 법률에 따라 고객 정보에 대해 비밀을 유지한다Maintains confidentiality with client information per stakeholder agreements and pertinent laws.

코치는 고객과의 계약에서 합의한 바와 같이 고객의 비밀을 존중하고 명예를 지키기 위해 최선의 노력을 다해야 한다. 코칭에서 고객 정보에 대해 비밀을 유지하는 사례를 살펴보자.

A 코치는 사장에게 능력을 의심받는 전무급 임원을 코칭하게 되었다. 당시 고객은 자신의 청력에 문제가 생겨 임원 회의 내용을 놓치는 경우가 있어 고민하고 있었다. 고객은 코치에게 자신이 겪고 있는 문제를 밝히고 그 주제로 코칭을 받았지만 그 사실을 인사부에 알리고 싶어 하지 않았고, 코치에게도 자신의 상황을 알리지 말아 달라고 요청하였다. 코치는 고객과의 약속을 지켜 비밀을 유지하였다. 그 대신 코칭을 통해 고객에게 가장 적절한 부서를

찾아 이동하도록 도왔다. 그 결과 고객은 매우 만족스럽게 직장생활을 하고 있다.

　코치가 지속적으로 약속을 지킬 때 고객은 위험을 감수하고 자기를 개방하게 되고, 이러한 자기 개방을 통해 자아 발견의 길에 들어서게 된다. 코치는 비밀을 유지함으로써 고객이 충분히 자아 탐구를 할 수 있도록 안전한 공간을 제공해야 한다(박현준 역, 2009). 그리고 정보 공개 동의가 있지 않는 한, 코칭 관계를 통해 얻게 된 모든 정보를 보호해야 함을 꼭 기억해야 한다.

바. 코칭, 컨설팅, 심리치료 및 다른 지원 전문직과의 차별성을 유지한다Maintains the distinctions between coaching, consulting, psychotherapy and other support professions.

　이 실행 지침에 대해서는 앞의 핵심 요소에서 멘토링, 컨설팅, 심리치료 등과 코칭의 차이점을 자세히 설명하였기에 따로 설명하지 않는다.

사. 필요한 경우, 고객을 다른 지원 전문가에게 추천한다Refers clients to other support professionals, as appropriate.

　ICF는 코치의 직업적 역할에서 고객과 맺은 코칭 합의 조항에 따라 프로세스 중 어느 시점에서든 고객의 권리를 존중하고 고객에게 더 나은 서비스를 제공할 것을 제안한다. 또한 필요하다고 판단될 경우 다른 전문가의 서비스를 추천하도록 명시하고 있다. 코치가 자신의 전문 분야가 아닌데도 고객을 붙잡는 것은 코칭 윤리에 어긋나는 행동이다. 다른 분야의 지원 전문가가 필요하다고 판단되고 활용 가능한 자원을 알고 있다면, 그들에게 고객을 추천해야 한다.

　고객이 코치와의 첫 만남에서 최근 자살충동을 느낀다며 도움을 청했다.

전문 코치로서 어떤 반응을 보이는 것이 가장 코치다울까? 이때 코치로서 해야 할 가장 적절한 행동은 코칭과 심리치료의 차이를 설명하고 다른 전문가의 도움을 받도록 제안하는 것이다.

또 사른 사례로 만약 고객이 감정적인 문제를 겪고 있으며 코치의 삶에도 영향을 미치고 있는 경우 코치가 할 수 있는 가장 적절한 조치는 무엇일까? 이때 코치는 가능한 한 고객의 감정 문제를 다루어야 한다. 그러나 고객의 감정 문제가 심화되고 코치 자신도 영향을 받게 되는 것을 알아차린 경우에는 고객과 의견을 조율하여 다른 전문가에게 소개해야 한다.

사례

고객: 제가 요즘 기분이 너무 우울하고 불안해요. 잠을 제대로 못 자고, 매사에 의욕도 없어요. 가끔은 내가 이렇게 살아서 뭐하나 싶기도 해요. 그래서 이런 상황이 저에겐 굉장히 힘드네요.

코치: 아, 정말 많이 힘드시겠네요. 우울하고, 의욕도 없고, 살기도 싫다고 하시니 얼마나 힘드실지 느껴집니다. 그러면 코치인 저를 찾아오실 때 어떤 것을 기대하고 오셨어요?

고객: 심리상담을 받고 마음이 편안해졌으면 하는 기대를 가지고 왔어요.

코치: 네, 그러셨군요. 고객님이 말씀하시는 심리상담은 어떤 것을 말하나요?

고객: 예전에 불안감이 높아져 잠을 자지 못하는 날이 열흘 이상 계속되었을 때 심리상담사를 만나 상담을 받고 약을 처방받았더니 좀 나아졌어요. 그래서 이번에도 상담을 받고, 약도 받고 싶어서 왔습니다.

코치: 심리상담을 기대하고 오셨군요. 그렇다면 코칭보다는 심리상담 전문가를 만나 상담을 진행하시는 것이 좋을 것 같습니다. 제가 좋은 분을 알고 있는데, 혹시 소개시켜 드릴까요?

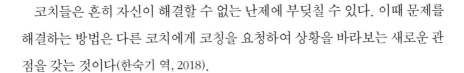

코치들은 흔히 자신이 해결할 수 없는 난제에 부딪칠 수 있다. 이때 문제를 해결하는 방법은 다른 코치에게 코칭을 요청하여 상황을 바라보는 새로운 관점을 갖는 것이다(한숙기 역, 2018).

5. 전문 코치 평가 지표 PCC Markers

2020년 9월에 개정된 ICF 전문 코치 평가 지표PCC Markers는 평가자가 기록된 코칭 대화를 듣고 어떤 ICF 핵심 역량이 분명하게 나타났는지, 그리고 어느 정도 나타났는지를 결정할 수 있도록 훈련받는 지표이다. 다음의 평가 지표는 전문 코치PCC 수준에서 코칭 대화를 할 때 보여 주어야 하는 핵심 역량을 반영한 행동들이다.

이 기준들은 공평하고, 일관성 있고, 타당하고, 믿을 수 있으며, 반복적이고, 공신력 있는 평가 과정을 지원한다. 또한 전문 코치PCC 평가 기준은 코치, 코치 트레이너, 그리고 멘토 코치들에게도 전문 코치PCC 수준에 달하기 위해 필요한 역량 개발의 영역을 확인하는 데에 도움이 될 것이다. 각 역량의 전문 코치PCC 평가 지표 내용은 핵심 역량 개발의 맥락 안에서 사용되어야 한다는 것을 염두에 두어야 한다. 그리고 이것을 전문 코치PCC 인증 시험을 통과하기 위한 형식적인 체크리스트로 간주해서는 안 된다.

'역량 1. 윤리적 실천을 보여 준다'를 평가하기 위한 전문 코치PCC 평가 지표는 따로 없다. 왜냐하면 모든 수준의 전문 코치들(ACC, PCC, MCC 수준)이 ICF 윤리강령에 대해 정확히 알고 그것을 적용하는 것은 모든 코치들에게 똑같이 중요한 과제이기 때문이다. 그러므로 훌륭한 전문 코치PCC 후보들은 ICF 윤리강령과 일치하게, 코치다운 코치로서 코칭다운 코칭을 해 나가는 데 일관성 있는 모습을 보여 주어야 한다.

핵심 **요약**

- '윤리적 실천을 보여 준다'는 코칭 윤리와 코칭 표준을 이해하고 지속적으로 적용하는 능력을 말한다.
- 윤리강령은 코치의 행동을 기술한 명문화된 행동 지침이다. 윤리강령은 다른 모든 코칭 역량의 초석이 되며, 높은 수준의 직업 윤리 의식을 가지고 준수해야 할 행동의 원칙이다.
- 윤리강령을 지키고 따를 때 코치로서의 정체성과 품위를 유지할 수 있다.
- '윤리적 실천을 보여 준다'의 핵심 요소는 다음과 같다.
  - 진실성을 보여 준다.
  - ICF 윤리강령을 준수한다.
  - 비밀을 유지한다.
  - 다른 지원 전문직과의 차별성을 유지한다.
- '윤리적 실천을 보여 준다'의 기타 실행 지침은 다음과 같다.
  - 고객의 정체성, 환경, 경험, 가치, 신념에 민감하다.
  - 고객, 스폰서 및 이해관계자에게 적절하고 존중하는 언어를 사용한다.
  - 필요한 경우, 고객을 다른 전문가에게 추천한다.
- 코치가 되는 것은 코칭하는 매 순간 코치로서 '어떻게 행동할 것인가?' '고객과 어떻게 함께할 것인가?' '내가 하는 일의 의미는 무엇인가?'에 대해 숙고하고 답하고 행동하는 것이다. 또한 코치 자신의 능력의 한계를 인식함으로써 위험한 윤리적 실행으로부터 자신과 고객을 보호할 책임이 있음을 인식해야 한다.
- ICF의 코칭 정의의 근간은 탐구와 탐색 기술로, 이것이 코칭에서 명확하지 않을 경우 어떠한 수준의 인증 자격도 거부된다는 것을 기억한다.

자기 개발을 위한 성찰 및 연습 S-A-C

○ 잠시 멈추고 바라보기 Stop

　― 코치로서 윤리강령을 충분히 이해하고 실행하고 있는지 성찰한다.

　― 타인을 돕고자 하는 핵심적인 내적 동기를 떠올려 보고, 자신의 잠재
　　능력 수준이 어느 정도인지 점검한다.

○ 알아차리기 Aware

　― ICF의 자격 인증 코치인 나에게 코칭 윤리가 어떤 중요한 역할을 하는
　　지 3가지 이상의 이유를 확인한다.

○ 도전 Challenge

　― 코칭의 길에서 벗어난 것을 알아차린 순간, 코칭의 길로 돌아선다.

코칭 마인드셋을 구현한다

Embodies a Coaching Mindset

1. '코칭 마인드셋을 구현한다' 역량 이해를 위한 사전 질문

2. '코칭 마인드셋을 구현한다'는 것은 무엇인가

3. '코칭 마인드셋을 구현한다'의 정의 및 핵심 요소

4. '코칭 마인드셋을 구현한다'의 실행 지침

5. 전문 코치 평가 지표 PCC Markers

💬 핵심 요약

● 자기 개발을 위한 성찰 및 연습 S-A-C

1. '코칭 마인드셋을 구현한다' 역량 이해를 위한 사전 설문

가. 마인드셋이란 무엇인가?

나. 코칭 마인드셋은 코칭 패턴에 어떻게 영향을 미치는가?

다. 코칭 마인드셋의 핵심 요소는 무엇인가?

라. 코치로서 자기 개발과 훈련은 어떻게 하는가?

마. 코칭 마인드셋을 통한 코치다움이란 무엇인가?

2. '코칭 마인드셋을 구현한다'는 것은 무엇인가

사람의 마음가짐을 의미하는 마인드셋mindset은 개인의 신념이나 태도 또는 습관적으로 형성되는 의견 등을 포함하는 '마음의 틀'이다. 사람들은 자신만의 관점이나 사고방식, 사고의 프레임으로 세상과 사람, 사물 등을 본다. 따라서 어떤 마인드셋을 가지고 있는지에 따라 개인의 심리적 경향과 행동, 그리고 삶에서 얻는 결과가 달라진다.

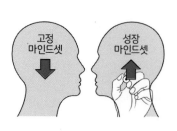

스탠포드 대학교 심리학과의 캐롤 드웩Carol Dweck 교수는 지능과 마인드셋에 관한 연구를 통해 개인이 어떤 마인드셋을 가지고 있는지에 따라 삶에서 부딪치는 다양한 문제에 대한 대응방식이 달라진다고 하였다(김준수 역, 2017).

지능은 거의 변하지 않으며, 각자 타고난 지능에 따라 모든 것이 결정된다고 믿는 '고정 마인드셋fixed mindset'을 가진 학생들은 자신이 다른 학생들보다 뛰어나다는 것을 입증하려고 애쓰는 경향이 있었다. 이들은 노력이 필요한 일을 해야 하거나, 어려운 일을 당하거나, 방해가 생기거나, 혹은 자기보다 뛰어난 학생을 만나게 되면 스스로 자신의 지능을 의심하는 태도를 보였다. 이는 자신의 지능이 낮기 때문에 노력해도 소용없다는 생각에서 비롯된 것으로, 이들은 좌절을 경험하면 쉽게 위축되었다.

반면, 지능은 고정불변이 아니라 학습을 통해 개발될 수 있다고 믿는 '성장 마인드셋growth mindset'을 가진 학생들은 지능은 노력으로 향상시킬 수 있다고 믿었다. 이들은 영리하게 보일 수 있는 기회보다는 새로운 것을 배울 수 있는 기회를 선호하며, 자신의 지적 능력에 대한 자신감이 없는 경우에도 어려운 과제에 도전하여 그것을 해내려고 전심전력을 다하는 경향을 보였다. 이 학생들은 문제가 어려울수록 더 열심히 노력하거나, 차분히 생각하면서 문제를 해결하려고 노력했다. 또한 이들은 좌절을 경험하더라도 이것은 장기적 학습과 성취를 이루는 과정에서 당연히 겪는 과정일 뿐, 결코 실패로 여기지 않았다(차명호 역, 2008). 이처럼 어떤 마인드셋을 가지고 있느냐에 따라 개인의 정서, 태도, 행동에 큰 차이가 나타난다.

그렇다면 코칭 마인드셋이란 무엇일까? 코칭에서의 마인드셋이란 코칭을 바라보는 관점이자 코칭에 접근하는 사고방식이다. 코칭 마인드셋은 코칭 철학에 기반한 사고의 틀, 관점, 패러다임, 태도의 바탕 위에 코칭 역량과 스킬을 체화하여 코치다움을 내재화한 것이다. 이것은 고객의 성장에 초점을 맞추고, 고객과 고객이 말하는 문제를 개방적이고 호기심이 많으며, 유연하고 고객 중심적인 사고방식(마인드셋)으로 바라보는 태도로 드러난다.

일반적으로 코치들은 성장 마인드셋을 가지고 있다. '사람들은 배우고, 성장하고, 변화한다' '인간의 배움과 성장과 변화는 멈추지 않는다' '학습은 인간의 타고난 능력이며, 핵심적인 내재적 동기이다' 이러한 마인드셋 때문에 코칭을 통해 고객이 성장할 것을 믿으며, 동시에 코치도 성장하게 된다. 경험적 가족치료의 창시자인 버지니아 사티어Virginia Satir도 자신의 치료적 신념을 통해 성장 마인드셋의 중요성을 강조하였다. 그는 "변화는 모든 사람에게 가능하다. 모든 사람은 문제에 성공적으로 대처하고 성장할 수 있는 내적 자원을 가지고 있다. 우리는 선택권자이며, 상황에 반응할 수 있는 선택권을 가지고 있다. 우리는 모두 감정을 가지고 있고, 감정은 우리에게 속해 있다. 과거에 대한 수용과 감사는 현재를 발전시킬 수 있는 능력을 증진시킨다."고 하였다(권중돈, 2021).

꽃마다 독특한 향기가 있듯이, 사람에게도 품격이라는 독특한 향기가 있다. 그리고 코치에게는 코치다운 품격을 느끼게 하는 마인드셋이 필요하다. 그런데 코치다운 마인드셋을 가지려면 어떻게 해야 할까? 코칭 철학의 토대 위에 코칭 패러다임을 설정하고, 성장 마인드셋을 코칭 역량으로 구현하는 것이 코칭의 본질에 가까운 코칭 마인드셋을 체화하는 방법이다. 코치로서 성장 마인드셋을 가지고 고객을 열린 마음으로 수용하고, 고객이 이야기하는 여러 가지 주제들에 대해 유연하게 대응할 수 있도록 고객 중심적인 사고방식을 훈련하고 유지하는 것이 중요하다.

다음은 고정 마인드셋을 가진 고객과의 대화이다.

사례

코치: 자신의 성격과 관련해 여러 가지 문제를 이야기하셨는데, 말하고 나니 마음이 어떠세요?

고객: 제가 말이 너무 많고, 또 말만 앞서는 것 같아 부끄럽네요. 제가 좀 그래요. 고치려고 해도 제 성격이라 어쩔 수가 없나 봐요. 다른 일을 할 때도 늘 이런 식이거든요.

코치: 혹시 최근에도 그런 일이 있으셨어요?

고객: 네, 매일 운동한다고 해놓고선 안 해요. 마음은 있는데 행동으로 옮

겨지지 않아요. 제가 원래 좀 그런 편이에요. 어떻게 할 수가 없는 것 같아요.

이 사례와 같이, 코칭 중에 고객이 고정 마인드셋을 가지고 있음을 알게 될 경우 코치는 고객의 관점을 먼저 다루어 볼 수 있다. "제가 원래 그래요."라고 말하는 고객은 자기도 모르게 고정 마인드셋을 가지고 있다고 볼 수 있다. 따라서 이 사례에서는 운동을 어떻게 실행할 것인가에 대한 이야기보다는 "성격이라 어쩔 수 없나 봐요. 늘 이런 식이에요."라고 말하는 고객의 마인드셋을 먼저 다뤄 보는 것이 바람직하다. 먼저 자신의 마인드셋에 대해 성찰하며 생각의 전환이 일어난 다음, 운동에 대한 마인드셋을 다루는 것이 좋을 것이다. 그 후에 매일 운동하겠다는 행동 단계를 다룬다. 즉, 운동을 외부적인 어떤 이유나 상황 때문에 어쩔 수 없이 해야 하는 것으로 바라보는 관점 대신, 자기 내면의 자발적인 동기에 따라 살아가는 성장 마인드셋으로 다시 세팅되기만 하면 운동뿐만 아니라 삶의 모든 면에서 스스로 선택하고 행동해 나가는 성장의 과정을 경험하게 될 것이다. 그리고 그 과정에서 코치도 함께 성장한다.

이러한 코칭 마인드셋을 가진 코치는 저절로 코치다운 품격과 향기를 드러낸다. 그러나 반대로 코칭 마인드셋의 기초가 닦이지 않은 경우에는 효과적인 코칭이 이루어지지 않는다. 그동안 필자가 많은 코치들을 훈련하며 관찰한 바에 따르면, 코칭에 임하는 코치가 자신이 코치로서 어떻게 존재해야 하고, 어떤 마인드셋으로 생각해야 하는지에 대한 준비 없이 그저 코칭만 하려고 할 때 코칭을 제대로 하지 못하는 경우를 많이 보았다. 코칭 마인드셋이 갖춰지지 않은 상태에서 코칭을 하면 코치다움이 드러나지 않기 때문이다. 이처럼 코칭 마인드셋은 효과적인 코칭 진행과 결과에 결정적인 영향을 미친다.

3. '코칭 마인드셋을 구현한다'의 정의 및 핵심 요소

가. 정의

개방적이고, 호기심이 많으며, 유연하고, 고객 중심적인 사고방식(마인드셋)을 개발하고 유지한다Develops and maintains a mindset that is open, curious, flexible and client-centered.

이 책의 서론인 '코칭에 대하여'의 '코칭 패러다임'에서 코치의 에고, 즉 자기 중심성을 탈피하는 방법에 대해 설명한 바 있다. 그것은 나와 상대방과의 관계 패러다임을 '나 중심me-centered'에서 '상대방 중심you-centered', 즉 고객 중심적인 사고방식으로 바꿔야 한다는 것이었다. 코치가 '나 중심'적인 패러다임을 가지고 있으면 코치 중심적인 코칭으로 흐르게 된다. 코치에게 자기 중심적인 패러다임이 깊게 새겨져 있다면, 코치는 모든 것을 자신의 경험, 생각, 신념, 가치관을 중심으로 보게 된다. 그러면 코치의 에고가 작동되어 고객의 말을 자기 중심으로 왜곡해서 듣게 된다. 그 결과 코치는 고객의 상황을 객관적으로 바라보지 못하고, 자신이 인식한 방향으로 코칭을 이끌어가려 한다. 그리고 코치가 마치 해결사처럼 답을 주려 하거나 멘토처럼 자기 경험담을 이야기하며 교훈을 주려 한다. 시작은 코칭이었으나 끝은 코칭이 아닌 어설픈 결말을 맺게 된다.

그러나 코치의 패러다임이 '고객 중심'으로 바뀌게 되면 고객이 중심이 되는 코칭 흐름이 형성된다. 또한 '고객 중심client-centered' 패러다임은 고객이 스스로 문제를 제기하고, 스스로 대안을 생각하고 선택하여, 스스로 행동하고 책임지도록 지원하는 코칭의 본질에 충실하도록 코치를 인도해 준다.

고객 중심 패러다임을 갖기 위해서는 상대방에 대한 열린 마음과 개방적 태도, 그리고 순수한 호기심이 중요하다. 코치에게 개방적인 태도란 각 사람이 가진 다양성을 인정하고 수용하는 것을 말한다. 또한 고객의 주제, 정체성, 상황 및 맥락, 경험, 가치관 등에 대해 옳고 그름을 판단하거나 유형화하지 않고, 있는 그대로의 모습을 존중해 주는 자세를 의미한다.

호기심이란 어떤 것의 존재나 이유에 대해 궁금해하고, 알려고 하며, 숙고하는 태도나 성향을 말한다. 아리스토텔레스Aristoteles는 '호기심이야말로 인간을 인간이게 하는 특성'이라고 하였다. 코치는 고객에 대한 호기심을 바탕으로 고객이 당면한 상황이나 문제에 대해 의문을 갖고 끊임없이 질문하며 넓고 깊고 다면적으로 탐색해야 한다. 고객에 대해 순수한 호기심을 갖게 되면 고객 주변의 상황에 대해 '왜 그럴까?' '무슨 일일까?' 하는 질문을 저절로 하게 된다. 그리고 그 질문에 대한 대답도 호기심을 가지고 듣게 된다. 이와 같이 코치가 고객 중심 패러다임을 가지고 고객을 열린 마음과 호기심을 가지고 대하면 고객의 상황에 따라 물처럼 유연하게 대응하는 코칭 흐름을 만들어 낼 수 있게 된다. 따라서 코치는 열린 마음으로 고객이 자신의 성장을 위해 제기한 여러 가지 주제들에 유연하게 대처하도록 고객 중심 패러다임을 개발하고 유지하는 훈련을 해야 한다.

'코칭 마인드셋을 구현하다'의 핵심 요소는 다음과 같다.

1) 지속적인 학습과 개발에 참여한다Engages in ongoing learning and development.
2) 고객의 자율성을 인정한다Appreciates client autonomy.
3) 성찰적 훈련을 개발한다Develops reflective practice.

나. 핵심 요소

앞에서 코치다움이 드러나는 마음의 틀로서 코칭 마인드셋에 대해 다루었다. ICF는 '역량 2. 코칭 마인드셋을 구현한다'를 '역량 1. 윤리적 실천을 보여준다'와 더불어 코치의 존재the being of the coach와 관련하여 설명하고 있다. 코치답게 존재하기 위해 코치가 갖추어야 할 마음의 틀을 강화하고 체화시키기 위해서는 다음 3가지 역량에 집중해야 한다.

1) 지속적인 학습과 개발에 참여한다 Engages in ongoing learning and development.

최근에는 전문 코치들을 위한 많은 코칭 프로그램이 있고, 코칭 분야별로 차별화된 학습과정도 많이 있다. 따라서 모든 코치는 비즈니스 코칭, 라이프 코칭, 커리어 코칭, 스포츠 멘탈 코칭 등 자신이 특화시키고 싶은 코칭 분야에 따라 지속적인 학습에 참여해야 한다. 이때 특화된 전문 분야에 대한 학습과 더불어 코치로서 존재에 대한 철학, 심리학, 영성 등에 대한 이해를 넓히는 것도 필요하다. 코치는 고객이 가지고 있는 문제를 다루고 해결해 주는 사물 중심의 패러다임 things paradigm 이 아니라, 인간 중심의 패러다임 people paradigm 을 가지고 파트너로서 고객과 함께 고객의 성장을 지원하는 사람이기 때문이다. 이를 위해서 코치는 코치로서의 삶에서나 코칭 과정에서의 내적 평화를 유지하기 위해, 그리고 알아차림에 민감하기 위해 가벼운 명상 훈련부터 시작하여 체계적인 명상 훈련을 지속적으로 수행하는 것을 추천한다.

또한 코치는 코칭 핵심 역량과 관련된 내용, 과정, 기법 등은 물론, 그 안에 내포된 철학과 심리상담 영역에서 다루고 있는 인간에 대한 깊은 이해를 지속적으로 내면화시키는 것이 중요하다. 『논어』에서는 학이시습 學而時習: 배우고 때때로 익힘 을 첫 구절로 제시하면서 학이불염 學而不厭: 배우고 싫증내지 않음 의 자세로 평생 배우고 익힐 것을 권면하고 있다. 이는 코치들에게 그대로 적용되는 말이다. 코치는 코칭에 필요한 다양한 영역의 학문을 배우고 익혀서 몸이 기억하도록 체화 體化 함으로써 그것이 코칭 과정에서 자연스럽고 적절하게 활용될 수 있도록 해야 한다.

지속적인 학습과 개발에 참여하는 코치들에게는 다음과 같은 공통점이 있다.

- 마스터풀 코치로 성장하기 위한 공식적인 코칭 훈련과 학습
- 자기만의 전문 코칭 분야와 관련된 학술적 접근
- 코칭에 관한 다양한 책 읽기
- 코칭에 관한 칼럼 및 기사 읽기
- 코칭 관련 글쓰기(칼럼 및 책 쓰기)
- 코칭 관련 국제 웨비나 및 국내 콘퍼런스/세미나 참여(한국코치협회 또는 ICF 코리아 챕터에서 주관하는 연례 또는 정기 콘퍼런스, 각 코칭 회사에서 주최하는 세미나 등)
- 주기적인 멘토 코칭, 수퍼비전 받기
- 멘토 코칭, 수퍼비전을 통한 자기 성찰 훈련
- 내면의 힘을 기르고 유지하기 위한 다양하고 통합적인 훈련(건강한 에너지를 만들어 내는 신체적 훈련, 통찰력을 키우기 위한 다방면의 독서, 새로운 세상과 사람을 만나 교감하는 정서적 훈련, '너머'의 의미를 알아차리게 하는 영성 훈련, 기타 여백의 공간 창조를 위한 재창조recreation 훈련 등)

코치로서 해야 할 일이 너무 많다고 생각되는가? 그럴 수도 있다. 하지만 '아니, 이걸 어떻게 다 하지?'라고 생각하는 대신, '와우, 내가 만나야 할 새로운 기회의 영역이 이렇게 많구나.'라고 생각하는 것이 코치에게 필요한 마인드셋일 것이다. 또한 마스터풀 코치가 되기 위해 다년간의 학습과 개발 계획을 세우는 것도 도움이 될 것이다. 그리고 지속적인 학습과 개발의 여정에서 코치로서 꼭 기억해야 할 미덕은 '겸손의 힘과 태도'일 것이다.

2) 고객의 자율성을 인정한다Appreciates client autonomy.

코칭은 "고객은 자신의 문제를 직면할 수 있고, 언제든지 자신을 위해 최선의 선택을 할 수 있다."는 가정에 기초하고 있다(김상복 외 역, 2015).

자율성의 사전적 의미는 자기 스스로의 원칙에 따라 어떤 일을 하거나, 자

기 스스로 자신을 통제하여 절제하는 성질이나 특성을 의미한다. 사회심리학에서는 자율성을 개인들이 외부의 환경으로부터 압박 혹은 강요받지 않으며 개인의 선택을 통해 자신의 행동이나 조절을 할 수 있는 상태에서 자신들이 추구하는 것을 자유롭게 선택할 수 있는 감정으로 해석한다(Deci & Ryan, 1985). 자율성은 자신이 행동의 주체로서 자유의지를 가지고 행동하는 것이며, 자신이 선택한 목표와 가치를 이루기 위해 자신의 행동을 상황에 맞게 통제하고 조절하고 적응시키는 능력이다. 자율적인 사람은 아무리 힘들어도 원하는 것을 해내기 위해 스스로 동기를 부여하는 성장 지향적인 사람들이다. 따라서 사람들의 성취 정도는 자율성의 정도에 크게 비례한다. 그림에서 보듯이, 자율성은 자기 자신을 조각하는 사람과 같다. 자기 자신은 스스로 조각함으로써 완성된다. 이 세상의 어느 누구도 내 모습을 대신 조각해 줄 수는 없는 것이다.

코칭은 자율성에 기초하여 고객의 성장에 초점을 맞추고 있다. 고객이 자율성을 자각할 수 있도록 코치는 다음과 같이 질문하고 피드백할 수 있다.

- 자신의 모습을 어떻게 조각하고 싶으세요?
- 이 상황에서 스스로 선택할 수 있는 대안은 무엇인가요?
- 그 문제와 관련해 자기답게 자신을 통제하고 조절할 수 있는 방법은 무엇인가요?
- 와, 멋지세요! 대화 과정에서 스스로 동기를 부여하는 환경과 조건을 만드셨네요.
- 자신의 행동에 대한 책임감을 분명하게 표현하는 모습이 참 믿음직스럽네요.

3) 성찰적 훈련을 개발한다Develops reflective practice.

가) 성찰과 성찰적 훈련

성찰이란 '자신이 한 모든 행위를 깊이 되돌아보는 것'으로, 반성적 사고反省的 思考, reflective thinking를 하는 것이다. 다시 말해, 자신이 한 일을 돌이켜 깊이 생각하며 잘한 점, 후회되는 점을 정리하고 스스로 깨달아 가는 과정인 것이다. 존 듀이John Dewey는 경험은 행동과 행동의 결과를 연결함으로써 얻어지는 것이며, 행동과 행동의 결과를 연결하기 위해서는 성찰reflection이 필요하다고 하였다. 성찰적 사고를 하면 불분명하고, 혼란스럽고, 의심스럽고, 갈등을 일으키는 상태를 명료하고, 일관되고, 안정되고, 조화로운 상태로 전환시킬 수 있게 되는 것이다(정회욱 역, 2010).

그런데 일상에 바쁜 현대인이 성찰을 위한 시간을 내기란 쉽지 않다. 직장인들의 공통된 바람은 직장에서 열심히 일하고 퇴근 후에는 자기만의 공간에서 조용히 하루를 돌아보며 음미하는 시간을 갖는 것인데, 문제는 그것이 너무 어렵다는 것이다. 하지만 미국 건국의 아버지 벤자민 프랭클린Benjamin Franklin은 정치, 과학, 외교 분야에 위대한 업적을 남기며 누구보다 바쁘게 살아가는 와중에도 반드시 하루에 한 번씩 자신을 성찰하고 반성하며 그것을 조그만 수첩에 기록했다고 한다. 또한 그리스의 수학자이자 철학자 피타고라스Pythagoras는 "하루의 행동을 세 가지 측면에서 반성하라. 첫째, 오늘 한 일이 무엇인가? 둘째, 할 일을 빠뜨린 것은 없는가? 셋째, 규칙에 어긋난 것은 없는가? 만약 생각하지 않았으면 잠들지 말라."고 하였다. 『논어』에서도 증자는 일일삼성一日三省, 즉 하루에 세 번 또는 세 가지를 성찰하라고 권하였다. 이처럼 동서양의 현자들은 우리의 성장에서 성찰의 중요성을 누누이 강조하고 있다.

그뿐만 아니라 교육철학자들도 1차 경험(행동) 후에 성찰을 하고, 이후 새로운 2차 경험(행동)의 방향을 모색하는 것이 진정한 학습 과정이라고 말한다. 이러한 선순환이 수행 및 성과 향상으로 직결된다는 것이다. 그래서 성인 학습자들은 가르침을 받고 행동할 때보다, 경험(행동)을 한 후에 성찰 과정을 거치고 그것을 다음 행동에 반영하여 새로운 행동을 하는 것이 더욱 효과적이고 창조적인 학습 방법이라고 한다. 이 역시 성찰적 훈련의 중요성을 강조하는 것이다.

그렇다면 코치로서 성찰적 훈련을 하는 것은 어떤 의미일까? 성찰적 훈련은 자신의 행동을 반성하여 지속적인 학습 과정에 참여하는 능력을 키우는 것이다(위키피디아 참조). 간단히 말해, 우리가 했던 일이나 하는 일에 대해 생각하거나 되비추어 보는 훈련이다. 성찰은 자신이 무엇을 했는지, 무슨 일이 일어났는지 생각하고, 다음에 무엇을 다르게 할지 결정한다는 면에서 경험으로부터 배우는 개념과 밀접하게 연관되어 있다. 인간은 원하는 것을 얻기 위한 행동을 하면서도 그 행동과 그 행동을 하는 자신에 대해 끊임없이 되돌아보며 살아가는 존재다. 그것을 체계적인 성찰적 훈련으로 발전시킨다면 더욱 효과적인 삶을 살아갈 수 있게 된다.

나) 성찰적 훈련 사이클

소크라테스Socrates는 "성찰하지 않는 삶은 살 가치가 없다."고 하였다. 그렇다면 코치로서 우리는 성찰적 훈련을 어떻게 개발할 것인가? 의식적 성찰 모델은 여러 가지가 있으나 재스퍼Jasper가 제안하는 기본적인 성찰적 훈련 사이클은 [그림 2-1]과 같다(Jasper, 2013).

[그림 2-1]의 성찰적 훈련 사이클은 우리가 이전에 겪었던 경험으로부터 새로운 행동이 시작됨을 보여 준다. 최초의 경험은 긍정적일 수도 부정적일 수도 있으며, 우리의 일상적 경험과 완전히 다른 것일 수도 있다. 일단 어떤 일이 경험되고 나면 우리는 무슨 일이 일어났는지 성찰하기 시작한다. 그리고 일어난 일에 대한 성찰은 생각과 감정적 단계를 거치면서 이어지는 다음 단계에서 취해야 할 행동을 결정할 수 있게 해 준다. 이러한 과정을 거쳐 또

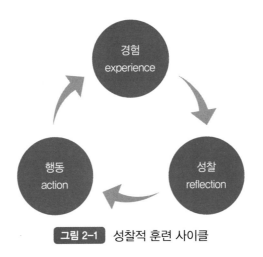

그림 2-1 성찰적 훈련 사이클

다른 경험이 발생하고 그에 따른 또 다른 성찰이 일어나면서 사이클이 계속 이어지며 우리는 성장·발전하게 된다. 이와 같은 시스템을 통해 지속적 학습이 일어나도록 하는 것을 성찰적 훈련이라 할 수 있다.

- 경험
  - 어떤 일을 경험했는가?
  - 그 일로 인해 일어난 일은 무엇인가?
  - 그 경험 이전과 이후의 느낌은 어떠했는가?

- 성찰
  - 이 경험에서 무엇을 배웠는가?
  - 잘된 것과 잘못된 것은 무엇인가?
  - 관련된 어떤 상황이 그런 결과를 만들어 냈는가?

- 행동
  - 동일한 상황에서 다음에 어떻게 다르게 할 수 있을까?

－이런 상황에서 더 긍정적인 결과를 얻으려면 어떤 역량이나 스킬을 개
　발해야 할까?

－다음에는 다르게 할 수 있다는 것을 어떻게 확신할 수 있을까?

성찰적 훈련은 자기와의 거리두기를 통해 자신을 내면의 거울에 비추어 보
며 자신을 대면하는 것으로 비유할 수 있다. 삶이 바빠질수록 우리는 내가 누
구인지 비추어 보고 객관적 관찰을 통해 일어나는 자연스러운 신호를 받아들
일 수 있는 성찰의 공간이 필요하다. 그 과정을 통해 새로운 것을 보고 듣고
느끼며 새로운 창조를 할 수 있기 때문이다. 특히 디지털 세상에서 바쁘게 지
낼수록 연속적인 변화의 과정을 살펴보는 아날로그적인 성찰 훈련이 필요하
다. 성찰의 공간에 대해서는 역량 5에서 더 자세히 살펴볼 것이다.

다) 코칭 성찰 훈련

성찰 훈련은 전문 코치로 성장하기 위해 코칭 역량의 적용 능력을 키우고
자 하는 코치들에게 필수적인 과정이다. 코치에게 필요한 성찰은 코칭 관계,
코칭 수행, 코치 개인의 삶의 목적, 코칭 역량 개발에 관한 것들이다. 코치가
할 수 있는 성찰 훈련 방법에는 다음과 같은 것들이 있다.

첫째, 코치 스스로 하는 성찰 훈련이다. 코칭을 할 때 자신이 코칭 철학과
코칭 패러다임을 코칭 역량으로 잘 구현하고 있는지 코칭 후에 스스로 살펴
보는 시간을 갖는 것이다. 예를 들면, 자기가 참여하고 있는 코칭 훈련 과정
이나 혹은 실제 코칭 과정을 고객의 허락을 받은 후 녹음해서 들어보거나, 코
칭 축어록을 적어 다시 살펴보는 것이다. 또한 코칭 전이나 후에 자신의 코칭
과정에 대해 셀프 코칭을 해 보는 것도 좋은 방법이다.

둘째, 전문 코치로부터 멘토 코칭이나 수퍼비전을 받는 것이다. 멘토 코칭
은 ICF 코칭 핵심 역량에 따라 코치의 수행 능력을 높이기 위해 관찰 또는 기
록된 코칭 세션을 기반으로 코칭과 피드백으로 진행된다. 수퍼비전super-vision

은 글자 그대로 해석하면 위에서 보는 것이다. 수퍼비전을 받는다는 것은 코치가 고객을 대상으로 이미 진행한 코칭에 대해 객관적으로 위에서 보는 시각으로 살펴보면서 잘한 부분과 개선할 부분을 수퍼바이저와 함께 발견하고 성찰함으로써 코치의 코칭 역량을 개발해 나가는 방법이다.

　ICF는 코칭 수퍼비전을 코치의 전문성 개발, 학습 및 성장의 중요한 요소로 보고 있으며, 다음과 같은 사항을 포함할 수 있다고 하였다.

- 성찰 훈련을 통해 코치의 내적 프로세스 탐구
- 코칭 합의에 의한 사항 확인
- 사각지대 발견 및 제거
- 윤리적 문제
- '목적에 부합'한 코칭과 책무 제공 확인
- 전체 시스템에서의 성장 기회를 위한 코치와 고객 환경의 모든 측면 살펴보기 등

또한 ICF는 코칭 수퍼비전의 유익을 다음과 같이 제시하고 있다.

- 코칭에서의 자기 인식self-awareness 증가
- 더 큰 자신감
- 객관성 향상
- 고립감 감소 및 높아진 소속감
- 전략 향상

셋째, 다음과 같은 질문을 하며 주기적인 셀프 코칭을 한다.

- 나는 지금 어떤 코치로 성장하고 있는가?

- 나의 코칭 철학은 무엇인가?
- 나는 코칭 과정 중에 고객과 매 순간 어떻게 함께 있는가?
- 나는 상대에게 마음의 공간을 어떻게 내어주었는가?
- 코칭할 때마다 나 스스로를 묶고 있는 것은 무엇인가?
- 나는 코칭 역량을 개발하기 위해 어떤 재창조re-creation 과정을 거치는가?

일반적으로 인증 코치 자격을 갖춘 코치들도 스스로 코칭 성찰 훈련을 하는 경우는 많지 않다. 그러나 코칭 마인드셋을 갖추려면 지속적인 학습과 개발 노력을 게을리하지 말아야 하며, 코칭에 대해 배운 것과 알고 있는 것을 코칭에 어떻게 반영하고 있는지를 스스로 성찰해 나가는 것이야말로 마스터풀 코치가 되는 지름길이라 하겠다.

4. '코칭 마인드셋을 구현한다'의 실행 지침

가. 코치는 선택에 대한 책임이 고객 자신에게 있음을 인정한다.

나. 코치로서 지속적인 학습 및 개발에 참여한다.

다. 코치는 코칭 능력을 향상시키기 위해 성찰 훈련을 지속한다.

라. 코치는 자기 자신과 다른 사람들이 상황과 문화에 의해 영향을 받을 수 있음을 인지하고 개방적 태도를 취한다.

마. 고객의 유익을 위해 자신의 인식과 직관을 활용한다.

바. 감정 조절 능력을 개발하고 유지한다.

사. 정신적·정서적으로 매 세션을 준비한다.

아. 필요하면 외부 자원으로부터 도움을 구한다.

가. 코치는 선택에 대한 책임이 고객 자신에게 있음을 인정한다
Acknowledges that clients are responsible for their own choices.

코칭은 고객 중심의 패러다임으로 전개되기 때문에 고객이 자신의 가치관에 따라 선택하고 실행하며, 그 결과에 대한 것은 고객이 책임을 진다. 고객은 코칭 주제를 스스로 선택하는 것은 물론, 자신이 제기한 문제를 해결하기 위한 방안을 스스로 선택하고 책임지는 자율성과 주도성을 가지고 있다. 따라서 코치는 고객이 스스로 선택하고 책임지는 것이야말로 고객이 스스로 성장하는 과정임을 인식할 필요가 있다.

코치는 매 순간 고객의 정체성을 결정하는 사람은 바로 고객 자신임을 상기시켜 주어야 한다. 고객은 언제나 자신의 '본 모습'을 다시 형성할 수 있으며, 바로 지금 새로운 선택지와 새로운 우선순위, 새로운 행동을 선택할 수 있다. 새로운 선택과 행동 양식이 확립되면, 고객은 자기 스스로 뿐만 아니라 타인에 대해서도 새로운 시선을 가질 수 있게 되고, 특정 상황이 자신에게 어떤 의미가 있는지, 어떻게 반응해야 할지 선택할 수 있게 된다(김정근 외 역, 2017).

만일 코치가 고객의 동의 없이 충고나 조언을 하고, 고객이 그것을 그대로 실행하여 실패했다면 코치는 그 책임을 피할 수 없을 것이다. 그리고 그러한 행위는 고객이 자신의 삶을 스스로 조각하고 성장할 수 있는 기회를 코치가 오히려 방해하는 것이다. 이러한 마인드셋은 역량 3에서 다루는 코칭 합의를 도출하면서 다음과 같이 구체적으로 명시할 필요가 있다.

〈예시〉
• 코칭 세션에서 다루어야 할 주제는 파트너로서 코치의 도움이 있다 하더라도 주제 선정은 고객의 책임하에 선정된다.
　-코칭 과정에서의 실행 책임은 어디까지나 고객에게 있다. 실행하지

않은 것 역시 고객의 책임이다. 코치는 고객이 실행하기로 다짐한 실
행이 제대로 진행되도록 확인하고 지지해 주는 책무를 가지고 있다.

• 고객이 다짐한 내용을 지속적으로 실행하지 않을 경우 어떻게 할 것인가
에 대한 합의도 필요하다. 이는 고객의 책임감을 높이는 합의 사항이다.

－고객이 실행하기로 한 것을 3회 이상 연속으로 하지 않는 경우 코칭
중단을 고려한다.

나. 코치로서 지속적인 학습과 개발에 참여한다 Engages in ongoing learning and development as a coach.

이 부분은 앞에서 충분히 논의하였기 때문에 여기에서는 사례만 제시하였다.

사례(코치들 간의 자유 토론에서)

전문 코치: 마스터 코치가 되려면 어떤 분야를 지속적으로 학습해야 할
까요?

멘토 코치: 저는 코칭 역량에 내포된 철학, 심리학, 영성의 측면에 대해 지
속적으로 학습하고 있습니다.

전문 코치: 그 외에 또 어떤 분야에 대해 더 공부해야 하나요?

멘토 코치: 그것은 자기가 어떤 분야에서 특화된 전문 코치가 되고자 하는
지에 따라 다를 수 있습니다. 저는 리더십 코칭 분야에 관심이 많아
리더십 분야의 공부를 비교적 많이 해 왔습니다. 코치님은 어떤 분
야에 관심이 많으신지요?

전문 코치: 저는 청소년 진로 코칭에 대해 관심이 많습니다. 그리고 보니
제가 어떤 분야에 대해 지속적으로 공부해야 할지 알 것 같습니다.

다. 코치는 코칭 능력을 향상시키기 위해 성찰 훈련을 지속한다
Develops an ongoing reflective practice to enhance one's coaching.

칭 능력을 향상시키기 위한 성찰 훈련의 방법을 포함하고 있는 대화 사례
이다.

사례

고객: 제가 코치로서 성장하기 위해 어떻게 성찰 훈련을 할 수 있을까요?

코치: 고객님은 성찰이라는 것을 어떻게 정의하세요?

고객: 무엇을 잘했는지, 그리고 무엇을 잘못했고 그것을 어떻게 고쳐 나가
야 할지 되돌아보는 거라고 생각해요.

코치: 예, 그렇게 생각하시는군요. 그러면 지금 현재 성찰 훈련은 어떻게
하고 계세요?

고객: 음……. 가끔 한 번씩 코칭 장면을 되짚어 보
기는 하는데, 체계적으로 하지는 않아요.

코치: 그렇다면 체계적인 성찰 훈련으로 어떤 것을
해 보고 싶으세요?

고객: 아, 제가 코치가 된 후로 코칭 축어록을 한 번
도 써 본 적이 없어요. 코칭 과정을 전부 다 쓰

코치   고객

지는 않더라도 중요한 부분들을 써 보고 되돌아보는 작업을 해 보
면 좋을 것 같아요.

코치: 또 다른 방법 중에 꼭 시도해 보고 싶은 것이 있으세요?

고객: 음……. 믿을 수 있는 전문 코치로부터 수퍼비전을 받아보거나, 또
는 제가 전혀 모르는 전문 코치에게 멘토 코칭을 받아볼 수도 있을
것 같아요. 그리고 또…… 아, 윤동주의 「자화상」이라는 시가 생각
나네요. "산모퉁이를 돌아 논가 외딴 우물을 홀로 찾아가선 가만히

들여다봅니다⋯⋯." 저도 혼자 조용한 곳을 산책하면서 코치로서
제 자신을 들여다보며 성찰의 시간을 가져 보고 싶어요.

라. 코치는 자기 자신과 다른 사람들이 상황과 문화에 의해 영향을 받을 수 있음을 인지하고 개방적 태도를 취한다 Remains aware of and open to the influence of context and culture on self and others.

'장場, field 이론'에 의하면 모든 물리적 현상은 다른 것들로부터 고립된 채 단
독으로 존재할 수 없고, 장 속에서 서로 영향을 주고받으며 변화한다. 또한
정신 현상이나 사회 현상도 전체가 하나의 장을 구성하고 있어 그 내부는 상
호의존적인 관계를 이루고 있다고 본다(위키피디아; Yontef, 1993). 장 이론에
서 시사하는 것처럼 모든 개체들은 장 안에서 서로 영향을 주고받는 관계에
놓여 있다. 그리고 모든 개인과 사회도 거시적인 맥락에서 상호작용하며 서
로 영향을 주고받는다. 따라서 한 개인을 온전히 이해하기 위해서는 하나의
현상이 생기는 원인을 그 사상事象, 사물과 현상 또는 사실과 현상 자체와 더불어, 그 사상
事象을 포함하는 전체 맥락을 가진 장場을 상호 보완적으로 살펴보아야 한다.

코칭 세션에서 고객과 상호작용하는 코치는 자신은 물론 고객도 고유한 장場
을 조직화하여 지각하고 생각하는 방식에 의해 영향을 받는 존재라는 사실을
계속 인식할 필요가 있다. 코치는 매우 다양한 맥락을 가진 고객들을 만나게
된다. 코치에게 자신만의 경험, 배움, 배경이 있듯이 고객들 또한 각자 다른
삶의 경험, 배움, 배경을 가지고 있으므로 코치는 고객의 개인적 맥락과 그
가 처한 상황적 맥락을 이해하기 위해 노력해야 한다. 즉, 고객이 관심을 가
지고 있는 것과 코칭 주제를 선택하게 된 구체적인 상황이나 견해, 감정 등이
무엇인지 고객의 입장에서 고객의 시선으로 이해하려는 개방적 태도를 가져
야 한다.

또한 열린 마음으로 고객의 삶에 동행할 때 코치 자신이 고객의 맥락과 문

화에 영향을 받을 수 있음을 인지하고 자연스럽게 받아들일 수 있다. 즉, 코치는 고객의 욕구, 경험, 상황, 상황에 대한 인식, 생각, 상상, 행동이 다양한 요인에 의해 영향을 받는다는 점을 인식하고 열린 마음과 개방적 태도로 고객과 상호작용해야 한다. 열려 있다는 것은 편견이나 선입견, 가치 판단을 갖지 않고 상대방의 태도나 생각을 있는 그대로 수용하는 것이다. 열린 마음으로 고객과 상호작용하는 코치는 고객과 자기 자신에 대해 세상을 처음 배우는 어린아이 같은 태도를 취한다. 그러한 열린 태도가 고객의 현재 상태는 물론이고 수평적·수직적 시선을 넘어 새로운 다른 차원과 전체 장을 볼 수 있게 한다. 그리고 이런 마음은 결국 코치 자신에 대해서도 그런 태도를 취하게 함으로써 코칭 상호작용을 원만하게 이끄는 힘이 된다.

　이 실행 지침을 좀 더 깊이 이해하기 위해서 나이 차이가 많이 나는 직원과 상호작용하며 답답함을 호소하는 상사의 코칭 사례를 살펴보도록 하자. 요즘 MZ 세대로 불리는 젊은이들은 말보다 문자text로 소통하는 것에 익숙하다. 그러나 문자보다 말로 소통하는 것이 더 빠르고 효율적이라고 생각하는 상사는 MZ 세대 팀원의 태도가 만족스럽지 않다.

사례

고객: 요즘 팀원들과 의사소통하는 데 어려움이 많아요.

코치: 그러시군요. 어떤 어려움인지 좀 더 구체적으로 말씀해 주시겠어요?

고객: 진짜 황당한 일이 많아요. 예를 들어, 지난 주 회의시간에 김대리가 아직 참석을 안 했길래 다른 직원에게 김대리에게 전화 좀 해 보라고 했어요. 그랬더니 문자를 하고 있더라구요. 그래서 제가 다시 전화를 하라고 했더니, "문자했는데요." 하는 거예요. 그래서 제가 김대리가 어디쯤 왔는지, 우리가 언제 시작하면 되는지 알아야 하니까 전화해서 확인하라고 다시 얘기했어요. 그랬더니 "이미 문자로 전달했습니다." 이러는 거예요. 나 참, 어이가 없어서! 아니, 문자하는

시간에 전화하는 게 더 빠를 텐데 왜 굳이 문자를 하면서 저를 열받게 하는지 정말 이해가 안 가더라고요. 아무리 세상이 변했다고 해도 전화하라는 상사의 말조차 들어 먹지를 않으니 정말 답답합니다.

코치: 그런 일이 있으셨군요. 굉장히 답답하고 불쾌하셨겠네요. 팀장님은 전화를 하라고 했는데 문자를 했다고 말하는 그 직원에게 어떤 감정이 드셨어요?

고객: 저를 무시한다는 생각이 들죠. 완전 개무시요! 전화하는 게 뭐 어려운 일이라고 그걸 안 해요.

코치: 예, 그 직원이 팀장님을 무시한다고 해석을 하셨네요. 그러면 요즘 젊은 직원들의 문화적·맥락적 상황을 고려해서 조금 다르게 해석을 해 보면 어떨까요? 요즘 MZ 세대나 또는 팀장님의 자녀들이 친구들이나 팀장님과 주로 어떤 방법으로 소통하고 있나요?

고객: 저희 아이들을 보면 친구들과 밤낮없이 톡이나 문자를 하더라고요. 저한테도 주로 톡이나 문자를 하죠. 아무래도 스마트폰 때문에 전화보다는 톡이나 문자로 소통하는 비중이 많이 높아진 건 사실이죠.

코치: 팀장님의 아이들에게 톡이나 문자를 받을 때, 혹시 팀장님을 무시한다는 느낌을 받으시나요?

고객: 아니요, 그냥 요즘 아이들이 대체로 그런 것 같습니다.

코치: 그러면 팀장님의 부하 직원이 김대리에게 문자를 보냈을 때 팀장님을 무시해서 그랬던 걸까요?

고객: 흠……, 코치님이 질문하신 맥락을 따라 생각해 보니 그것도 요즘 젊은 세대에게 익숙한 소통방식으로 볼 수 있겠네요. 그러고 보니 사무실에서 옆에 앉아 있는 직원들끼리도 말 대신 메신저를 하더라고요. 그 친구들이 나중에 팀장이 되면 다들 그렇게 소통하고 일할 것 같긴 하네요. 하, 참……, 그래도 여긴 직장이고, 저희 세대 팀장들의 문화도 있잖아요. 그러니 앞으로는 상사가 전화하라고 두 번

말하면 전화를 해 달라고 따로 얘기해서 서로 일하면서 기분 상하지 않도록 맞춰가야 할 것 같은 생각이 드네요.

이 사례에서 코치는 사회문화적 변화가 젊은 세대들의 소통 방식에 영향을 미치고 있다는 사실을 상기할 수 있도록 질문함으로써 팀원을 바라보는 팀장의 관점을 전환시키고 있다.

마. 고객의 유익을 위해 자신의 인식과 직관을 활용한다Uses awareness of self and one's intuition to benefit clients.

'직관intuition'이란 판단, 추리 등의 간접 수단을 따르지 않고 사물의 본질이나 알고자 하는 대상을 직접 파악하는 일 또는 그 작용으로 정의된다. 따라서 자신의 직관에 따른다는 것은 바로 지금 발생하고 있는 것에 반응하기 위해 자신의 본능에 따라 행동하는 것이다. 직관은 예감, 시각적 이미지, 감정이나 에너지의 갑작스러운 전환, 코칭 질문 등 예상치 못한 다양한 방식으로 나타날 수 있다. 코치는 직관이 이끄는 대로 말할 수 있으며, 그것에 대해 굳이 설명하지 않아도 된다. 코치는 고객의 감정, 에너지, 관점, 비언어적 표현 등에서 일어나는 내적 진동이나 변화에 예민하게 주파수를 맞추고 느껴지는 것을 솔직하게 말할 수 있다.

그런데 코칭에서 직관을 활용할 때 유념해야 할 점은, 직관을 고객에게 유익한 방식으로 활용해야 한다는 것이다. 코치가 자기 중심적일 때 느껴지는 직관은 고객에게 유용하기보다는 코치의 궁금증을 해소하기 위한 것일 수도 있다. 따라서 모든 직관은 고객에게 도움이 되는 방식으로 활용되어야 한다. 예를 들어, 코칭 대화 중에 중요한 정보인 것 같은데 고객이 그것을 감추고 싶어 한다고 느껴지면, 코치는 고객을 더 깊이 도와주기 위해 "고객님이 말하려 하지 않는 것은 무엇인가요?" 또는 "고객님이 피하고 싶은 것은 무엇인가요?"라고 물을 수 있다.

또한 고객이 코칭 대화에 적극적으로 참여하면서 코치에게 쉬지 않고 많은 말을 하는 경우, 코치는 "고객님, 혹시 우리의 대화에 불편한 부분이 있으신가요?"라고 물을 수 있고, "고객님이 정말 말하고 싶은 것은 무엇인가요?"라고 질문할 수도 있다. 코치로부터 인정받을 때 크게 흥분하고 기뻐하는 고객의 경우, 그는 보통 코치의 제안을 적극 수용하며 실행에 대한 많은 약속을 한다. 이때 코치는 "고객님이 정말 원하는 걸 하시는 건가요? 아니면 누군가로부터 인정받기 위해서 하시려는 건가요?"라고 물어볼 수도 있다. 이런 방식으로 때로는 불편할 수 있는 직관적인 질문을 통해 고객은 자신이 진정 원하는 것을 발견하거나 깨닫고 사고와 행동의 전환을 이루기도 한다.

그런데 코치들 중에는 자신의 직관을 신뢰하지 못해서 표현하기를 주저하는 경우가 종종 있다. 그들은 대체로, '이게 맞을까?' '틀려서 신뢰 관계가 깨지면 어쩌지?' '이 말을 적절하게 어떻게 표현하지?' 등의 생각이 떠오른다고 한다. 그러면 직관을 활용할 수 있는 결정적 순간을 놓치게 된다. 그리고 그런 생각을 빨리 비우지 못하면 경청에 방해가 되고, 코칭 대화가 깊어지지 못한 채 평이하게 흐르게 된다. 왜 그럴까? 코치가 자신의 직관을 믿지 못하거나, 분명한 직관만을 말하려 하거나, 아니면 너무 신중하여 기회를 놓치기 때문이다. 그런데 직관은 타이밍이 대단히 중요하다. 따라서 어떤 느낌이 떠오르고, 그것을 말하는 것이 고객에게 유익하다고 판단되면 바로 말하려고 노력해 보자. 직관은 '정답'에 관한 것이 아니기 때문에 코치의 직관이 꼭 옳을 필요는 없다.

때로는 코치의 직관이 고객에게 아무 의미가 없을 수도 있다. 코치의 직관적 표현을 듣고 고객이 "그건 아닌 것 같은데⋯⋯."라고 말하더라도 당황하지 말고 "아, 그렇군요." 하고 가볍게 넘기고 코칭 대화를 이어가면 된다. 직관을 활용하는 이유는 오직 고객의 유익을 위한 것이다. 따라서 직관을 표현할 때 나의 직관이 옳은가에 집착하지 않는 것이 먼저다.

직관은 꾸준한 연습을 통해 연마할 수 있다. 예를 들어, 고객이 겉으로는 많은 말을 하고 있지만 횡설수설하는 경우가 있다. 이때 코치에게 어떤 직관이 떠오른다면 말을 할까 말까 망설이지 말고 그냥 던져 보라. '아니면, 말고' 대화를 계속하면 된다.

"제 느낌에는 고객님을 찾는 곳이 많은 것 같군요. 그곳이 어떤 곳들인가요?"

이런 질문 외에 때로는 은유나 이미지의 형태로 직관을 표현할 수도 있다.

"문이 닫힌 곳으로 들어가려는 느낌이 드네요. 열려 있는 문은 어디에 있나요?"

직관에 열려 있는 코치는 자신과 고객, 혹은 둘 모두에게 불편한 질문과 표현을 하는 것을 두려워하지 않는다.

바. 감정 조절 능력을 개발하고 유지한다 Develops and maintains the ability to regulate one's emotions.

코치는 감정적으로 중립 상태에 있을 때 고객의 감정에 공감이 가능하며 온전히 고객과 함께 머물 수 있다. 자신의 감정을 조절하지 못하면 행동 조절에도 영향을 미치기 때문에 코치는 자신의 감정을 조절하는 능력을 개발해야 한다. 코치의 감정이 안정되고 평정을 유지할 때 코칭 과정에서 일어날 수 있는 고객의 여러 가지 강렬한 감정도 자연스럽게 다룰 수 있으며, 코칭의 방향성도 잘 유지할 수 있다.

만약 코치가 고객의 감정에 직접 영향을 받거나, 코치 스스로 고객의 경험과 유사한 경험에 사로잡혀 감정 조절이 되지 않으면 코칭의 흐름이 엉뚱한 방향으로 흘러가게 된다. 코치도 한 인간으로서 일이나 관계에서 스트레스를 받고 긴장하거나 격분하는 상황을 경험할 수 있다. 따라서 코치는 전문가로서 자신의 감정뿐 아니라 고객의 강한 감정에 자연스럽게 대응하기 위해 감정 조절 능력을 개발해야 한다.

감정 조절 능력을 개발하고 유지하기 위해 신경언어 프로그래밍Neuro-Linguistic Programming: NLP 방법론을 살펴보는 것이 도움이 될 것이다. NLP 방법론에서는 몸과 마음을 같은 시스템으로 보기 때문에 신체의 움직임과 감각을 통해 감정과 느낌을 쉽게 바꿀 수 있다고 본다. NLP적으로 감정을 조절하기에 좋은 방법 중 하나는 시각visual, 청각auditory, 체각kinesthetic을 활용하는 것이다. 시각 활용법은 감정이 흔들릴 때 가장 평화롭고 아름다운 장면을 떠올리고 그 느낌에 맞추어 천천히 호흡을 하는 것이다. 청각 활용법은 살면서 가장 은은하고 마음 깊이 다가왔던 소리를 기억하며 그 느낌과 함께 있어 보는 것이다. 체각 활용법은 몸으로 느꼈던 가장 부드럽고 따뜻한 감각을 되살려 그것에 머물러 보는 것이다. 예를 들어, 천사 같은 표정의 갓난아기와 눈을 맞추고 (시각), 아기가 옹알거리는 소리를 듣고(청각), 아이의 손이나 볼을 만져보는 느낌(체각)을 떠올린다면 마음의 평화를 찾을 수 있을 것이다.

그 외에 코치들이 사용할 수 있는 감정 조절 방법에는 다음과 같은 것들이 있다.

첫째, 부정적 감정이 일어날 때 잠시 멈추어 그것을 바라본다. 어떤 감정이 일어나든 그것을 나와 동일시하지 않는 것이 첫 번째 단계이다. 즉, 감정이 일어날 때 감정이 일어났음을 알아차리는 것이다. 그리고 그 감정을 지긋이 바라본다. 그 감정이 어디에서 생겨나서 어디로 흘러가고 있는지 객관적으로 보는 것이다. 그리고 긴 호흡을 몇 번 한다. 그리고 원한다면 그 감정에 이름을 붙여 보는 것도 좋다. '찌질이, 멍멍이, 심술쟁이, 삐돌이, 꽥꽥이, 화상, 앵그리 버드' 같은 이름을 붙여 부르며 그 감정을 객관화·대상화하는 것이다.

둘째, 그 감정과 다정한 대화를 한다. "멍멍이 왔구나? 오늘은 왜 왔어? 원하는 게 뭐야?" 등과 같이 자신의 감정과 대화하는 것이다. 그 감정이 자신이 나타난 이유와 목적을 이야기하면 그 감정의 주인인 내가 잘 들어 주고, 인정해 주고, 보듬어 주는 느낌을 갖게 하여 그 감정이 자연스레 사그라들게 한다.

셋째, 공간 만들어 주기 전략이다. 어떤 감정이 일어나더라도 그것이 잘 놀 수 있는 공간을 만들어 주는 것이다. 예를 들어, 평소에 정기적인 명상이나 고요한 산책 등을 통해 미리 공간을 만들어 두고 어떤 감정이 일어났을 때 그 공간에서 놀게 하는 것이다. 또는 혼자 여행을 해 보는 것도 공간을 만드는 좋은 방법이다. 나와 또 다른 내가 둘이서만 여행하면서 여러 감정들과 진지하게 많은 이야기를 나눌 수 있다. 그러면 감정을 위한 공간을 충분히 마련할 수 있을 것이다.

넷째, 치유 워크숍에 참여하는 것도 좋은 방법이다. 필자는 6.25 전쟁을 겪으면서 어린 시절에 많은 상처를 받았고, 그것 때문에 지금도 힘들 때가 있다. 그래서 상처받은 어린아이 치유 워크숍에 몇 번 참여하였고, 그 결과 지금은 상당히 많은 치유가 이루어졌다. 코치가 만약 코칭 중에 상처받은 고객의 이야기를 들을 때 감정이 자주 흔들린다면, 아마도 자기도 모르게 억눌려 있는 감정을 찾아 치유하는 작업을 거쳐야 할 수도 있다.

이 외의 다른 감정 조절 방법으로 여러 가지 방법이 있을 것이다. 자신에게 잘 맞는 방법을 다양하게 시도하고 활용하기 바란다. 결론적으로, 코칭 마인드셋은 코칭 과정에서 코치가 고객에 대해 감정적으로 중립을 유지할 수 있도록 감정 조절 능력을 개발할 것을 요구한다.

사. 정신적·정서적으로 매 세션을 준비한다Mentally and emotionally prepares for sessions.

코치가 코칭 세션을 맞이할 때 정신적·정서적으로 준비해야 하는 것은 당연하다. 사람은 자기 안에 '나'라는 이름으로 여러 가지 모습을 지니고 있다. 따라서 코치는 코칭을 시작하기 전에 자신의 생각, 정서적인 면, 신체적인 면에서 최상의 컨디션을 준비해야 한다. 이를 위해 코치는 고객을 만나기 전에 고객을 온전히 수용할 수 있도록 마음이 고요하고 평정한 상태에 있어야 한다. 그렇게 함으로써 자신도 모르게 내면에서 흐르고 있는 부적절한 감정을 조절할 필요가 있다.

필자의 경우, 고객의 어떤 의견에 대해서는 그것이 올바른 가치관에 기인한 것인가에 따라 반사적으로 반응하는 부분이 있음을 알고 있다. 그래서 필자는 고객을 만나기 전에 내 안에 있는 '판단하는 마음'과 진지하게 대화하며 어떤 상황에서도 담담하게 지켜보며 불쑥 끼어들지 않도록 당부하곤 한다. 혹은 그날 내 안에 특별히 부정적인 감정이나 긍정적인 감정이 있는지도 살펴본다. 그리고 그런 부분이 느껴지면 고요하게 나와 함께 있어 달라고 부탁한다. 그러면 내가 평온을 선물로 주겠다고 말한다.

이런 식으로 자신의 마음을 차분히 가라앉히고, 일체의 판단과 부정적 감정을 제어한 상태에서 코치답게 훈련된 참된 나로 중심을 잡고 코칭을 하면 코치는 내면과 외면의 상황에 대한 반응이 조화와 균형을 이루어 적절하게 반응할 수 있게 된다. 이때 고객을 온전히 수용할 수 있는 마음이 갖춰진다.

정서적으로 준비하는 것 외에, 여러 번의 코칭이 예정되어 있는 경우 코치가 사전에 준비해야 할 사항이 있다. 우선 코칭 합의 내용이 무엇인지 다시 확인해야 한다. 합의 내용을 잘 지키는 것도 코칭 윤리를 지키는 것이기 때문이다. 또한 합의 내용에 언급된 전체적인 코칭의 목적이 무엇이었는지, 전반적 코칭 계획에 언급된 내용 중에서 이번에 다루어야 할 코칭 주제와 목표는 무엇인지를 사전에 인지하고 코칭에 임해야 한다. 그리고 지난번 코칭에서 얻은 교훈은 무엇인지 정리한 것을 다시 살펴보고, 이후 고객에게 어떤 변화가 있었는지, 지난 세션 이후 하기로 한 책무 관리는 어떻게 되어 가고 있는지도 미리 알게 되면 도움이 될 것이다. 특히 기업 대상의 비즈니스 코칭일 경우, 고객이 속한 조직에 어떤 변화가 있었는지 고객의 배경 상황에 대해 파악하는 사전 준비도 필요하다.

사례

고객: 코치님은 마스터 코치로서 고객을 만나기 전에 어떤 준비를 하시는
지요?

코치: 무엇보다 먼저 제가 육체적·정신적·정서적으로 건강한 상태로
고객을 만나야겠지요. 그 다음엔 고객을 잘 알아야겠죠. 그가 누구
인지, 그가 정말 원하는 것은 무엇인지, 그리고 어떻게 도와주면 좋
을지 등을 생각하고 정리한 후 만나지요.

고객: 그것 외에 코치님만의 특별한 방법이 있으세요?

코치: 특별한 것이라면, 만트라 의식을 하는 겁니다. 내가 코칭 전에 주문
처럼 외우는 만트라가 있어요. 그것은 "I am here for you(나는 당신
을 위해 여기에 와 있다)."라는 말입니다. 이 말은 "I am not here for
your problem(나는 당신의 문제 해결을 위해 여기 와 있는 것은 아니
다)."라는 뜻입니다. 이것은 내 코칭 영혼을 일깨워 주는 만트라입니
다. 물론, 이렇게 한다고 해서 늘 만족스러운 코칭이 되는 것은 아니
지만, 저는 참다운 코칭 마인드셋을 깨우려 애쓰고 있습니다.

고객: "I am here for you." 정말 사람 중심 패러다임을 다짐하는 말이네요.

코치: 고객님은 코칭의 핵심을 아주 잘 이해하고 계시네요. 탁월하십니다.

고객: 그렇게 말씀해 주셔서 감사합니다. 그리고 그 외에도 뭔가 더 있을
것 같은데요?

코치: 굳이 더 얘기하자면, 제가 부족한 부분, 예를 들어 적극적 경청 같은
코칭 핵심 역량 부분을 읽고, 성찰하고, 마음에 담은 후에 코칭에 임
합니다. 그리고 고객을 만나기 전에 저의 감정 상태를 점검하고 고
요한 상태를 유지하기 위해 마음챙김 명상 시간을 잠깐이라도 갖습
니다. 고객을 위해 자비 명상을 하기도 하고요. 그러나 '코칭 마인드
셋'을 갖추는 최고의 경지는 고객과 함께 있어 주는 태도라고 생각
합니다.

아. 필요하면 외부 자원으로부터 도움을 구한다Seeks help from outside sources when necessary.

코치는 만능인이 아니다. 그러므로 부족한 부분은 외부의 도움을 청하는 것이 당연하다. 필자가 예전에 한국은행 임원을 코칭할 때 한국은행에서 근무한 경험이 있는 친구에게 여러 가지 도움을 구했다. 내가 코칭할 부서의 오래된 관습이나 문화에 대한 이야기를 듣고, 특히 그들이 자주 사용하는 용어에 대해 자세히 배우고 숙달하였다. 그래도 부족한 것은 편안한 마음으로 고객에게 직접 배웠다. 마케팅 담당 임원을 코칭할 때는 마케팅의 대가라는 사람으로부터 몇 번의 강의를 들었고, 아이 때문에 힘든 엄마를 만날 때는 부모 상담 전문가로부터 지혜를 얻기도 했다. 그러나 일단 코칭 장면에 들어가면 그간 배우고 익혀 나의 일부로 온전히 체화된 것 말고는 모두 잊어 버리고 고객에게 온전히 집중하는 것이 중요하다.

한 번은 이런 경우도 있었다. 한 고객과 총 7회기의 코칭이 예정되어 있었는데, 그가 7회기 중 한 번은 가족치료 전문가에게 코칭을 받으며 가족 관계에 대해 이야기하고 싶다고 하였다. 그래서 필자는 고객에게 기꺼이 가족치료 전문가를 소개해 주며 1회기 코칭을 받게 하였다. 그 코칭 내용은 내가 알수 없었지만, 그 이후에 다른 주제로 코칭을 지속하는 과정에서 긍정적인 영향이 있음을 느낄 수 있었다. 이처럼 우리가 코치로서 성장하기 위해서는 주변의 도움이 많이 필요하다. 그러므로 도움이 필요할 때 주변에 적절한 도움을 요청하는 것도 코치의 미덕이라 하겠다.

5. 전문 코치 평가 지표 PCC Markers

다음의 평가 지표는 전문 코치PCC 수준에서 코칭 대화를 할 때 보여 주어야 하는 핵심 역량을 반영한 것이다. 이것은 코칭 핵심 역량 개발의 맥락 안에서 사용되어야 한다. 그리고 이것을 전문 코치_{PCC} 인증 시험을 통과하기 위한 형식적인 체크리스트로 간주해서는 안 된다.

역량 2의 코칭 마인드셋—개방적이고, 호기심이 많고, 유연하며, 고객 중심적인 마음가짐—을 체화하는 것은 지속적인 학습과 개발, 성찰 훈련, 세션을 위한 준비 등을 필요로 하는 과정이다. 이러한 요소들은 코치의 전체 코칭 커리어에서 나타나기 때문에 한순간에 모든 것이 입증하거나 평가할 수는 없다. 그러나 어떤 역량들은 코칭 대화를 통해 확인할 수 있다. 이러한 것들은 4.1, 4.3, 4.4, 5.1, 5.2, 5.3, 6.1, 6.5, 7.1, 7.5 지표에 명시되어 있다. 다른 역량과 마찬가지로 전문 코치_{PCC} 시험을 통과하기 위해서는 코칭 대화에서 최소한 다음의 평가 요소들은 보여 주어야 한다. 이 역량의 모든 요소들은 ICF 자격증 서면 심사(코치 지식 평가)에서도 평가된다.

- **역량 4. '신뢰와 안전감을 조성한다'에서의 다음 평가 지표**
  - −4.1: 코치는 코칭 과정에서 고객의 고유한 재능, 통찰, 노력을 인정하고 존중한다.
  - −4.3: 코치는 고객의 감정, 인식, 관심, 신념, 제안을 표현하도록 인정하고 지지한다.
  - −4.4: 코치는 자신의 기여에 대해 고객이 어떤 방식으로든 반응하도록 초대하고, 고객의 어떤 반응도 수용한다.

- **역량 5. '프레즌스를 유지한다'에서의 다음 평가 지표**
  - −5.1: 코치는 전인적인 존재로서의 고객_{the who}에게 반응하는 행동을 한다.
  - −5.2: 코치는 고객이 세션에서 무엇_{the what}을 성취하고자 하는지에 대해 반응하는 행동을 한다.

-5.3: 코치는 코칭 세션에서 어떤 일이 일어나는지를 고객이 선택할 수 있도록 지원해 주는 파트너 역할을 한다.

- **역량 6. '적극적으로 경청한다'에서의 다음 평가 지표**
  -6.1: 코치는 고객이 어떤 사람인지, 또는 고객의 상황에 대해 코치가 알게 된 내용을 활용하여 고객에게 맞추어 질문과 관찰을 한다.
  -6.5: 코치는 고객이 현재 자신이나 자신의 세계를 어떻게 바라보고 있는지에 대해 묻고 탐색한다.

- **역량 7. '알아차림을 불러일으킨다'에서의 다음 평가 지표**
  -7.1: 코치는 고객의 현재 사고방식, 느낌, 가치, 욕구, 원하는 것, 신념, 행동 등 고객에 대한 질문을 한다.
  -7.5: 코치는 가감없이 있는 그대로의 관찰, 직관, 논평, 생각, 느낌을 고객과 공유하며, 초대하는 말과 어투로 고객이 이것을 탐구하도록 요청한다.

핵심 요약

- 마인드셋이란 사고방식 혹은 사고의 틀, 태도 또는 습관적으로 형성되는 의견 등을 포함하는 '마음의 틀'이다. 코칭 마인드셋은 성장 마인드셋과 연결되어 있다.
- 코칭 마인드셋이란 개방적이고 호기심 많으며 유연하고 고객 중심적인 사고방식을 개발하고 유지하는 것이다. 코칭 마인드셋은 코칭 철학에 기반한 사고의 틀, 관점, 패러다임, 태도의 바탕 위에 코칭 역량과 스킬을 체화하여 코치다움을 내재화한 것이다.
- '코칭 마인드셋을 구현한다'의 핵심 요소는 다음과 같다.
  - 지속적인 학습과 개발에 참여한다.
  - 고객의 자율성을 인정한다.
  - 성찰적 훈련을 개발한다.
- '코칭 마인드셋을 구현한다'의 기타 실행 지침은 다음과 같다.
  - 고객은 스스로가 선택한 것에 대한 책임은 고객에게 있음을 인정한다.
  - 코치는 자기 자신과 다른 사람들이 상황과 문화에 영향을 받을 수 있음을 인지하고 개방적 태도를 취한다.
  - 고객에게 유용한 직관을 활용한다.
  - 코치는 정신적 · 정서적으로 매 세션을 준비하며, 특히 코칭 중에는 감정에 휘둘리지 않도록 평정심을 가져야 한다.
- 코칭 마인드셋은 다른 모든 코칭 역량에서 부분적으로 구현된다. 이렇게 구현된 것들이 통합되면 코칭 마인드셋이 구현되었다고 할 수 있다.

🏅 자기 개발을 위한 성찰 및 연습 S-A-C

○ 잠시 멈추고 바라보기 Stop

　─나 자신에게서 한 걸음 떨어져 '나는 어떤 코치인가?' 하며 바라본다.

○ 알아차리기 Aware

　─나는 어떤 코칭 마인드셋을 개발하기 위해 어떤 노력을 하고 있는가?

　─나는 마스터풀 코치가 되기 위해 어떤 노력을 지속하고 있는가?

　─나는 정신적·정서적 안정감을 위해 어떤 노력을 하고 있는가?

　─나는 코칭 마인드셋을 유지하기 위한 내면의 공간을 어떻게 관리하고 있는가?

○ 도전 Challenge

　─코칭이 끝난 다음 항상 성찰의 시간을 갖는다.

　─주기적으로 멘토 코칭 또는 수퍼비전을 받는다.

　─코칭 관련 글을 쓴다.

합의를 도출하고 유지한다

Establishes and Maintains Agreements

1. '합의를 도출하고 유지한다' 역량 이해를 위한 사전 질문

2. '합의를 도출하고 유지한다'는 것은 무엇인가

3. '합의를 도출하고 유지한다'의 정의 및 핵심 요소

4. '합의를 도출하고 유지한다'의 실행 지침

5. 전문 코치 평가 지표PCC Markers

🗨 핵심 요약

● 자기 개발을 위한 성찰 및 연습S-A-C

1. '합의를 도출하고 유지한다' 역량 이해를 위한 사전 질문

가. '코칭 합의를 도출하고 유지한다'는 것은 무엇인가?

나. 코칭 관계 합의에 포함될 핵심 내용은 무엇인가?

다. 전반적 코칭 플랜과 세션별 코칭 합의는 어떻게 연관되어 있는가?

라. 코칭 세션에서 주제의 초점을 맞춘다는 것은 무엇을 의미하는가?

마. 코칭 초기에 합의한 주제와 초점을 끝까지 유지하려면 어떻게 해야 하
   는가?

2. '합의를 도출하고 유지한다'는 것은 무엇인가

둘 이상의 사람이 모여서 의논하는 것을 '협의協議'라고 한다. 반면, 둘 이상
의 사람이 서로 뜻이나 생각 등에 대해 의견이 합치하여 의사결정을 할 때 '합
의合意한다' 또는 '합의를 도출한다'고 표현한다. 코칭에서도 코치와 고객 간에
앞으로 진행될 코칭의 전반적인 프로세스와 방향성에 대해 상호 의견의 합치
를 이루어 내는 과정을 통해 합의를 도출한다.

'역량 3. 합의를 도출하고 유지한다'에서는 코칭의 실행the doing of coaching에 대
해 본격적으로 설명하기 시작한다. 역량 1(윤리적 실천을 보여 준다)과 역량
2(코칭 마인드셋을 구현한다)는 코치로서 갖추어야 할 성품과 태도에 대해 설
명하기에 코치의 존재the being of the coach와 관련된 역량이라고 할 수 있다. 그런

데 역량 3(합의를 도출하고 유지한다)부터 역량 8(고객의 성장을 촉진한다)까지는 코치가 코칭을 어떻게 해야 하는지 코칭의 실행the doing of coaching에 대해 설명한다. 특히 역량 3은 코치가 가진 존재의 힘이 코칭의 실행으로 전환되는 첫 번째 단계라는 의미에서 더욱 중요한 역량이라고 하겠다.

코칭을 시작하기 전, 코치와 고객 사이에 앞으로 진행될 코칭의 전반적인 프로세스와 방향성에 대해 합의가 이루어지면 코치는 합의한 내용에 따라 코칭을 진행한다. 이후 코칭이 진행되는 과정에서 코치와 고객은 합의된 내용을 서로 확인하고 그것을 지키도록 노력해야 한다. 그렇게 할 때 코치와 고객 모두 코칭 결과에 만족하며 윈-윈win-win 관계로 끝날 수 있다. 코칭의 시작 지점에서 코치와 고객이 함께 의사결정을 내렸던 이 합의가 코칭의 끝까지 잘 유지되면 이는 코칭의 시작부터 끝까지 고객의 성장을 촉진하는 과정이 한 방향으로 정렬되는 힘power으로 작용한다.

코칭에서 합의는 코칭 관계를 시작하는 첫 단추이다. 코칭 합의에는 코칭 관계의 시작부터 종료까지 원만한 코칭 진행을 위해 고객과 코치가 서로 기대하는 것, 책임 및 지원 요소 등이 포함된다. 이러한 사항을 명확히 하고 계약을 맺는 것은 신뢰를 바탕으로 하는 파트너십을 구축하는 든든한 토대가 된다. 합의 과정에서 코치는 고객이 코칭 과정에서 자신의 성장을 위해 선택하는 모든 것은 고객의 책임이며, 고객 스스로 책임지는 힘을 가지고 있음을 고객이 이해하도록 도와야 한다.

코칭 합의는 합의된 내용을 유지하게 하고, 그렇지 않을 경우 일어날 수 있는 일에 대한 지침을 제공한다. 또한 목적한 바를 이루기 위해 합의 사항을 유지하는 것은 모든 코칭 세션이 안정되고 효과적으로 진행될 수 있게 하는 기반이 된다. 만약 어떤 이유로 원하는 결과를 얻지 못했을 경우, 한쪽 당사자가 문제를 제기하고 사전에 합의된 바에 따라 적절한 조치를 취하거나, 계약 수정 또는 종료 등에 대한 행동을 취할 수 있다.

코칭 합의는 쌍방의 이익을 보호한다. 이 합의는 코치와 고객 모두 합의된 역할과 약속을 지키고 상호 존중과 협력을 통해 서로의 장점을 이끌어 내도록 촉구한다. 양쪽 당사자가 각자의 책임을 충실하게 이행한다면 모두가 결과에 만족할 것이며, 특히 고객의 성장에 기여함으로써 보람을 느끼게 될 것이다. 또한 코칭 합의는 만에 하나 비용이나 책임 문제 등이 발생할 경우 법적 보호 장치로도 사용될 수 있다.

코칭 합의가 도출된 이후부터 코치는 그 합의를 구현하는 고객의 파트너로서 자신의 책임을 다해야 한다. 즉, 고객의 잠재 능력을 극대화시키기 위해 영감을 불어넣고, 생각을 자극하고 창의적인 프로세스를 통해 고객의 성장을 촉진하는 파트너로서 역할을 다해야 한다. 이처럼 코치가 코칭 합의를 충실하게 이행할 때, 고객과 이해관계자들 또한 그들의 역할과 책임을 진지하게 받아들이고 이행하게 된다. 코칭 과정이 원활하게 진행되고 안정적으로 유지되려면 코칭 합의가 코칭 시작부터 마무리까지 잘 유지되어야 한다. 코칭 '합의를 도출하고 유지하는 것'이야말로 코칭의 처음과 끝을 관통하는 힘의 원천이다.

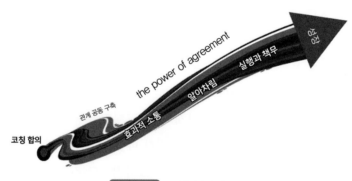

그림 3-1 코칭 합의와 흐름

3. '합의를 도출하고 유지한다'의 정의 및 핵심 요소

가. 정의

고객 및 이해관계자와 협력하여 코칭 관계, 프로세스, 계획 및 목표에 대한 명확한 합의를 한다. 개별 코칭 세션은 물론 전체 코칭 과정에 대한 합의를 도출한다Partners with the client and relevant stakeholders to create clear agreements about the coaching relationship, process, plans and goals. Establishes agreements for the overall coaching engagement as well as those for each coaching session.

'합의를 도출하고 유지한다'는 것은 코치가 고객 및 이해관계자와 함께 코칭 관계를 형성하는 첫 출발점이다. 또한 코칭과 관련된 제반 사항에 대해 함께 논의하여 코칭 합의를 도출하고 코칭이 끝날 때까지 그 합의를 유지하는 것은 코칭 진행을 위한 기초이자 핵심이라 할 수 있다.

'합의를 도출하고 유지한다'의 핵심 요소는 다음과 같다.

1) 코칭 관계에 대한 합의Agreement for coaching relationship
2) 전반적인 코칭 계획과 목표에 대한 합의Agreement for overall coaching plan and goals
3) 각 세션의 목표와 목적에 대한 합의Agreement for session goals and objectives

나. 핵심 요소

1) 코칭 관계에 대한 합의Agreement for coaching relationship

코칭의 장을 펼치기 위해 제일 먼저 해야 할 일은 고객 및 이해관계자와 함께 코칭 및 코칭 관계에 대해 합의하는 것이다. 관계란 "두 사람이나 집단이 서로에 대해 느끼고 행동하는 방식"이라고 정의된다(콜린스 영어사전). 따라서 '코칭 관계'는 코치와 고객 및 이해관계자가 코칭에 대해, 그리고 서로에 대해 느끼고 행동하는 방식이라고 정의할 수 있다. 코칭 관계는 코치와 고객이 긴밀하게 과제에 동참하기 때문에 '협력 관계'라고 말할 수 있다. 코치와 고객은 서로 관계에 힘을 실어 줌으로써 고객에게 도움이 되는 방향으로 코칭을 실행한다. 코칭 관계는 서로 간의 신뢰와 안전감의 토대 위에 형성되며, 코칭을 가능하게 하는 스페이스$_{space}$를 만들어 감으로써 확장된다. 코칭 관계에서 공간이 만들어지면 고객이 가진 욕구와 동기로부터 나오는 에너지와, 고객의 변화와 성장을 열망하는 코치의 이해와 스킬 및 헌신에서 나오는 에너지가 융합하여 시너지를 낸다. 코칭 관계가 중요한 이유가 바로 이것이다. 이러한 코칭 관계에 대해 합의하는 것이 코칭의 출발점이다.

코칭에서 합의는 고객의 성장에 기여하려는 코치의 에너지와, 문제를 해결하거나 현재 상태보다 더 나아지기를 바라는 고객의 에너지가 만나면서 시작된다. 그리고 합의를 도출하는 단계에서 비로소 코칭 관계가 형성된다. 합의된 코칭 관계는 코칭의 시작부터 진행 과정을 거쳐 코칭이 종료될 때까지 코칭의 흐름을 한 방향으로 정렬하는 기틀이 된다.

2) 전반적 코칭 계획과 목표에 대한 합의 Agreement for overall coaching plan and goals

코치와 고객 및 이해관계자는 코칭을 시작하기 전에 전반적인 코칭 계획과 목표에 대하여 합의해야 한다. 이 과정을 통해 고객이 각 세션에서 설정한 목표 너머의 더 큰 목표를 스스로 볼 수 있게 하고, 각 세션에서 다루어야 할 주제의 초점을 유지하면서도 폭넓은 시야를 갖도록 도울 수 있다. 또한 각 세션에서 다루는 작은 주제들이 서로 연결되어 있음을 고객 스스로 알아차리고 더 큰 성취를 위한 목표를 개발해 나갈 수 있도록 해 준다. 이때 고객이 처음 생각했던 주제의 다른 측면들도 폭넓게 살펴봄으로써 고객의 깨달음과 성장의 범위를 확대할 수 있다. 이런 내용도 코칭 합의 과정에 포함시키는 것이 좋다. 전반적인 코칭 계획과 목표에 대한 합의를 도출하는 프로세스는 실행 지침에서 구체적으로 다룬다.

3) 각 세션의 목표와 목적에 대한 합의 Agreement for session goals and objectives

코칭 관계에 대한 지침과 구체적인 지원 조건, 그리고 전체적인 코칭 계획과 목표가 합의된 이후 코치와 고객은 계획된 일정에 따라 개별 코칭 세션을 진행한다. 각 세션을 최대한 활용하여 코칭의 효과를 극대화하기 위해서는 초점이 맞춰진 구체적인 주제를 합의하는 것이 중요하다. 초점이 잘 맞춰진 상태에서 코칭 대화가 시작된다면 이것은 이미 절반의 성공을 이룬 것이나 다름없기 때문이다. ICF의 코칭 수준별 평가 지표에서도 실제 코칭 상황에서 초점이 맞춰진 코칭 주제를 합의하고, 그것이 끝까지 유지되어 실행 계획 및 책무 관리까지 이루어지는지의 여부를 확인할 것을 요구하고 있다.

이와 동시에 코치는 고객의 코칭 목표와 코칭이 끝난 후 기대하는 결과에 대해서도 충분히 대화하고 합의해야 한다. 그리고 이를 위해 코치는 코칭이 합의된 내용에 따라 잘 진행되고 있는지를 코칭이 끝날 때까지 계속 점검하고 확인할 필요가 있다.

코칭 세션에서의 목적 objective은 코칭을 통해 달성하려는 결과이다. 따라서 각 세션별 코칭 합의에는 코칭이 끝난 후 고객이 기대하는 결과에 대해 서로 확인하고 공유하는 것이 매우 중요하다. 또한 코칭 세션에서 목표 goal란 기대하는 결과를 달성하기 위해 취해야 하는 구체적인 조치와 측정 가능한 단계를 말한다. 목적과 목표는 함께 작동하여 성공을 이루어내기 때문에 각 세션의 목적을 합의하는 것 못지않게 코칭 결과에 대한 성공의 척도 measure of success에 대해 합의하는 것도 중요하다. 목적과 목표에 따른 성공의 척도를 합의하지 않는 경우 코치 자격 인증 과정에서 불합격할 수도 있다. 실제로 ICF 마스터 코치 MCC 자격에 도전한 어느 코치는 다음과 같은 피드백을 받고 불합격하였다.

"코치는 세션에서 고객의 의도나 방향이 명확해질 때까지 주제의 성공 척도를 고객과 함께 탐색하지 않았습니다. 코치는 고객이 원하는 결과를 설정하는 것과 그에 대한 성공의 척도를 설정하는 것의 차이를 이해하지 못하고 있습니다."

이 사례는 코칭 세션에서 초점이 맞춰진 주제를 정하는 것도 중요하지만, 코칭을 통해 얻고 싶은 결과와 그에 대한 성공 척도를 미리 정하고 점검한 후 코칭을 진행하는 것의 중요성을 보여 준다. 다시 말해, 코칭의 목표를 분명하게 정하고 진행하더라도 코칭 후 기대하는 결과를 얻었는지를 가늠하는 척도가 없거나 그것에 대해 점검하지 않는다면 합격하기 어렵다는 것이다. 따라서 고객이 코칭을 통해 어떤 결과를 얻고 싶은지 목적을 확인하고, 목표 달성 여부를 점검할 구체적인 성공 척도를 마련하는 것은 전문 코치가 반드시 숙지해야 할 필수 사항이다.

4. '합의를 도출하고 유지한다'의 실행 지침

가. 코칭인 것과 코칭이 아닌 것에 대해 설명하고, 고객 및 이해관계자에게 프로세스를 설명한다.

나. 코칭 관계에서 무엇이 적절하고 적절하지 않은지, 무엇이 제공되고 제공되지 않는지, 고객 및 이해관계자의 책임에 관하여 합의한다.

다. 코칭 진행 방법, 비용, 일정, 기간, 종결, 비밀보장, 다른 사람의 포함 등과 같은 코칭 관계의 지침 및 특이사항에 대해 합의한다.

라. 고객 및 이해관계자와 함께 전체 코칭 계획과 목표를 설정한다.

마. 고객과 코치 간에 서로 맞는지를 결정하기 위해 파트너십을 갖는다.

바. 고객과 함께 코칭 세션에서 달성하고자 하는 것을 찾거나 재확인한다.

사. 고객과 함께 세션에서 달성하고자 하는 것을 얻기 위해 고객 스스로가 다뤄야 하거나 해결해야 한다고 생각하는 것을 분명히 한다.

아. 고객과 함께 코칭 과정 또는 개별 세션에서 고객이 달성하고자 하는 목표에 대한 성공 척도를 정의하거나 재확인한다.

자. 고객과 함께 세션의 시간을 관리하고 초점을 유지한다.

차. 고객이 달리 표현하지 않는 한, 고객이 원하는 성과를 달성하기 위한 방향으로 코칭을 계속한다.

카. 고객과 함께 코칭 경험을 존중하며 코칭 관계를 종료한다.

가. 코칭인 것과 코칭이 아닌 것에 대해 설명하고 고객 및 이해관계자에게 프로세스를 설명한다Explains what coaching is and is not and describes the process to the client and relevant stakeholders.

코칭인 것과 코칭이 아닌 것에 대해서는 역량 1에서 자세히 다루었다. 그에 더해 코칭 합의서에는 다음과 같은 내용을 포함시키는 것이 좋다.

- 코치 _____와/과 고객 _____은/는 상호 이해에 기초하여 코치와 고객으로서 함께 일하는 것에 합의한다.
- 고객은 코치가 정신과 의사, 정신요법 치료사(테라피스트)들이 행하는 정신적 문제에 대한 상담이나 정신요법 치료를 하지 않는다는 것을 이해하고 있으며, 코칭은 컨설팅이나 멘토링 접근 방법으로 진행되지 않는다는 것을 이해한다.

코칭 프로세스와 관련하여 고객과 이해관계자에게 설명해 주어야 할 내용은 다음과 같다.

- 코칭 기간

    시작일: _____월 _____일   종료일: _____월 _____일

- 코칭의 전반적인 프로세스는 3단계(사전 단계, 코칭 진행 단계, 사후 단계)
  로 구분하며, 전반적인 프로세스는 [그림 3-2]와 같다.

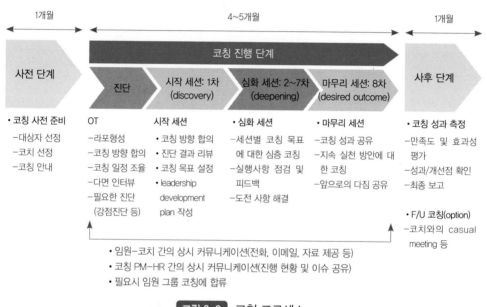

그림 3-2 코칭 프로세스

- 코칭은 2주에 한 번씩 1시간을 기준으로 실행하며, 코치나 고객은 사정
  에 따라 일정 변경을 요청할 수 있다. 그럴 경우 예정되어 있는 코칭 세
  션의 24시간 전까지 상대방에게 연락을 취해야 한다.

- 고객 또는 조직의 요청에 따라 코칭의 일부분이 쉐도우 코칭_{shadow coaching}
  이나 그룹 코칭으로 전환될 수 있다. 쉐도우 코칭이란 고객이 의식하지
  않는 곳에서 코치가 고객을 관찰한 결과를 코칭 주제로 선정하여 진행
  하거나 피드백을 해 주는 코칭 형태이다.

나. 코칭 관계에서 무엇이 적절하고 적절하지 않은지, 무엇이 제공되고 제공되지 않는지, 고객 및 이해관계자의 책임에 관하여 합의한다 Reaches agreement about what is and is not appropriate in the relationship, what is and is not being offered, and the responsibilities of the client and relevant stakeholders.

이 실행 지침에서는 특히 고객 및 이해관계자들의 책임이 무엇인지에 대해 합의가 이루어져야 함을 강조한다. 예를 들면 다음과 같다.

- 고객이 합의된 코칭 일정과 시간에 맞추어 코칭에 참여하는 책임에 대해 합의할 필요가 있다. 1:1 코칭은 물론이고, 팀 코칭에서는 팀원 전체와 함께 코칭 참여 여부에 대한 책임을 확인할 필요가 있다.
- 코칭 세션의 주제는 고객의 책임 아래 선정되며, 코치는 파트너 역할을 한다는 것을 서로 분명하게 인지해야 한다. 만약 코칭 과정 중에 주제를 바꿔야 할 상황이 생기면 고객의 책임 아래 주제를 바꿀 수 있다는 점도 확인시킬 필요가 있다.
- 코칭 과정에서 고객이 실행하기로 다짐한 것을 실행할 책무는 고객에게 있다. 실행하기로 다짐한 것을 실행하지 않는다면 그것 역시 고객의 책임이다. 코치는 고객이 실행하기로 다짐한 것들을 제대로 실행할 수 있도록 지지하고, 잘 진행되도록 확인하는 책무를 가지고 있다. 더불어, 고객이 다짐한 것을 반복적으로 실행하지 않을 경우 어떻게 할 것인지에 대한 합의도 필요하다(예: 고객이 실행하기로 한 것을 3회 이상 연속적으로 하지 않을 경우, 코칭 중단을 고려한다.). 이는 고객의 책임감과 책무 의식을 높이는 합의 사항이다.

다. 코칭 진행 방법, 비용, 일정, 기간, 종결, 비밀보장, 다른 사람의 포함 등과 같은 코칭 관계의 지침 및 특이사항에 대해 합의한다
Reaches agreement about the guidelines and specific parameters of the coaching relationship such as logistics, fees, scheduling, duration, termination, confidentiality and inclusion of others.

이에 대해서는 실행 지침 '가'의 코칭 프로세스 부분에서 이미 다루었다. 그 외에 합의해야 할 사항에는 다음과 같은 것들이 있다.

- 제반 지원 요소: 코칭 비용 및 지급 기준, 기타 코칭과 관련된 제반 지원 요소
- 진행 방법: 코칭의 오프라인 또는 온라인 진행방법에 대해 코치와 고객 및 이해관계자들 간의 합의로 정한다.
- 비밀 유지: 코칭 과정에서 주고받은 대화 내용은 불법이 아닌 한 모두 비밀을 유지한다.
- 고객의 요청에 의한 특정 주제: 그 분야에 특화된 전문 코치를 초청할 수 있다.

라. 고객 및 이해관계자와 함께 전체 코칭 계획 및 목표를 설정한다
Partners with the client and relevant stakeholders to establish an overall coaching plan and goals.

전반적인 코칭 계획과 목표 설정에 대해서는 어느 코치의 사례를 통해 이해의 폭을 넓혀 보도록 하자.

Y 코치는 고객사로부터 회사 임원에 대한 코칭을 의뢰받았다. 그 임원의 코칭 주제는 '경영 역량 및 리더십 배양'이었고, 총 7회에 걸쳐 1:1 코칭을 진

행하는 방식이었다. Y 코치는 고객사에서 제공한 고객의 신상정보, 리더십 다면평가 자료 등을 살펴본 후 본격적인 코칭에 앞서 고객과 오리엔테이션 콜을 약 40분간 진행하였다.

고객과의 라포 형성, 상호 소개, 코칭 개요 설명 등에 이어, 코칭 윤리 규정에 의거하여 코칭 대화는 비밀이 철저히 보장됨을 강조하며 편안한 분위기 속에서 첫 미팅을 진행하였다. 그리고 고객이 코칭에서 다루고 싶은 주제와 기대하는 결과 등에 대한 솔직한 의견을 들으며 코칭 방향을 합의하였다.

오리엔테이션 콜을 마친 후 Y 코치는 고객과의 대화 및 HR 담당자와의 대화 내용을 참고하여 앞으로 코칭에서 다룰 소주제들을 잠정적으로 정리한 후 1회차 코칭 세션을 준비하였다. 1회차 세션에서는 고객이 담당하고 있는 사업부의 현황 및 비전, 자신의 리더십에 대한 객관적 평가와 보완할 점, 조직의 분위기와 구성원들의 몰입도 등 코칭 진행에 필요한 전반적인 사항에 대해 이야기를 나누었고, 오리엔테이션 콜에서 언급된 코칭 니즈를 다시 리뷰하며 코칭 세션별 소주제와 구체적인 목표들을 정하였다. 각 세션에서 다룰 소주제의 순서는 고객의 의견에 따라 조정하였다. 코칭을 진행하는 동안 고객의 코칭 니즈가 바뀌면 소주제는 언제든지 변경하기로 협의하였고, 7회차 마무리 세션에서는 필요할 경우 소주제를 추가로 선정하기로 하였다. 이렇게 하여 Y 코치와 고객이 오리엔테이션과 1회차 코칭 세션을 통해 확인하고 합의한 전체적인 코칭 계획과 목표는 〈표 3-1〉과 같이 정리되었다.

2회차부터 6회차 세션까지 계획대로 잘 진행되었다. 각 세션을 시작하기전에 전반적인 코칭 계획을 다시 상기하고 지난 시간과의 연계성을 확인하는 시간을 가졌다. 그렇게 해서 독립적인 한 세션을 진행하면서도 전반적인 코칭 계획을 서로 계속 공유할 수 있었다. 7회차 마무리 세션은 전체 코칭을 정리하고 향후 셀프 코칭 방안을 중심으로 진행하였다.

이 사례에서 보듯이 Y 코치가 전체적인 코칭 계획과 목표에 대해 고객과 합의를 도출한 것은 코칭 목적의 절반을 이미 달성했다고 해도 과언이 아닐

표 3-1 오리엔테이션 및 1회차 코칭 세션을 통해 합의한 전체 코칭 계획과 목표

코칭 대상	대주제 (횟수)	세션별 소주제 및 목표
○○○사 ○○○장	사업부 경영 역량 및 리더십 배양 (총 7회)	• 2회차: 코칭 리더십 배양(5점→8점/10점) • 3회차: 건강한 조직문화 구현(신명나는 일터) • 4회차: 스피치 역량 강화(컨텐츠 발굴 및 명료하고 울림이 있는 메시지 전달) • 5회차: 감정관리 역량 강화(감정 기복을 줄이고 일관성 유지) • 6회차: 조직관리 역량 강화(새로운 비전 및 전략 제시, HR 제도와 연계) • 7회차: 마무리 세션(필요시 추가 소주제 설정)

정도로 중요하다. Y 코치는 이런 점을 잘 이해하고 있었기 때문에 오리엔테이션 콜에서부터 고객과 편안한 분위기를 형성하며 고객의 코칭 니즈와 기대를 최대한 반영해 코칭 계획을 세웠다. 그리고 1회차 코칭 세션에서 다시 한번 이에 대한 깊은 대화를 나누며 전반적인 코칭 계획과 목표를 더욱 더 짜임새 있게 완성할 수 있었다. 또한 각 세션별 코칭을 진행하면서도 소주제 너머의 더 큰 목적을 항상 염두에 두었다.

그 결과, 고객도 각 세션의 작은 목표를 넘어 더 큰 목적으로 시야를 확대할 수 있었고, 그로 인해 더욱 더 창조적인 아이디어를 창출하며 자기 성장의 기회를 만들어 나갈 수 있었다. Y 코치 역시 이 고객과의 사례를 통해 전반적인 코칭 계획과 목표를 설정하고 합의하는 것이 코칭 만족도 향상과 고객의 성장에 얼마나 큰 영향을 미치는지 직접 체험하게 되었다. 우리 또한 이 사례를 통해 전반적인 코칭 계획과 목표를 설정하는 것이 코칭에 미치는 영향력을 간접적으로 확인할 수 있다.

마. 고객과 코치 간에 서로 맞는지를 결정하기 위해 파트너십을 갖는다Partners with the client to determine client-coach compatibility.

'고객–코치의 적합성client-coach compatibility'은 두 사람 사이의 합이 잘 맞는지를 표현하는 말이다. 쉽게 말해 고객과 코치 사이의 궁합이 어떤지 보는 것이다. 예를 들어, 코치와 고객 간에 경력이나 강점, 성격 등의 부분에서 서로 보완관계에 있다면 적합성이 높다고 할 수 있다.

코칭의 효과와 지속성을 유지하는 면에는 고객과 코치 간의 적합성 정도가 영향을 미친다. 따라서 코칭 합의 이전 단계부터 고객과 코치의 대화를 통한 상호 탐색과 이해의 과정이 필요하다. 그리고 코칭 합의 이후 코칭 진행 과정에서도 지속적인 신뢰 관계를 쌓으며 적합성을 높여 가는 노력을 계속해야 할 것이다.

고객–코치의 적합성을 탐색하는 과정에서 다음과 같은 질문을 할 수 있다.

- 고객님과 함께 최상의 성과를 낼 수 있는 파트너는 어떤 유형의 코치(고객)이면 좋을까요?
- 고객님과 함께 무인도에서 생활하더라도 불편하지 않은 파트너는 어떤 사람인가요?
- 서로 잘 맞는 고객과 코치의 관계를 무엇에 비유할 수 있을까요?
- 고객님을 코칭하는 가장 좋은 방법은 무엇인가요?
- 코치가 고객님에 대해서 꼭 알아야 할 것이 있다면 무엇인가요?

바. 고객과 함께 코칭 세션에서 달성하고자 하는 것을 찾거나 재확인한다Partners with the client to identify or reconfirm what they want to accomplish in the session.

코칭에서는 초점이 맞춰진 주제를 중심으로 대화가 진행된다. 고객이 큰 주제를 가지고 시작하더라도 코칭 세션에서 대화 가능한 수준으로 주제를 쪼개고 구체화하는 작업chunk down을 거쳐 고객이 이 세션에서 달성하고자 하는 목표를 추출해 낼 수 있다. 마치 깔때기처럼, 처음에는 크고 애매모호한 주제가 등장하더라도 초점을 맞추고 맞추면서 나중에는 고객이 원하는 주제 하나가 나오게 하는 것이다.

예를 들어, 고객의 코칭 주제가 '어떻게 협상력을 강화할 것인가?'라고 해 보자. 그 주제로 워크숍을 한다면 아마도 2~3일 과정이 될 정도로 다룰 내용

그림 3-3 주제 구체화하기 구조도 사례

이 많을 것이다. 따라서 정해진 시간 안에 가장 효과적인 결과를 얻기 위해서는 초점이 잘 맞춰진 주제를 선정하는 것이 우선이다. 따라서 코치는 주제를 구체화하기 위해 고객과 함께 [그림 3-3]의 구조도를 그렸다.

[그림 3-3]의 구조도를 보면 주제를 구체화하는 과정이 마치 깔때기처럼 여러 단계를 거치면서 점점 작은 주제로 좁혀지는 과정을 볼 수 있다. 진행 과정을 정리하면 다음과 같다.

- 우선적으로 풀어야 할 과제를 정의한다.
- 그 주제를 중심으로 관련된 사항을 가로/세로 방향으로 전개하고 구조화한다.
- 고객이 정말 원하는 포인트를 찾아 그것을 주제화한다.
- 코칭 기간 중 전체적인 코칭 계획과 목표overall coaching plan & goal를 설정한다.
- 이번 세션에서 달성하고자 하는 것을 확인한다.
- 코칭이 끝날 때까지 달성하고자 하는 것을 확인하거나 재확인한다.
- 각 세션을 진행하면서 전체적인 코칭 목적과 연결되어 있는지 확인한다.

[그림 3-3]의 구조도를 바탕으로 코치와 고객은 전체적인 코칭 목표를 '승-승적 마인드셋'을 중심으로 질문과 경청 스킬을 포함하여 총 6회의 코칭을 진행하기로 합의하였다. 그리고 다음 코칭 시간에는 협상에 임하면서 승-승적 마인드셋을 갖추는 것, 특히 협상에서 용기와 배려를 균형 있게 사용하며 협상을 전개하는 방법을 주제로 코칭하기로 하였다. 코칭 과정 중에 코치는 고객과 함께 이 구조도를 확인하고 재확인하며 세션 중에도 전체적인 맥락과 연결시키고, 지금 세션에서 집중적으로 다루어야 할 주제에 초점을 맞추며 진행하였다. 이처럼 고객이 큰 주제로 시작할지라도 코칭 세션에서 다룰 수 있는 작은 주제로 구체화하고 초점을 맞춤으로써 세션에서 달성하고자 하는 것을 발견하고 재확인할 수 있다.

사. 고객과 함께 세션에서 달성하고자 하는 것을 얻기 위해 고객 스스로가 다뤄야 하거나 해결해야 한다고 생각하는 것을 분명히 한다 Partners with the client to define what the client believes they need to address or resolve to achieve what they want to accomplish in the session.

이 지침을 이해하기 위해 먼저 사례 하나를 살펴보자. 다음은 어느 코치가 ICF의 마스터 코치MCC 자격 인증 과정 중, 주제 설정 단계에서 초점 맞추는 데 실패해 불합격한 사례이다.

사례

코치: 오늘 어떤 주제로 코칭받고 싶으세요?

고객: 장애 청소년 취업에 대한 전략적 접근strategic approach에 대해 이야기하고 싶습니다.

코치: 현재는 어떤 상태인데요?

고객: (현재 상태에 대해 설명한다.)

코치: 아, 그렇군요. 그런 사명감이 있는데 현실은 그렇게 안 되고 있기 때문에 안타까워하시는군요. 오늘 코칭이 끝났을 때 무엇을 얻었으면 좋겠어요?

고객: 내가 접근해야 할 전략에 대한 분명한 그림a clear picture of strategy을 가졌으면 좋겠습니다.

코치: 그렇군요. 전략적 접근strategic approach도 말씀하셨고, 그것에 대한 분명한 그림도 말씀하셨네요. 그것을 위해 오늘 무슨 말씀을 하시고 싶은가요?

고객: (질문에 답한다.)

ICF의 마스터 코치MCC 심사관은 이 사례에 대해 두 가지 피드백을 하였다.

첫째, 고객이 '전략적 접근'이라는 단어를 사용했을 때 '전략적 접근'이라는 것을 어떻게 정의하는지 또는 전략의 어떤 부분what part of strategy을 다루고 싶은지에 대해 묻지 않아 주제가 명료하지 않았다. 둘째, 고객이 '전략에 대한 분명한 그림'이라고 할 때 그것이 어떤 의미인지, 또 앞으로 어떻게 전개해 나갔으면 좋을지에 대한 이해의 과정을 생략하고 넘어갔기 때문에 전반적인 코칭 흐름의 초점이 분명하지 않았다.

이는 주제에 대한 초점 맞추기에 실패했기 때문에 그 이후의 코칭 흐름이 애매하게 흘러갔다는 피드백이었다. 피드백을 받은 후 코치는 다음과 같이 초점 맞추기 스킬을 강화한 업그레이드된 코칭 대화를 진행하였다.

사례

코치: 오늘 어떤 주제로 코칭 받고 싶으세요?

고객: 장애 청소년 취업에 대한 전략적 접근에 대해 이야기하고 싶습니다.

코치: 장애 청소년 취업에 대한 비전을 가지고 계시는군요. 여기에서 말하는 전략적 접근은 무엇을 의미하나요?

고객: (의미를 설명한다.)

코치: 그런 사명감을 가지고 계시는데 현실은 그렇게 안 되고 있기 때문에 참 많이 안타까우시겠어요. 그런데 전략의 어느 부분을 말씀하고 싶으신가요?

고객: (질문에 답한다.)

코치: 오늘 코칭이 끝났을 때 어떤 결과를 얻으면 좋으시겠어요?

고객: 내가 접근해야 할 전략에 대한 분명한 그림을 가졌으면 좋겠습니다.

코치: 전략적 접근, 전략에 대한 분명한 그림. 그렇군요. 전략의 어떤 부분에 대한 그림을 말씀하시는 건가요?

고객: (질문에 답한다.)

코치: (비전에 대한 인정) 고객님이 상상한다면, 그 부분에 대한 분명한

그림이 어떻게 전개되면 좋겠습니까?

고객: (질문에 답한다.)

코치: 오, 멋진데요. 전개 과정을 설명하시는 것을 보니 확실한 믿음이 바탕에 깔려 있다는 느낌이 듭니다. 그 전개 과정을 통해 얻은 장애 청소년 취업에 대한 분명한 그림을 부하 직원들에게 설명하실 때 어느 부분을 더 보완하시겠습니까?

사람들은 사물이나 사건 그 자체가 아니라, 그것에 대한 각자의 해석에 따라 서로 다른 관점으로 세상을 본다. 따라서 고객이 말하는 주제가 너무 광범위하거나 모호할 때는 그것에 대한 자신만의 정의를 내릴 수 있도록 돕는 파트너가 되어야 한다. 그렇게 함으로써 고객이 표현하고자 하는 것을 분명히 말하고, 그에 따른 바람직한 해결책을 찾을 수 있게 된다. 고객과 함께 세션에서 달성하고자 하는 것을 얻기 위해서는 고객이 다루거나 해결해야 한다고 생각하는 것을 분명하게 정의하는 것이 중요하다.

아. 고객과 함께 코칭 과정 또는 개별 세션에서 고객이 달성하고자 하는 목표에 대한 성공 척도를 정의하거나 재확인한다Partners with th client to define or reconfirm measures of success for what the client wants to accomplish in the coaching engagement or individual session.

우리가 어떤 것을 원하고 그것을 이루었다고 말하려면, 그 성과를 측정할 수 있는 성공 척도가 필요하다. 따라서 코칭 세션이 진행되는 동안 고객이 원하는 것과, 그것의 달성 여부를 측정할 성공 척도를 정의하고, 그것을 기준으로 현재 고객이 어느 정도의 위치에 있는지 확인하고 점검해야 한다. 코치는 전체적인 코칭의 흐름 안에서 고객이 원하는 것에 초점을 맞추고, 고객이 성취하고자 하는 목표 수준을 점검하며 진행해야 한다.

성공 척도를 명확하게 정의하는 구체적인 예시 몇 가지를 살펴보자.

- 목표 1: 체중 조절

  성공 척도: 현재 체중 85kg에서 1차적으로 9월말까지 10kg 감량
- 목표 2: 효과적인 시간관리

  성공 척도: 시간관리 매트릭스에서 2사분면 항목을 현재 5개에서 7개로 늘리기
- 목표 3: 연간 성과 달성

  성공 척도: 평년 성과 달성 수준의 80%에서 90%로 상향 조정
- 목표 4: 마음의 평화 유지

  성공 척도: 자애 명상을 하루 15분 이상 아침과 저녁에 하기

자. 고객과 함께 세션의 시간을 관리하고 초점을 유지한다Partners
with the client to manage the time and focus of the session.

코칭 세션에서 시간 관리는 매우 중요하다. 전문 코치들에게 코칭 시간에 대해 물어보니, 일반적으로 1시간 코칭을 하기로 합의하지만 실제로는 시간을 훌쩍 넘겨 2시간 코칭을 하는 경우도 있고, 평균적으로는 한 세션당 1시간 30분 정도의 시간을 사용한다. 만약 세션당 1시간 30분이 적당하다고 생각된다면 처음으로 돌아가 코칭 합의를 수정하는 것이 바람직하다. 코치가 합의한 시간을 지키는 것은 고객과의 신뢰감을 쌓는 중요한 요소이며, 고객의 시간에 대해 존중을 표현하는 방법이기도 하다.

고객과 1시간 코칭을 하기로 합의했으면, 그 시간을 어떻게 운용할 것인지 시간 관리 면에서도 기준을 합의해 놓는 것이 좋다. 예를 들면, 1시간 중에 맨 먼저 라포 형성 및 지난 코칭 시간 이후의 실행 상황 점검, 실행 지침 '라'에서 설명한 전반적인 코칭 계획과 이번 세션의 주제와 목표를 확인한다. 그리고

이어 45~50분 정도 코칭을 진행하고, 남은 시간 동안 정리 및 성찰, 다음 코칭 시간 약속 등으로 진행하기로 고객과 합의하는 것이다.

물론, 실제 코칭 세션을 진행하다보면 계획대로 되지 않는 경우가 많다. 그렇지만 이런 기준을 미리 합의해 놓으면, 코치가 "이제 마무리할 시간이 된 것 같습니다."라고 말할 때 고객도 시간관리 계획을 알고 있으니 이에 보조를 맞춰 줄 것이다. 간혹 부득이한 상황에서 코칭 세션이 10~20분 정도 길어질 수는 있지만, 1시간 코칭이 2시간으로 연장된다면 코치로서 시간관리에 더 주의를 기울일 필요가 있다. 시간 관리에 대해 고객과 합의한 기준이 있으면 코칭이 더 원활하게 진행될 수 있다.

차. 고객이 달리 표현하지 않는 한, 고객이 원하는 성과를 달성하기 위한 방향으로 코칭을 계속한다Continues coaching in the direction of the client's desired outcome unless the client indicates otherwise.

코칭 주제를 선정하는 것은 고객의 권한이자 책임이다. 그러므로 코치는 고객이 선정한 주제로 코칭을 진행해 나가야 한다. 그런데 코칭 과정에서 고객의 상황에 따라 코칭 주제가 바뀌거나, 고객이 처음에 정한 주제와는 다른 이야기를 계속하는 경우가 있다. 코치는 이를 알아차리고 파트너로서 고객이 원하는 방향을 다시 확인해야 한다. 고객은 원래의 코칭 주제로 돌아갈 수도 있고, 코칭 주제를 바꿀 수도 있다. 그러나 코치에게는 주제를 바꿀 권한이 없다. 그러므로 고객이 달리 표현하지 않는 한, 코치는 고객이 선택한 주제를 가지고 고객이 원하는 방향으로 코칭을 계속해야 한다. 고객과 함께 세션의 초점을 유지하고 진행 상황을 점검할 때 한 방향으로 정렬된 코칭의 힘이 발휘되어 고객이 원하는 성과를 달성할 수 있게 된다.

고객이 원하는 결과를 달성하도록 초점을 유지하게 돕는 질문에는 어떤 것들이 있을까?

- 우리가 지금 처음에 초점을 맞춘 주제에 맞게 가고 있나요?
- 코칭 대화가 주제에 맞춰 한 방향으로 진행되고 있나요?
- 지금 우리는 원하는 목표를 향해 가고 있나요?
- 지금 말씀하신 내용은 오늘의 주제와 어떻게 연결되나요?
- 지금 말씀하신 부분은 주제에 대한 관점이 조금 다른 것 같은데 어떻게 생각하세요?

코치는 고객이 달리 표현하지 않는 한, 고객이 원하는 성과를 달성하기 위한 방향으로 코칭을 지속한다. 그러나 코칭 진행 과정에서 고객이 원할 경우 주제는 바뀔 수 있다. 이때 코치는 고객의 의식 변화와 새로운 관점에 주의를 기울여야 한다. 코칭의 목적은 고객의 변화와 성장을 촉진해 자신이 원하는 궁극적인 목적을 이루도록 돕는 것이기 때문에 고객의 관점이 변하고 그에 따라 코칭 주제가 바뀐다면 이는 환영할 만한 일이다. 그러므로 코치는 문제 해결보다는 고객의 존재 자체에 집중하며 함께 춤을 추듯 유연한 태도를 유지해야 고객의 초점이 변해도 그에 따라 유연하게 대응할 수 있다.

카. 고객과 함께 코칭 경험을 존중하며 코칭 관계를 종료한다
Partners with the client to end the coaching relationship in a way that honors the experience.

코칭이 끝나면 코칭 관계도 끝이 난다. 코칭 관계를 마칠 때는 코칭 과정에서 보여 준 고객의 경험을 존중해 주어야 한다. 코치는 코칭 세션에서 고객이 보여 준 깨달음과 학습을 통해 고객이 성취한 것, 관점 전환이 일어난 순간 등을 비춰 주며 지지하고 격려해 준다. 개별 세션에서의 고객의 성장과 성취는 앞에서 언급한 전반적인 코칭 계획 및 목표와 연관된 성장으로 연결된다. 그러므로 한 세션에서 고객의 코칭 경험을 존중해 주는 태도는 전체 코칭 흐름에 영향을 미친다.

코칭 과정에서 고객이 겪은 성공과 실패의 경험은 그 자체로 고객의 성장에 소중한 밑거름이 된다. 때로는 코칭 과정에서 논의되고 있는 맥락이 고객이 지향하는 큰 그림과 고객이 실행하고자 하고자 하는 현실적인 목표 사이를 오갈 수 있다. 그럴 때도 코치는 고객이 그 사이에 있는 연결성을 발견하도록 도울 수 있다. 그렇게 할 때 고객은 코칭에 계속 집중하면서 자신이 원하는 목표를 새롭게 발견하거나 유지할 수 있다. 코칭 과정에서 일어난 모든 일은 고객에게 소중한 경험이며 그것은 고객의 성장에 도움이 된다. 그러므로 코칭 세션을 종료하거나 코칭 관계를 종료할 때 그러한 고객의 경험을 존중하면서 종료한다.

고객의 코칭 경험을 존중하고 지지하기 위해 코치가 어떤 표현을 할 수 있을까?

- 코칭을 통해 배우고 느낀 것은 무엇인가요?
- 이번 코칭을 통해 의미 있게 경험한 것은 무엇인가요?
- 지금 B에 대해 말씀하셨는데, 이것을 통해 무엇을 느끼셨나요?
- 그것은 처음에 말한 목표 A와 어떻게 연결되어 있나요?
- 그 연결성이 고객님의 성장에 어떻게 도움이 될까요?
- 그런 소중한 경험을 하신 것을 축하드립니다. 고객님의 성장에 의미 있는 씨앗이 되리라 기대합니다.

'코칭 관계를 종료한다'는 내용은 코칭 합의를 시작하는 역량 3번과 코칭을 마무리하는 역량 8번에서 각각 언급된다. 이는 코칭의 처음 시작부터 끝까지 코칭 합의에 따라 한 방향으로 정렬된 상태에서 코칭이 진행되어야 함을 의미한다. 코치는 합의에 따라 코칭 과정을 진행하면서 고객이 그것을 경험할 수 있게 파트너로서의 역할을 다해야 한다. 그리고 고객의 코칭 경험을 존중하는 방법과 표현에 대해 더 깊이 숙고해 볼 필요가 있다. 이 내용은 역량 8의 실행 지침 중 '아. 고객과 함께 세션을 종료한다'에서 조금 더 구체적으로 다룰 것이다.

코칭 합의서 (예시)

고객 △△△와 코치 ○○○은 국제코칭연맹(ICF) 및 한국코치협회의 윤리규정에 기초하여 코치와 고객 간 상호 이해를 바탕으로 코칭 합의서를 체결하며, 서로 이를 성실히 이행할 것을 약속한다.

1. 코칭 조건

- 코칭 기간: 2022년 1~3월
- 코칭 횟수: 6회
- 코칭 시간/회: 1~1.5시간
- 코칭 형태: 면대면 코칭을 원칙으로 하되, 상황에 따라 영상 또는 전화 코칭
- 코칭 보수 및 지급 기준: 코칭 회사와 별도 계약
- 기타 지원 요소: 원거리 이동 시 교통편 및 필요 시 숙박 시설 제공
- 입금 계좌번호: _____

2. 코칭 진행

코치 ○○○은 ICF와 한국코치협회의 윤리규정에 의거하여 코칭 대화에 대해 비밀을 유지하며, 외부에 사례를 공유할 경우에는 사전에 고객의 동의를 얻는다.

코치 ○○○은 고객이 코칭 세션을 통해 목적하는 바를 달성할 수 있도록 전문 코치로서의 의무와 책임을 다하며 모든 코칭 세션에 성실히 임한다.

고객 △△△는 코칭이 정신과 치료나 심리치료사들이 행하는 상담이나 치료를 대신하지 않는다는 것을 이해하며, 컨설팅이나 멘토링 방법으로 코칭하지 않는다는 것을 이해한다.

고객 △△△는 조직의 요청에 따라 코칭에 참여한다 하더라도 자발적인 의지로 코칭에 임할 것이며, 또한 자신이 내리는 결정과 행동 및 그 결과에 대해 전적으로 책임을 진다.

고객 △△△는 개인 사정으로 코칭 일시 변경을 원할 경우, 정해진 코칭 일시를 기준으로 24시간 전에 요청해야 하며, 그러지 않을 경우에는 코칭 유무와 상관없이 코칭 비용을 지불한다.

3. 합의 해지

고객과 코치는 다음의 사유에 의거하여 일방이 더 이상 코칭을 원하지 않을 경우 이를 사전에 통보하고 코칭 합의를 해지할 수 있다.

- 코치의 코칭 역량이 고객이 기대한 만큼의 효과가 없는 경우
- 고객이 코칭에 불성실하게 임하거나 코칭 시간을 지키지 않을 경우
- 고객이 다짐한 실행 계획을 이행하고자 노력하지 않을 경우

4. 기타 사항

코치는 코치 자격 취득을 위한 코칭 기록 작성에 한해 다음과 같은 고객 정보 및 코칭 세션 정보를 코칭 관련 기관과 공유할 수 있다.

- 고객명, 코칭 일시, 코칭 비용 유료/무료 여부, 코칭 형태, 연락처 등

코칭이 중도에 해지될 경우, 고객과 코치는 상대방이 제공한 모든 자료의 폐기를 요청할 수 있고, 상대방은 이에 응하여야 한다.

고객 △△△와 코치 ○○○은 위 내용에 동의하며, 코칭 세션을 진행하는 데 있어서 서로에게 소중한 시간이 될 수 있도록 최선을 다할 것을 약속합니다.

(날짜) _____

코치: _____(서명)　　전화번호: _____
E-mail: _____
고객: _____(서명)　　전화번호: _____
E-mail: _____

코치와 고객이 코칭 합의서를 작성할 때 다음과 같은 항목들을 고려해 볼 수 있다.

- 코칭의 목적 및 기능: 코칭이란 무엇이며, 코칭이 아닌 것은 무엇인가?
- 합의된 코칭 프로세스
- 전반적인 코칭 계획과 목표(코칭을 통해 이루고자 하는 것)
- 코치와 고객의 기대와 책임(누가, 언제, 무엇을, 어떻게 할 것인지)
- 세션 수(_____개월 동안 _____개 세션)
- 세션 빈도(주 _____회)
- 세션의 길이(30분, 1시간, 2시간 등)
- 코칭 방법(면대면 코칭, 전화 또는 화상 코칭)
- 비밀유지(개인정보는 비공개, 코칭 내용의 공개 범위)
- 코칭 일정 변경에 관한 합의
- 누락된 세션에 대한 조처(추가 코칭, 비용 처리 등)
- 코칭 비용 및 지급 방법(세션당 또는 전체 비용, 지급 방법 등)
- 서명된 합의서 등

5. 전문 코치 평가 지표 PCC Markers

다음의 평가 지표는 전문 코치PCC 수준에서 코칭 대화를 할 때 보여 주어야 하는 핵심 역량을 반영한 것이다. 이것은 코칭 핵심 역량 개발의 맥락 안에서 사용되어야 한다. 그리고 이것을 전문 코치PCC 인증 시험을 통과하기 위한 형식적인 체크리스트로 간주해서는 안 된다.

- 역량 3. '합의를 도출하고 유지한다'의 평가 지표
  - 3.1: 코치는 고객이 세션에서 이루고자 하는 것을 결정하고 재확인하는 데 도움을 주는 파트너 역할을 한다.
  - 3.2: 코치는 고객과 함께 세션에서 달성하고자 하는 것에 대한 성공 척도를 결정하거나 재확인하는 데 도움을 주는 파트너 역할을 한다.
  - 3.3 : 코치는 고객이 세션에서 달성하고자 하는 것에 대해 무엇이 중요하고 의미 있는 것인지 질문하고 탐색한다.
  - 3.4 : 코치는 고객이 세션에서 이루고 싶은 것을 성취하기 위해 무엇을 다루어야 할지를 결정하는 데 도움을 주는 파트너 역할을 한다.

핵심 요약

- 코칭 합의는 코칭 관계의 시작이다. 그것은 코칭의 시작부터 끝까지 합의된 코칭 관계로 한 방향 정렬된 상태에서 그 합의가 유지되도록 하는 힘을 제공한다.
- '합의를 도출하고 유지한다'의 핵심 요소는 다음과 같다.
    - 코칭 관계에 대한 합의
    - 전반적인 코칭 계획과 목표에 대한 합의
    - 각 세션의 목표와 목적에 대한 합의
- '합의를 도출하고 유지한다'의 기타 실행 지침은 다음과 같다.
    - 고객 및 이해관계자에게 코칭인 것과 코칭이 아닌 것에 대해 설명한다.
    - 고객과 이해관계자의 책임, 코칭 관계에서 적절한 것과 적절하지 않은 것, 제공되는 것과 제공되지 않는 것에 대해 설명한다.
    - 고객이 세션에서 달성하고자 하는 것을 함께 확인 또는 재확인한다.
    - 고객과 함께 전체 코칭 기간 또는 개별 세션에서 달성하고자 하는 목표에 대한 성공 척도를 결정하고 재확인한다.
- 코칭의 한 세션에서 가장 관심을 가져야 할 부분은 초점이 맞춰진 주제를 선정하는 것이다. 이를 위해서는 고객이 제시한 주제에 내포된 의미, 가치, 욕구 등을 탐색하는 과정이 필요하다. 더 나아가 고객이 어떤 사람으로 성장하고자 하는지 존재의 영역까지 탐색하는 과정이 필요하다.
- 초점이 맞춰진 주제가 선정되면 그 주제를 통해 얻고자 하는 결과(목적)를 명시하고, 구체적인 목표를 달성할 수 있도록 성공에 대한 측정 지표를 설정하고 점검해 나가는 과정이 필요하다.
- 코칭 합의 역량은 코칭 관계에서 코치가 파트너 역할을 어떻게 시작하고, 코칭이 끝날 때까지 그 합의를 유지하기 위한 파트너 역할을 어떻게 할 것인지에 대한 지침을 제공한다.

자기 개발을 위한 성찰 및 연습S-A-C

○ 잠시 멈추고 바라보기Stop

– 정지하고 한 걸음 떨어져 코칭의 진행 상황을 바라본다.

○ 알아차리기Aware

– 나는 코칭을 하기 전에 코칭 합의를 하는가?

– 나는 고객이 제시한 주제의 초점을 맞추기 위해 어떤 탐구 과정을 거치는가?

– 나는 각 세션의 목적과 목표를 이해하기 위해 어떤 방법을 활용하는가?

– 나는 세션 중에 고객이 원하는 방향대로 진행되고 있는지 어떻게 점검하는가?

○ 도전Challenge

– 코칭 세션을 진행하기 전에 코칭에 대한 큰 그림을 그려 보고 시작한다.

– 주제에 대한 코칭의 흐름이 애매모호할 때는 주저하지 말고 고객에게 '정말 원하는 것이 무엇인지' 물어본다.

역량 **4**

신뢰와 안전감을 조성한다

Cultivates Trust and Safety

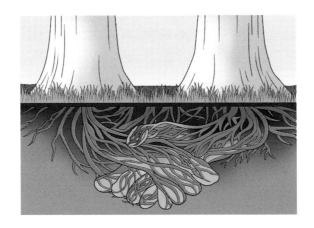

1. '신뢰와 안전감을 조성한다' 역량 이해를 위한 사전 질문

가. 코칭에서 신뢰와 안전감이란 무엇인가?

나. 코칭 관계 형성에서 신뢰와 안전감의 역할은 무엇인가?

다. 신뢰와 안전감을 느끼는 바탕에는 무엇이 있는가?

라. 신뢰와 안전감은 어떻게 쌓이는가?

마. 신뢰와 안전감의 효과는 어떻게 나타나는가?

2. '신뢰와 안전감을 조성한다'는 것은 무엇인가

'신뢰와 안전감'은 상호작용하는 관계에 있는 사람들이나 조직에서 일반적으로 사용되는 용어로, 서로 익숙하지 않거나 완전히 낯선 사람들이 서로를 평화롭고 공정하게 대할 수 있는 기반이 된다. 신뢰와 안전감은 모든 대인관계의 기초가 되며 성공적이고 의미 있는 파트너십을 구축하고 지속적으로 발전하기 위한 관계의 주춧돌이라 할 수 있다. 코칭 과정에서도 코치와 고객 사이에 원만한 코칭 관계가 형성되고 지속되기 위해서는 신뢰와 안전감이 필수적인 요소이다. 따라서 '신뢰와 안전감을 조성한다'는 역량은 코칭 과정 전체의 토대가 되는 중요한 역량이라 하겠다.

가. 신뢰信賴, trust

신뢰란 한마디로 서로 믿고 의지한다는 뜻이다. 사전적 의미로는, 다른 사람이 자신의 이익에 도움이 되거나 최소한 해가 되지는 않을 가능성에 대한 기대, 믿음, 전제를 의미한다(Robinson, 1996). 그래서 신뢰가 형성된 관계에서는 '상대방에 대한 긍정적인 태도'를 보이거나 '상대방을 믿고 기꺼이 의존하는' 모습을 보이게 된다. 신뢰는 서로에 대해 호의적인 태도, 누적된 상호관계에서 비롯된 긍정적인 감정 상태, 다른 사람이 가진 가치관의 신빙성에 대한 확신이 합쳐진 상태이다. 따라서 신뢰는 인지적 · 감정적 · 행동적 요소가 모두 포함된 개념이다.

신뢰는 무엇보다 정서와 깊은 관련이 있다. 관계 속에서 "당신을 신뢰합니다."라고 말할 때, 우리는 상대방에 대한 나의 기분이나 감정을 표현하게 된다. 상대에 대한 호감이나 평온함, 만족스러움, 즐거움, 사랑, 열정과 같은 긍정적인 기분과 정서를 반복적으로 경험하게 되면 신뢰감이 굳어지고, 이는 무조건적인 신뢰로 발전하게 된다. 반면, 오랫동안 관계를 맺어온 상태에서도 상대방에게 부정적인 정서(짜증, 불만, 분노, 좌절감 등)를 경험하게 되면 비우호적으로 평가하게 되고, 이것은 신뢰가 부족하다는 신호 역할을 하게 된다. 이와 같이 개인의 기분이나 정서는 상호 신뢰를 형성하고 이를 지속시키는 과정에서 중요한 역할을 하게 된다.

신뢰는 행동과도 관련이 있다. 조직 내 리더의 신뢰 행동 기반에 대한 연구에 따르면, 신뢰를 형성하기 위해서는 서로의 관심사를 격려해 주고, 상호 간의 기대를 명확히 하고 공유하며, 무엇을 할 수 있고 무엇을 할 수 없는지에 대한 한계를 설정하고 확인하며, 상대방에게 서로 도움을 주려는 의지를 표명하고 몸소 보여 주며, 합의한 사항을 존중하고 지키는 등의 행동을 일관성 있게 보여 주어야 한다(이주일 역, 2001).

이 연구는 리더와 팀원들 간에 계약적 신뢰를 형성하게 되는 행동 기반에

대해 다루고 있지만, 코치들에게도 많은 시사점을 준다. 코칭과 같이 파트너
십을 이루는 수평적 관계에서도 이러한 행동들은 신뢰를 형성하는 기반이 되
기 때문이다.

그렇다면 코칭에서 신뢰는 왜 중요할까? 아리스토텔레스Aristoteles는 그의 책
『수사학The art of Rhetoric』에서 설득의 3요소로 에토스ethos, 파토스pathos, 로고스logos
를 제시하였다(박문재 역, 2020). 에토스는 기본적으로 윤리성과 개인적 신뢰
성, 즉 다른 사람이 자신의 성실성과 역량에 대해 갖는 신뢰의 크기를 의미한
다. 파토스는 사람들이 나에 대해 어떻게 느끼는가에 대한 감정적 교감의 측
면이다. 로고스는 기본적으로 객관적 사실과 이성적인 논리를 말한다. 아리
스토텔레스는 설득의 과정에서 이 세 가지 요소가 전개되는 순서가 대단히
중요하다고 하였다. 먼저 말하는 사람이 믿을 만한 사람인지 그의 인품과 신
뢰성을 보여 주고(에토스), 이어서 듣는 사람의 감정이나 욕구에 호소해 마음
을 움직이고(파토스), 마지막으로 객관적 사실에 근거해 이성적인 논리(로고
스)로 설득해야 된다는 것이다.

이는 코칭 관계에도 그대로 적용된다. 코치와 고객 사이에 안전한 신뢰 관
계를 만들기 위해서는 먼저 코치로서 인품과 역량을 갖추고, 고객과 정서적
인 교감이 이루어진 후에야 비로소 효과적인 코칭이 가능하게 되는 것이다.
따라서 바람직한 코칭 관계를 형성하기 위해서는 무엇보다 먼저 코치에 대한
신뢰가 확보되어야 한다.

신뢰는 사람들로 하여금 자아 실현을 위해 긍정적이고 건설적으로 행동하
게 한다. 신뢰는 타인의 의도나 행동에 대한 긍정적인 기대에 근거하여, 상대
를 믿고, 의지하며, 상대방과 함께 하는 것 자체를 긍정적으로 여기고, 자신
의 취약성을 수용하는 심리적 상태를 갖게 만든다(Rousseau et al., 1998). 타
인에 대한 신뢰를 갖게 되면 상호관계에서 감정적으로 교감하게 되고, 그 후
에 이론이나 논리적 사고를 통한 교감도 가능하게 되어 보다 깊이 있는 소통
을 할 수 있게 된다. 코칭 관계에서 마찬가지로 코치에 대한 신뢰가 형성되면

고객은 긍정적인 정서를 갖게 되고, 자신의 취약성을 수용할 뿐만 아니라 자신의 말과 행동에 대해 강한 책임의식을 갖게 된다. 이렇게 신뢰 관계가 형성되면 이는 심리적 안전감으로 연결된다.

나. 안전감 safety

안전이란 기본적으로 위험하지 않은 상태를 말하며, 위험에 대한 불안과 이로 인한 불편을 느끼지 않는 편안한 상태를 의미한다. 신뢰와 더불어 코칭 관계의 기초가 되는 것이 바로 심리적 안전감 psychological safety이다. 심리적 안전감은 "자신의 의견이나 아이디어가 쉽게 거절되거나 부정적으로 인식되지 않을 것이라고 공유된 신뢰감"이다(Carmeli & Gittell, 2009). 심리적 안전감은 누군가에 의해 감정 조절이 된 초기 경험에서 시작하여 관계 안에서 믿음으로 발전되어 간다(권혜경, 2016).

안전감은 인간이 생존하기 위해서 반드시 충족되어야 하는 요소이다. 우리의 뇌는 생존에 필요한 본능적 기능을 관장하는 뇌간, 감정과 기억을 관장하는 변연계, 그리고 사실, 생각, 판단의 이성을 담당하는 신피질로 구성되어 있다. 뇌의 가장 안쪽에 위치한 뇌간은 생명의 자리라고 불리며, 호흡이나 심장 활동, 체온 조절 등 생명 유지에 필요한 모든 신경이 모여 있는 곳이다. 생명의 중추인 뇌간은 기본적인 반사 작용 외에도 좀 더 복잡한 감정 반응을 처리하기 위해 전문화된 변연계와 밀접하게 연결되어 감정을 처리에도 관여한다. 그리고 변연계는 신피질과 연관되어야만 기능을 발휘할 수 있다 (Maclean, 1998).

그런데 뇌간, 변연계, 신피질이 원활하게 작동하기 위해 가장 필요한 것이 바로 '안전감'이다. 생존의 위협이 없을 때 안전감이 생긴다. 이 신체적 안전감은 정서적 안정감에 영향을 미치고, 정서적 안정감은 이성적 사고를 비롯하여 언어 및 고차원적 사고 능력을 발휘하는 데 영향을 미친다. 따라서 안전감은 인간의 신체 활동과 뇌 활동에 영향을 미치는 가장 기본적인 감정이라 할 수 있다.

코칭 관계에서 고객이 안전감을 느끼려면 코치가 자신의 에고를 내려놓고 주관적인 판단, 해석, 충고, 비난을 하지 않아야 한다. 고객을 무조건적으로 존중하고 수용하는 태도로 고객의 말과 의견, 아이디어를 적극적으로 경청하고 공감하며 긍정적으로 반응해야 한다. 이를 통해 심리적 안전감을 느끼게 되면 고객은 어떤 말과 의견, 아이디어도 스스럼없이 이야기할 수 있게 되고, 코칭 관계에서 공유된 확신감을 바탕으로 솔직한 대화를 할 수 있게 된다. 이처럼 코치가 고객을 존중하고, 있는 그대로의 모습을 수용할 때, 고객은 코칭 관계에 대한 믿음이 커지고 심리적 안전감을 느끼게 된다.

3. '신뢰와 안전감을 조성한다'의 정의 및 핵심 요소

가. 정의

고객과 함께, 고객이 자유롭게 나눌 수 있는 안전하고 지지적인 환경을 만든다. 상호 존중과 신뢰 관계를 유지한다 Partners with the client to create a safe, supportive environment that allows the client to share freely. Maintains a relationship of mutual respect and trust.

코치는 고객과 함께 상호 존중하고 신뢰하는 관계를 유지함으로써 안전하고 지지적인 코칭 환경을 만들어 갈 수 있다. 이를 위해 코치가 해야 할 일은 다음과 같다.

첫째, 고객을 판단하거나 비난하지 않고 무조건적인 존중의 태도로 일관되게 대화에 임해야 한다. 코치는 고객을 있는 그대로 수용하고 인정하는 모습을 보여야 한다. 칼 로저스Carl Rogers는 사람이 온전히 이해받고 수용될수록 자신의 거짓된 태도를 버리고 점점 앞으로 발전해 나가는 경향이 있다고 하였다(이주은 역, 2009). 코치의 수용과 인정은 고객으로 하여금 자신을 조금 더 드러내고 공개하도록 촉진함으로써 신뢰 관계를 강화하는 중요한 요소가 된다.

둘째, 고객의 언어, 표정, 몸짓, 태도 등에 주의를 기울이며 지속적으로 말로 패러프레이징paraphrasing하고 공감과 경청을 해야 한다. 코치가 고객의 내면에 깊은 곳에 있는 의도, 가치, 욕구까지 적극적으로 듣는 3단계 경청을 할 때 고객은 안전하고 지지적이라고 느낄 수 있다.

셋째, 코치는 자신의 말과 행동에 일관성이 있어야 하며, 고객에 대한 비밀 유지 약속을 성실하게 이행해야 한다. 또한 코치는 고객과의 신뢰 관계 안에서 믿음이 깨지지 않도록 정직, 진실성, 정의, 우정, 약속, 원칙 등을 준수해야 한다. 코치가 이런 태도로 지속적이고 반복적으로 상호작용을 하면 고객은 코치에 대해 긍정적인 감정과 기대를 갖게 된다.

넷째, 코칭은 파트너 관계를 맺는 것이다. 코치는 고객의 위에 있는 스승이나 멘토가 아니라 고객과 동등하고 수평적인 관계에 있음을 늘 상기해야 한다. 코치가 파트너십을 가지고 고객을 위해 도움이 되고 보탬이 되고자 노력하는 협력적 태도와 행동을 보일 때 상호관계에서 안전감과 믿음이 강화된다.

이와 같은 방법으로 안전하고 지지적인 코칭 관계를 만들면 고객은 허심탄회하게 자신의 이야기를 할 수 있게 되고, 그로 인해 코칭 대화가 한층 더 깊고 풍부해진다. 고객이 표현하는 모든 말과 표정, 몸짓 등은 코칭 대화의 중요한 리소스resource이다. 코칭의 주재료인 고객의 리소스가 자유롭게 표현되고 풍부해질 때 고객은 이 리소스를 재인식, 재결합하여 새로운 자각과 통찰을 불러일으킬 수 있다. 그리고 이를 통해 코칭의 궁극적 목적인 고객의 변화와 성장이 일어날 수 있다. 따라서 고객이 느끼는 안전하고 지지적인 환경 조성은 결국 코칭의 리소스를 확보하는 측면에서 매우 중요한 조건이라 할 수 있다.

'신뢰와 안전감을 조성한다'의 핵심 요소는 다음과 같다.

1) 안전하고 지지적인 환경을 구축한다Creates a safe, supportive environment.
2) 전인으로서의 고객을 존중한다Respects whole person of the client.
3) 코칭 과정에서 고객의 작업을 인정한다Acknowledges the work of the client in the process.

나. 핵심 요소

1) 안전하고 지지적인 환경을 구축한다Creates a safe, supportive environment.
고객이 안전하고, 지지적이라고 느끼는 코칭 환경을 만들기 위해 코치는 다음과 같은 사항들을 고려해야 한다.

- 코칭 계약을 맺을 때 세심하게 합의 사항을 정해야 한다.
- 코칭을 하기 전이나 진행하는 과정에서 코치 자신이 어떤 인상으로 보일지 생각해 볼 필요가 있다. 대면 코칭을 할 때 코치의 복장이나 자세, 차림새,

인상, 건강 같은 외모도 중요하다. 또한 대화를 진행함에 있어 너무 과하지 않은 제스처를 보이는 것도 필요하다.
- 코치가 지속적이며 일관성 있게 코칭 합의를 의식하고 이를 지키고 있음을 보여 주어야 한다.
- 코칭 시간과 장소를 정할 때 고객이 안전감을 느낄 수 있는 환경에서 코칭을 해야 한다.
- 코치는 고객과의 관계에서 신뢰를 구축하는 라포rapport를 형성해야 한다.

라포는 사람과 사람 사이에 생기는 상호 신뢰 관계를 말하는 심리학 용어이다. 서로 마음이 통하여 어떤 일이라도 터놓고 말할 수 있거나, 말하는 것이 감정적으로나 이성적으로 충분히 이해되는 상호관계를 말한다. 라포가 형성되면 고객은 코칭 대화의 리소스인 자신에 대한 더 많은 생각, 감정, 경험 등을 이야기할 수 있다. 라포를 형성하는 좋은 방법은 먼저 편안한 분위기에서 가벼운 대화로 시작하는 것이다.

- 코치 자신이 고객에게 매우 협력적인 마음을 가지고 있다는 것을 보여 주어야 한다. 동시에, 보다 나은 결과를 얻기 위해서는 고객도 협조적인 태도를 임하는 것이 중요함을 알려 주어야 한다.

- 코치는 깨어 있는 상태로 코칭이 일어나는 시간과 공간에 대해 알아차려야 한다. 코칭 공간 안에서 고객이 긴장하고 있는지, 경계 태세로 있는지, 코칭 대화에 온전히 참여하며 코칭 대화를 즐기고 있는지, 혹은 무기력한 상태로 있는지 알아차려야 한다.

- 고객의 전반적인 감정 상태는 어떤지, 행동하려는 동기가 있고 에너지 수준이 높은지에 대해서도 알아차려야 한다. 그리고 이러한 알아차림을 공유함으로써 코치가 지금 고객에게 온전히 몰입하고 있음을 보여 주어야 한다.

- 알아차림은 그 자체로 고객에 대한 긍정적이고 정서적인 표현이다. 고객은 자신의 감정이나 생각을 알아차려 주는 코치를 통해 자신이 관심받고, 존중받고 있음을 느끼게 된다. 이러한 코치의 알아차림이 고객을 위한 지지적 환경을 구축한다.

- 고객을 무조건적인 긍정의 시각으로 바라보는 것은 지지적 환경을 구축하는 중요한 요소이다.

- 안전한 환경을 조성하는 것은 현재 진행되고 있는 코칭 세션의 영역을 훨씬 넘어선다. 즉, 고객이 현재의 이슈를 넘어 '목표 너머의 목표'를 바라볼 수 있을 때 안전감을 가질 수 있다.

필자는 그룹원 6명과 3일(21시간)간 연속으로 진행되는 온라인 그룹 코칭을 진행한 적이 있다. 그 과정에서 무조건적인 긍정적 수용과 공감, 인정과 칭찬이 얼마나 큰 심리적 안전감과 신뢰를 구축하고, 고객을 변화시킬 수 있는지 온몸으로 체험할 수 있었다.

그룹 코칭이 시작된 첫 날은 대부분의 참가자가 질문에 답하거나 과정에 참여하는 것을 어색해 하며 소극적인 태도를 보였다. 그룹에게 과제를 부여했는데, 주어진 과제를 하지 않고 자신의 현재 업무 상황으로 과제를 해결하는 실수를 한 참가자도 있었다. 하지만 코치로서 그의 실수를 비난하지 않고 무조건적인 긍정과 수용의 태도로 "자신의 일을 정말 사랑하는 분"이라고 칭찬하며 다른 참가자들과 함께 격려의 박수를 보내 주었다. 그러자 그 결과는 놀라웠다. 2일차 아침이 되니 소극적이고 어두웠던 분위기는 사라지고 참가자들의 표정이 한결 밝아졌다. 그리고 자신의 컴퓨터 환경을 바꾸어 코칭에 적극적으로 참여하는 분위기가 형성되었다. 3일차에는 참가자 30명 전원의 얼굴을 화면으로 볼 수 있었는데, 필자의 그룹뿐만 아니라 모든 참가자들의 표정이 놀라울 정도로 밝아지고 자신감이 느껴졌다. 그리고 코치의 질문에 적극적으로 답하는 모습을 보며 교육 담당자가, "코치님들, 교육생들이 너무 달라졌어요!" 하며 연신 놀라움과 감탄을 표현하였다. 3일간의 집중적인 그룹 코칭 과정에서 무조건적인 긍정과 수용, 인정과 칭찬을 받은 참가자들이 보여 준 이런 놀라운 변화는 코칭 공간의 든든한 기반이 된 신뢰와 안전감이 가져다준 효과라 하겠다.

특히 안전한 코칭 공간을 만들기 위해 코치가 보여 주는 지지는 아무리 강조해도 지나치지 않다. 지지적 환경을 구축하는 것과 관련하여 인본주의 심리학자 칼 로저스는 상담자가 내담자를 '무조건적인 긍정의 시각unconditional positive regard'으로 인식하는 것에 대해 강조하였다(이주은 역, 2009). '무조건적'이라는 말은 고객을 평가하거나 배제하지 않고 조건 없이 수용한다는 뜻이다. 또한 고객의 특별한 행동, 감정, 성향을 비판하거나 부정하지 않음을 뜻한다.

즉, '나는 그 사람을 좋아할 수 없다.' 또는 '나는 그들이 한 일에 대해 결코 찬성하지 않을 것'이라는 태도를 갖지 않는 것이다. 반면, '긍정적인 시각을 갖는다.'는 것은 고객이 자신이나 또는 자신의 생각, 태도 및 자기 주도적 행동을 변화시키기 위한 방대한 자원을 가지고 있음을 믿는 것이다. 고객은 자신의 상황에 적절한 방법을 선택하고 행동할 수 있는 사람이라고 믿을 때 고객을 존중할 수 있게 된다.

코칭에서는 고객을 '문제를 가진 대상'으로 보지 않는다. 고객은 자기 문제에 대한 전문가이며 자신의 문제를 발견하고 해결하는 주체이다. 따라서 코치는 고객이 느끼는 감정들(혼란, 두려움, 분노, 노여움, 용기, 사랑, 자존심 등)을 있는 그대로 표현하도록 허용하고, 고객의 존재와 그의 능력을 긍정적으로 바라보아야 한다. 코치가 고객을 무조건적인 긍정과 수용적인 태도로 지지할 때 고객의 변화와 성장 가능성이 더욱 커진다.

코칭 과정에서 신뢰와 안전감은 일시적이 아니라 지속적으로 유지되어야 하기 때문에 코치는 다음과 같은 질문을 사용해 이를 점검하고 확인해 볼 수 있다.

- 우리의 코칭 관계에 대해 어떤 느낌이 드시나요?
- 우리가 조금 더 솔직한 대화를 하는 데 방해가 되는 것이 있나요?
- 우리가 함께 이 문제를 어떻게 다루면 좋을까요?

〈표 4-1〉에서 신뢰와 안전감에 영향을 미치는 키워드를 살펴보고, 자신이 어느 정도의 역량을 가지고 있는지 점검해 보자. 먼저 핵심어와 그 정의를 읽어 보고, 그에 대한 자신의 현재 역량을 숫자로 표시한 후 앞으로 키워가야 할 역량을 발견하는 데 참고가 되기를 바란다.

표 4-1 신뢰와 안전감 점검

신뢰와 안전감	1	2	3	4	5
공감 · 수용: 나는 고객의 느낌이나 감정을 공감, 수용하고 서로 나눌 수 있는 안전한 분위기를 만든다.					
비밀유지: 나는 코칭에서 알게 된 고객의 정보를 타인에게 누설하거나 코칭 이외의 목적으로 사용하지 않는다.					
솔직함: 나는 고객이 자신을 알아차리도록 생각과 느낌을 솔직하게 전달한다.					
위험 감수: 나의 고객은 코칭 대화를 통해 어떤 해로움이나 손실이 생길 우려가 있음을 염려하지 않고 자신의 이야기를 솔직하게 오픈한다.					
인정, 칭찬, 격려: 나는 고객을 고무시키기 위해 지속적으로 인정, 칭찬, 격려를 해 준다.					
자기 개방: 나는 사회적 가면을 내려놓고 진정성을 가지고 고객을 파트너로 대한다.					
존중: 나는 고객의 존재 자체를 가치 있고 소중하게 여기며 그에게 관심을 가지고 반응한다.					
진실성: 나는 가식 없이 개방적인 태도로 코칭의 매 순간 나에게 흐르는 감정과 태도를 자각하고 이해하고 받아들인다.					
진정성: 나의 내면 상태와 외적으로 표현하는 것이 일치한다.					
취약성 드러내기: 나는 고객에게 나의 약점을 용기 있고 솔직하게 드러낸다.					

2) 전인으로서의 고객을 존중한다Respects whole person of the client.

전인으로서의 고객을 존중한다는 것은 고객이 가슴heart · 감성, 정신mind · 지성, 육체body · 체성, 영혼spirit · 영성을 가진 온전한 전인全人적 존재임을 알고 그렇게 대한다는 뜻이다. 따라서 코치는 고객의 문제와 마주 앉아 있는 것이 아니라, 이 네 가지 측면이 내재되어 서로 영향을 주고받고 있는 한 사람과 만나고 있음을 알고 고객을 전인으로서 존중해야 한다.

고객이 가지고 있는 꿈과 비전, 삶의 목적과 의미, 희망 등은 영성 차원의 욕구에서 비롯된다. 열정은 가슴에서 나오며 여러 감정들과 연결되어 있다.

배우고 성장하고 발전하려는 욕구는 지성에서 나
오며 건강한 신체를 통해 이를 실현할 수 있다. 이
처럼 코칭의 주제는 고객과 분리되어 있지 않고,
이 네 가지 측면에서 고객의 삶과 밀접하게 연결
되어 있다. 따라서 고객을 도와주려는 마음으로
고객의 말을 들리는 그대로 듣는 경청 수준에서
고객이 가져온 문제에만 초점을 맞추어서는 안 된다. 예를 들어 비즈니스 코
칭을 할 때 고객의 신체, 감정, 영혼의 소리를 언급하는 것을 꺼리고 오로지
지성과 논리에 기반한 실용적 해결책만을 찾으려고 하는 것은 아닌지 성찰해
보아야 한다. 코치는 고객의 삶 전체를 바라보고 여러 수준의 경청을 하면서
고객을 온전한 전인적 존재로 대하고 존중해야 한다.

사례

팀장: 제가 리더십 진단에서 왜 이렇게 안 좋은 점수를 받았는지 이유를
모르겠고, 솔직히 결과를 그대로 받아들이기가 어렵습니다.

코치: 그러시군요. (이유를 탐색하는 질문으로 빠지지 않고) 그래서 요즘
어떤 마음이신지요?

팀장: 억울하고 답답하고 속상합니다.

코치: 예, 정말 억울하고 답답하고 속상하시겠습니다. 지금 그 감정이 몸
의 어디에서 느껴지시나요?

팀장: 가슴이요. 가슴이 답답합니다.

코치: 그러면 잠시 가슴에 손을 올려보시겠어요? 어떤 느낌이 드세요?

팀장: 답답한 마음이었는데, 의외로 따뜻함이 먼저 느껴지네요. 제 심장
이 뛰고 있어요.

코치: 그 뛰고 있는 따뜻한 심장은 어떤 느낌인가요?

팀장: (잠시 침묵) 저를 위로하고 안아 주는 느낌이에요. 괜찮다고 하네요.

코치: 괜찮다는 것은 어떤 의미인가요?

팀장: 너무 감정적으로 흔들리지 말고 제 삶의 본래 목적에 충실하면 된다고 하네요.

코치: 팀장님은 삶의 목적을 가진 분이시군요. 팀장님 삶의 본래 목적은 무엇인가요?

팀장: 주변 사람들에게 선한 영향력을 미치는 것입니다.

코치: 그러시군요. 선한 영향력을 미친다는 것은 팀장님에게 어떤 의미가 있나요?

팀장: 입사할 때 입문 교육에서 사명선언서를 만들었는데, 그때 적은 저의 사명은 '선한 영향력을 미치는 사람'입니다. 그게 제가 삶을 살아가는 이유이고, 궁극적인 목표이기도 합니다.

코치: 와~! 사명선언서를 가지고 계시고 그것을 실천하는 삶을 살고 싶으시군요. 사명선언서를 가진 팀장님이 지금 힘들어하는 팀장님에게 한마디 한다면 뭐라고 말할 것 같나요?

팀장: 이 또한 성장의 과정이니 감정을 잘 다스리고 선한 영향력을 미치는 리더가 되기 위해 노력하라고 하네요. 그리고 이번 결과를 차분히 분석해 보라고요.

코치: 네, 이제 얼굴이 좀 밝아지시고 마음도 한결 편안해지신 것 같네요. 그러면 진단 결과를 함께 살펴볼까요?

이 사례에서 코치는 고객의 말을 듣고 바로 이유를 탐색하는 코칭으로 전개하지 않고, 고객을 전인적인 존재로 바라보며 폭넓게 접근하고 있다. 먼저 고객의 감정을 살펴보고, 이어 신체 감각을 느끼며 내면의 소리를 듣게 하고, 나아가 영적 차원인 삶의 목적을 상기하여 자신이 진정으로 원하는 것을 알아차리게 하였다. 그 후 평온해진 감정 상태에서 지성을 온전히 발휘할 수 있는 준비가 되었을 때 비로소 이유를 탐색하고 분석하는 코칭을 시작함으로써 전인으로서의 고객을 존중하는 모습을 보여 주고 있다.

3) 코칭 과정에서 고객의 작업을 인정한다 Acknowledges the work of the client in the process.

코칭 과정에서 고객의 작업이란 코칭 목표를 이루기 위해 고객이 코칭의 전 과정에서 행하는 모든 생각과 말과 행동, 판단, 도전, 노력 등의 총체적인 모든 활동을 의미한다.

고객은 코칭 과정에서 분노, 원한, 걱정거리, 불공평 같은 다양한 생각과 감정을 표출할 수 있다. 그리고 때로는 눈을 크게 뜨고 꿈을 꾸게 하는 다른 세상 이야기를 할 수도 있고, 제한 없이 도전하는 등 하고 싶은 모든 작업을 할 수 있다. 코치는 고객이 코칭 과정에서 보여 주는 모든 생각과 감정을 존중하고 인정해야 한다.

코칭 과정에서는 실패가 새로운 학습의 디딤돌이 되며, 반드시 어떻게 해야 한다는 절대적인 규정이 없다. 코칭 과정에서 각 단계의 목표가 이루어지지 않으면 다시 돌아가서 작업하면서 고객의 모든 작업을 인정하고 지속적으로 지원하는 시스템이다. 예를 들어, 실행 계획을 세우는 단계에서 고객이 정말 원하던 목표가 아니었음을 깨닫게 된다면 코치는 그 새로운 발견을 이룬 고객의 작업을 인정하고 격려하며 다시 목표 설정 단계로 돌아가 코칭을 계속하면 되는 것이다.

코칭 과정에서 코치는 고객이 이루고자 하는 목표나 특정한 일련의 행동에 완전히 얽매이지 않고 떨어져 있어야 한다. 고객이 원하는 결과를 향해 앞으로 나아가는 한, 코치는 그들이 원하는 곳으로 가기 위해 어느 길로 가야 하고, 얼마나 속도를 내야 하며, 언제 방향을 바꿔야 하는지 등에 대해 신경 쓰지 않아도 된다. 코칭은 코치가 무엇을 도와주고 해결해 주는 과정이 아니라, 고객이 스스로 무엇을 작업하고 창조하는 과정이기 때문이다. 따라서 코칭 세션 동안 고객이 주체가 되어 작업하고 발견해 낸 자신의 강점과 활용법, 그리고 고객이 관심과 믿음을 갖고 추진해 나가려 하는 것 등에 대해 아낌없이 충분한 인정과 지지를 해 주어야 한다.

이처럼 코칭 과정에서 고객의 작업을 인정하는 것은 매우 중요하다. 왜냐하면 코칭의 과정은 다른 교육 기법이나 의사소통 기법과 달리 코칭 과정 전반에서 고객이 주도성을 갖고 작업하며 수평적인 대화 과정을 통해 진행되기 때문이다. 코칭 과정은 일반적으로 목표를 명확히 하는 단계, 현재 상태를 파악하고 진정으로 원하는 것을 인식하는 단계, 원하는 것을 얻기 위해 대안을 찾는 단계, 실행 계획을 세우는 단계, 실천을 약속하고 피드백하고 축하하는 단계 등으로 구성된다. 이런 단계들로 구조화된 코칭 대화 과정을 통해 목표를 향해 가는 대화의 틀이 제공되어 대화의 목적과 방향을 잃지 않게 해 준다. 또한 고객의 관심사, 욕구, 감정 상태 등에 대한 충분한 정보를 얻을 수 있으며 즉각적인 코칭 결과를 얻기에도 용이하다. 따라서 코칭 과정 전반을 고객이 주도하게 하고, 그 과정에서 고객의 작업을 인정해 주어야 코칭이 효과적으로 이루어질 수 있다.

4. '신뢰와 안전감을 조성한다'의 실행 지침

가. 고객의 정체성, 환경, 경험, 가치, 신념 등의 맥락 안에서 고객을 이해하려고 노력한다.

나. 고객의 정체성, 인식, 스타일, 언어를 존중하고 고객에 맞추어 코칭한다.

다. 코칭 과정에서 고객의 고유한 재능, 통찰, 노력을 인정하고 존중한다.

라. 고객에 대한 지지, 공감, 관심을 보여 준다.

마. 고객이 자신의 감정, 인식, 관심, 신념, 제안하는 바를 그대로 표현하도록 인정하고 지원한다.

바. 고객과의 신뢰를 구축하기 위해 코치의 취약성을 드러내고 개방성과 투명성을 보여 준다.

가. 고객의 정체성, 환경, 경험, 가치, 신념 등의 맥락 안에서 고객을 이해하려고 노력한다 Seeks to understand the client within their context which may include their identity, environment, experiences, values and beliefs.

코칭 공간에 신뢰와 안전감이 조성되려면 무엇보다 코칭 대화를 통해 고객에 대한 충분한 이해가 이루어져야 한다. 다시 말해, 고객의 정체성, 환경, 경험, 가치, 신념 등의 맥락에서 종합적인 이해가 이루어져야 한다.

맥락은 '사물의 서로 잇닿아 있는 관계나 연관'을 의미한다. 맥락적 이해 contextual understanding 란 어떤 말이나 글의 전후 맥락을 모두 고려하여 이해한다는 뜻이다. 고객은 그가 하는 말뿐만 아니라, 그 사람을 구성하고 있는 다양한 요소들과 수많은 상호작용을 하며 밀접한 관계 안에 존재하고 있다. 따라서 고객이 지나가듯 툭 던지는 한마디에도 맥락적인 의미가 담겨 있다. 이러한 전체적인 맥락을 이해해야 고객을 충분히 이해할 수 있고, 또한 고객 스스로 자신을 재인식하고 그 상황에서 빠져나와 알아차림을 통해 새로운 전환을 하는 계기가 될 수 있다.

맥락적 이해를 하기 위해서는 먼저 상대방이 말로 표현한 내용의 속뜻을 유추해야 한다. 즉, 대화 내용의 핵심을 파악하기 위해서 단순한 언어 메시지 이외의 요소들에도 관심을 기울여야 한다. 특히 우리가 나누는 코칭 대화에서 맥락을 고려하지 않고 고객의 언어 메시지 자체만 이해한다면 많은 오해를 불러일으킬 수 있다. 예를 들어, 고객이 '죽겠다'고 말할 때 고객의 정체성, 환경, 경험, 가치, 신념에 따라 전후좌우로 다양한 해석이 가능하다. 현재 상황이 죽을 만큼 힘드니 도와달라는 말일 수도 있고, 반대로 갑자기 상황이 좋아져서,

기뻐서, 웃겨서 죽겠다는 말일 수도 있다. 따라서 어떤 말의 의미를 정확히 파악하기 위해서는 그저 들리는 대로 듣는 것이 아니라 그 단어와 연결된 전후 맥락을 고려하여 고객이 말하려는 속뜻을 정확하게 이해해야 한다.

그렇다면 맥락의 중요한 구성 요소들은 무엇일까? 코칭 대화에서 고객의 스토리나 감정 상태와 연관된 맥락은 비교적 이해하기가 쉽다. 그런데 고객이 자신을 어떤 사람이라고 정의하는지를 말해 주는 정체성, 고객을 둘러싸고 있는 환경, 고객이 지금까지 겪어온 경험, 고객이 가지고 있는 가치와 신념 등의 맥락은 놓치기가 쉽다. 이 요소들은 특히 고객이 이루고자 하는 꿈과 목표, 그리고 고객의 행동에 가장 큰 영향을 미치는 요소들이며, 이를 파악하기 위해서는 높은 수준의 경청 스킬이 요구된다. 예를 들어, 자신의 정체성을 유능하고 마음먹은 것은 반드시 해내는 사람이라고 생각하는 고객과, 반대로 자신은 무능하며 뭘 해도 안 되는 사람이라고 생각하는 고객은 코칭 과정에서 상당히 다른 실행 결과를 가져올 수 있다.

고객을 둘러싸고 있는 환경에 대해 존 듀이John Dewey도 의견을 같이 한다. 경험주의자였던 존 듀이는 인간과 환경과의 지속적인 상호작용을 통해 경험이 계속 개조되는 과정이 인간의 갱신 과정이며, 이것이 곧 발전하는 생활이자 성장이라고 하였다(정회욱 역, 2010). 따라서 고객이 어떤 환경에서 어떤 경험들을 축적해 왔는지 이해하는 것은 현재의 고객을 이해하는 데 매우 중요한 정보가 된다.

사례

코치: 팀장님은 리더로서 가장 중요한 역할이 무엇이라고 생각하시나요?

고객: 글쎄요……. 제 생각엔 최소한의 노력으로 주어진 일들을 문제없는 수준에서 처리하는 거라고 생각합니다. 너무 적극적으로 많은 일을 하면 힘들어지니까요. 많은 조직에서 리더들이 그렇게 생각하지 않나요?

코치: 최소한의 노력으로 문제없이 일을 처리하되 일을 너무 많이 하지 않
   는 것이 좋은 리더라고 생각하시는군요. 사실 제가 지금까지 만나본
   리더들 중에 그렇게 말씀하시는 분이 많지는 않았습니다만, 팀장님이
   그렇게 생각하시게 된 배경에 대해 좀 말씀해 주실 수 있으실까요?

고객: 아, 그래요? 저는 다른 사람들도 대부분 저처럼 생각할 줄 알았는데
   요. 제가 이 조직에서 25년째 근무하고 있는데요, 저희 조직은 일을
   많이 하든 적게 하든 상관없이 정년까지 무난히 갈 수 있는 분위기
   예요 그래서 팀장이 너무 적극적으로 일을 벌이거나 일을 많이 받
   아오면 팀원들이 싫어하죠. 그러다보니 저도 모르게 일을 적게 하
   는 리더가 좋은 리더라고 생각하게 된 것 같네요. 그게 좋은 리더의
   첫 번째 조건은 아닐 텐데 말이죠.

코치: 그러셨군요. 팀장님의 말씀을 들어보니 어떤 환경과 맥락에서 그런
   생각을 하게 되셨는지 이해가 되네요.

위 사례에서 코치는 고객을 좀 더 정확하게 이해하기 위해 그의 환경과 경
험적 맥락을 파악하기 위한 질문을 던진다. 맥락을 이해하면 고객에 대한 오
해나 편견 없이 고객을 이해할 수 있게 된다. 그리고 세션을 마무리할 때도
고객의 정체성, 환경, 경험, 가치, 신념 등에 어떤 변화가 일어났는지 알아차
리고 맥락적으로 정리해야 효과적인 학습과 통찰로 연결될 수 있다.

나. 고객의 정체성, 인식, 스타일, 언어를 존중하고 고객에 맞추어 코칭한다Demonstrates respect for the client's identity, perceptions, style and language and adapts one's coaching to the client.

코치는 고객만의 독특하고 고유한 특성이라 할 수 있는 정체성, 인식, 스타
일, 사용 언어에 대한 존중을 표현하고 이에 맞추어 코칭을 진행해야 한다.

정체성은 스스로 생각하는 확고한 자기 자신의 상을 의미하며, 이는 절대적인 속성을 가진다. 정체성은 하나뿐인 삶을 어떻게 채우고 싶은지에 대한 자신만의 답이기에 옳고 그름이 없으며, 개인의 고유성으로 존중받아 마땅하다. 개인의 고유한 정체성 안에서 우리는 자신과 다른 사람들, 그리고 세상에 대한 인식의 관점을 만든다. 우리가 인식하는 이 세상 모든 것에 대해 우리는 그것을 사실이라고 믿지만, 실제로 그것은 개인의 관점에 의해 선택된 정보들로 이루어진 주관적 세계이자 고유한 자기 자신이다. 즉, 우리의 주관적 인식이 정체성을 만들고, 정체성은 나만의 주관적 관점을 만들어 낸다. 따라서 코치가 고객이 가진 정체성과 인식, 고유한 스타일과 언어를 파악하는 것은 매우 중요하다.

사례

코치: 어렸을 때 고객님은 어떤 아이였나요?

고객: 어렸을 때 저는 세상에서 가장 귀하고 사랑받는 아이였어요. 제가 3대 독자로 태어나서 부모님과 할머니의 사랑이 남다르셨거든요.

코치: 그때 세상이 어떻게 느껴지셨나요?

고객: 세상은……, 싸워서 이겨야 하는 싸움터 같았어요. 제가 1등을 하면 어른들이 많이 좋아하셨거든요.

코치: 그러면 그런 세상에서 어떻게 살아야 한다고 생각하셨어요?

고객: 부모님과 할머니를 실망시키지 않기 위해서라도 열심히 노력해서 성공하는 삶을 보여 드려야 한다고 다짐하며 살았어요.

이 대화는 『아들러 리더십 코칭』(서재진, 2020)에서 자아관, 세계관, 인생관 등 자신의 고유한 정체성과 라이프 스타일을 형성하는 '사적 논리'를 탐색해 보는 과정이다. 코치는 이 대화와 같은 과정을 통해 고객의 정체성과 라이프 스타일을 파악하고, 그 고유한 세계를 바탕으로 맞춤형 코칭을 제공해야 한다. 그리고 공감과 명료화하기articulating를 통해 고객을 지속적으로 인정하고 자신의 세계를 표현하도록 지지하여 고객이 안정감과 존중받고 있음을 느끼도록 해야 한다.

또한 코치는 고객이 사용하는 언어를 사용하는 것이 바람직하다. 언어는 사람이 존재하는 방식이다. 사람은 언어로 사고하고, 학습하며, 자신을 표현하기 때문에 언어는 우리가 생각하고 행동하는 모든 것에 영향을 미친다. 따라서 언어는 그 사람의 과거, 현재, 미래를 창조하는 원동력이며, 그 사람의 사고방식, 가치관뿐만 아니라 지금까지 어떤 삶을 살아왔는지를 보여 주는 거울이라 할 수 있다.

코치와 고객은 서로 다른 환경, 배움, 정보, 경험, 관점 등을 가지고 살아왔기 때문에 사용하는 언어와 그 함의가 서로 다르다. 따라서 코치가 고객의 관점을 이해하고 고객이 원하는 성취와 성장을 지원하려면 고객이 사용하는 언어로 소통하는 것이 가장 효과적이다. 고객이 표현한 생각과 느낌은 그의 잠재의식에 깔려 있는 과거의 기억, 경험, 지식 등에 근거한다. 고객이 직접 표현한 언어에는 고객이 원하는 것과 관련된 맥락, 관점, 가치, 가치관, 비전, 목표, 목적, 그리고 자기 존재에 관한 정보들이 담겨 있다. 그러므로 코치가 자신의 경험이나 관점으로 이해하지 않고 고객이 사용한 언어의 의미와 맥락을 이해할 때 더 직접적인 소통을 할 수 있다. 예를 들어, 고객이 "저는 영감을 주는 리더가 되고 싶습니다."라고 할 때, 고객이 말하는 '영감을 주는 리더'의 개념과 코치가 이해하는 '영감을 주는 리더'의 의미가 서로 다를 수 있다. 이럴 때는 "영감을 주는 리더란 어떤 의미인가요?"라고 물어보아야 한다. 또한 고객이 만약 "탁월한 성과를 내고 싶습니다."라고 한다면, 코치는 "탁월한 성과란 어느 정도의 성과를 말하나요?"라는 질문을 할 수 있다. 이런 직접적인 의사소통을 통해 고객이 말하고자 하는 의미를 정확하게 이해하고, 고객이 사용한 언어를 가지고 대화할 때 고객이 미처 표현하지 않은 감정, 의도, 관점 등을 명료하게 이해할 수 있다. 코칭 대화가 이렇게 진행되면 고객은 더 이해받고 안전한 느낌을 갖게 되어 무의식에 숨어 있는 의미 깊은 이야기를 꺼낼 수 있게 된다.

고객의 언어를 사용하는 가장 쉬운 방법은 고객이 한 말을 그대로 반복하거나 요약하는 것이다. 이때 가능하면 고객이 말한 단어의 순서를 바꾸지 않는 것이 좋다. 고객이 사용하는 단어와 문장에는 고객의 정체성, 인식, 스타일, 욕구, 감정, 가치관, 신념 등 그의 인생이 그대로 녹아 있기 때문이다. 그래서 고객이 사용하는 말을 그대로 반복하거나 요약해 주는 것이 중요하다. 이렇게 할 때 고객은 자연스럽게 마음을 열고 수다를 떨며 비밀스러운 이야기도 털어놓게 된다. 이를 비즈니스에 응용해 성공한 사례가 있다. 다음은 고객의 언어를 그대로 반복하는 것만으로 손님이 넘쳐나는 한의원을 만든 어느 한의사의 이야기로, 김종명 코치MCC의 칼럼에서 인용하였다.

원장의 환자 응대 방식은 놀라웠다. 원장은 환자에게 먼저 인사를 했다. 그리고 환자의 이름을 불러 주었다.

의사: 김종명 님, 안녕하세요? 오늘은 어떠세요?

환자: 어깨가 뻐근하고 콕콕 찌르는 것도 같습니다.

의사: 어깨가 뻐근하고 콕콕 찌르는 것 같으세요? 여긴 어때요?

원장은 내가 하는 말을 그대로 반복해서 말했다. 내가 하는 말을 토씨 하나 바꾸지 않고 그대로 되돌려 주고 난 후에 자기 말을 했다. 나에게만 그러는 게 아니었다. 다른 환자에게도 똑같았다. 환자에게 먼저 인사하고 환자의 이름을 불러 주었다. "○○○님, 안녕하세요? 오늘은 어떠세요?" 하는 말로 진료를 시작했다. "그렇군요. 여기가 뒤틀리기도 하고, 여기도 묵직하네요. 여긴 어때요?"

이분은 실력 있는 한의사다. 왜냐하면, 환자가 아픈 부위를 설명하면, 환자가 쓰는 단어 그대로 사용해서 되돌려 주기 때문이다. 사람들마다 아픈 부위를 설명하는 단어가 다르다. 어떤 사람은 '콕콕 쑤신다'고 말하고, 다른 사람은 '송곳으로 찌르는 것처럼 아프다'고 설명한다. 환자가 송곳으로 찌르는 것처럼 아프다고 했는데, 의사가 콕콕 찌르는 것처럼 아프다고 알아준다면 환자의 입장에선 마음에 들지 않는다. 자기 아픔을 제대로 잘 알아주지 못하는 것처럼 느껴진다. 그런데 이분은 환자의 입장에서 자신의 아픈 부위를 자기가 설명한 단어로 알아주니까 자기의 아픔을 정확하게 잘 아는 실력 있는 의사로 느껴지는 것이다. 그래서일까? 이 한의원은 항상 손님이 넘쳐난다.

이처럼 코치가 고객이 사용하는 언어를 사용한다면 고객이 편안하게 들을 수 있다. 고객이 상황과 사람을 묘사하고 신념과 욕구를 표현하기 위해 사용하는 단어를 듣고 이해함으로써 코치는 고객의 언어를 학습한다. 고객이 사투리를 사용하면 코치도 고객의 사투리를 받아 그대로 말하면 상호 이해가 빨라지고 더 깊은 신뢰가 형성된다. 즉, 고객의 언어를 사용하면 고객은 코치에 대해 심리적 안전감을 느끼고, 자신의 메시지가 제대로 전달되는 느낌을 갖는다.

다. 코칭 과정에서 고객의 고유한 재능, 통찰, 노력을 인정하고 존중한다Acknowledges and respects the client's unique talents, insights and work in the coaching process.

코칭 과정에서 코치가 반복해서 하는 일은 고객을 계속 지지하고 인정하고 존중하는 것이다. 지지적 피드백은 고객의 동기를 강화하고 코치와의 유대감을 형성하며 고객의 심리적 자원이 되어 고객의 학습과 성장에 긍정적 영향을 미친다. 따라서 고객의 학습과 성장을 위해서 고객이 가지고  있는 주요 자원을 파악하여 인정하고 존중하는 것은 필수적이다.

고객의 주요 자원 중 가장 먼저 파악해야 할 것이 고객의 재능이다. 재능은 개인마다 가지고 있는 고유한 힘이다. 이를 찾아 고객의 고유성을 인정하고 존중하며, 재능이 강점으로 발현될 수 있도록 도와주어야 한다. 간혹 코치의 생각과 판단에 따라 고객의 재능과 부합되지 않는 실행으로 이끌거나, 고객의 부족한 점을 찾아 보완하려는 맹점 보완 태도를 보게 되는데, 이는 좋은 코칭 과정이라 할 수 없다.

그렇다면 고객의 재능은 어떻게 알아낼 수 있을까? 가장 일반적인 방법은 표준화된 강점 진단 검사를 활용하는 것이다. 갤럽의 강점 검사clifton strengths나 VIA 강점 검사 등이 대표적이다. 표준화 검사를 사용하지 못할 경우, 코칭 대화 중에 고객을 관찰하여 재능을 파악할 수 있다. 억양이 높아지거나, 말이 빨라지거나, 어조에 변화가 많아지거나, 손짓이 많아지거나, 비유적 표현을 많이 사용하는 것은 고객이 자기의 재능을 나타내는 신호일 수 있다. 또한 과거, 현재, 미래의 질문을 통해 고객의 재능을 발견할 수도 있다.

- **과거 질문**: 과거의 활동이나 행동 중에서 가장 자랑스럽게 여기는 것은 무엇인가요?
- **현재 질문**: 요즘 가장 신나는 것은 무엇인가요?
- **미래 질문**: 가까운 미래에 소망하는 것은 무엇인가요?

과거 질문을 사용해 고객의 재능을 찾는 사례를 하나 살펴보자. 대화 중에 재능의 표지가 나타나는 부분을 찾아보기 바란다.

사례

코치: 과거의 활동이나 행동 중에서 가장 자랑스럽게 여기는 것은 무엇입니까?

고객: 음……, 중학교 때 전국웅변대회에서 특선을 한 적이 있어요. 그때를 생각하면 늘 뿌듯하고 자랑스러워요.

코치: 그렇군요. 그때 이야기를 좀 더 해 주시겠어요?

고객: 그때 저는 훨씬 전부터 웅변대회를 기다려 왔던 것 같아요. 어려서
부터 TV에서 유명한 사람들의 연설이나 강연이 나오면 저 혼자 막
따라하고 그랬어요. 그래서 링컨 대통령의 게티즈버그 연설이나 처
칠 수상의 연설을 다 외우기도 했고, 사람들 앞에서 말할 수 있는 기
회를 갖고 싶어서 반장 선거에 나가기도 했어요, 그런데 어느 날 웅
변대회 포스터를 보게 된 거예요. 그 순간, '아, 이건 나를 위한 대회
구나!' 하는 느낌이 들더라고요. 그날부터 한 달 동안 웅변대회 생각
만 하면서 계속 연습했더니 좋은 결과가 나왔어요.

코치: 그랬군요. 그때 그렇게까지 열심히 하게 된 이유가 뭐라고 생각하
세요?

고객: 저는 제가 수많은 사람들 앞에 서서 감동을 주는 연설을 한다는 것
자체가 너무 좋았어요. 그 느낌을 계속 느끼고 싶었어요. 그러고보
니 저는 사람들 앞에서 말을 할 때 에너지가 샘솟는 사람인 것 같네
요. 하하…….

　　과거 질문을 통해 고객이 자신의 재능을 인식하게 되면, 이것은 고객에게
새로운 통찰을 불러일으켜 학습과 성장으로 가는 중요한 리소스로 활용될 수
있다. 고객이 자신의 재능을 인식하면 코치는 고객의 알아차림을 심화시키
는 다양한 질문으로 연결할 수 있다.

• 그 재능을 찾고 나니 지금 어떤 느낌이 드세요?
• 재능을 찾는 대화를 통해서 자신에 대해 새롭게 떠오르는 생각이 있으
세요?
• 지금 찾으신 재능을 오늘의 코칭 주제에 적용하신다면 어떤 것을 먼저
실행해 보시겠어요?

이런 확장 질문을 통해 고객은 예전에는 미처 인식하지 못했으나 코칭 과정에서 코치와 함께한 노력을 통해 고유한 통찰을 갖게 된다. 코치는 고객의 이러한 노력과 통찰을 인정하고 존중해 주어야 한다. 그리고 고객이 코칭 과정에서 보여 준 진지한 태도, 앞으로 나아가기 위해 애쓰는 모습, 성숙한 사고, 그리고 때로는 눈물을 흘리며 토로하는 진심 어린 고백 등 고객의 노력과 통찰을 아낌없이 인정하고 존중해 주어야 한다.

라. 고객에 대한 지지, 공감, 관심을 보여 준다Shows support, empathy and concern for the client.

고객이 처한 어려운 상황에 대해 코치가 직접적인 해결책을 주거나 피상적인 위로의 말을 하기보다는, 고객의 생각, 감정, 욕구를 깊이 공감하는 말 한마디를 건넬 때 고객은 자신의 힘든 마음이 어디에서 시작되었는지 스스로 돌아보고 알아차릴 수 있는 힘을 얻게 된다. 코치가 고객을 지지하고 공감해 주면 고객은 비로소 자신의 문제와 자신의 감정을 분리해서 바라볼 수 있게 된다. "마음이 많이 힘드셨겠네요."라는 공감의 말 한마디가 고객으로 하여금 자기 자신과 자신의 감정을 분리해서 바라볼 수 있는 힘을 불어넣어 주는 것이다. 그리고 더 나아가 고객이 불안과 두려움의 감정에서 벗어나 이성적인 상태에서 자신의 문제를 바라보고, 앞으로 성장하기 위한 노력을 시작할 수 있게 된다. 반대로 자신의 마음을 공감 받지 못한 사람은 욕구불만과 자기연민, 원망 등의 감정에 발목이 붙잡혀 한 걸음 앞으로 내딛기가 쉽지 않을 수 있다. 공감을 통해 고객이 앞으로 나아가게 하는 사례를 살펴보자.

사례

팀장: 저는 솔직히 이 코칭을 받기 싫습니다. 제가 왜 이 코칭을 받아야 하는지도 모르겠고, 이 상황에 대해 화가 나네요.

코치: 아이고, 팀장님이 화가 많이 나셨네요. 지금 말씀하시는 표정에서 많이 억울하고 속상하신 마음이 느껴지는데요. 그렇게 화를 내실 때는 화가 나실 만한 억울한 사정이 있으실 것 같습니다.

팀장: 네, 저는 정말 억울합니다. 저는 저희 팀을 위해서 팀원들과 함께 새벽부터 늦은 밤까지 열심히 일했고, 이번에도 저희 팀이 1등을 했습니다. 그런데 리더십 다면평가에서 제가 왜 하위 점수를 받았는지 정말 이해가 안 갑니다. 팀원들한테 배신감만 느껴져요. 1등해서 좋다고 할 때는 언제고, 뒤에서는 저한테 이런 나쁜 점수를 줘서 코칭을 받게 할 수가 있는지 정말 화가 납니다.

코치: 그러셨군요. 정말 화가 나실 만하시네요. 그렇게 헌신적으로 일해서 팀의 성과가 좋아 모두가 기뻐했는데, 팀장님의 리더십 점수가 좋지 않은 모순된 상황에 놓이니 얼마나 화가 나시겠어요. 정말 억울하시죠. 지난 며칠 동안 팀장님 마음이 많이 힘드셨겠습니다. 그로 인해 건강을 해치지는 않았는지 염려가 되네요.

팀장: 하…… 몸도 마음도 너무 안 좋습니다. (침묵) 그런데 코치님이 제 얘기를 들어 주시고 제 마음을 이해하고 염려까지 해 주시니 기분이 조금 나아지는 것 같네요.

코치: 예, 다행입니다. 그러면, 지금까지 마음이 안 좋은 팀장님과 팀장님에게 배신감을 느끼게 한 팀원들을 이 공간에 두고 팀장님은 잠시 이쪽으로 자리를 이동해 보시겠어요? (자리 이동 후) 지금 한 걸음 떨어져서 팀원들을 바라보면 팀원들이 어떻게 보이시나요?

팀장: (낮은 목소리로) 팀원들이 좀 많이 지쳐 있네요. 1등 실적을 달성하려고 제가 이끄는 대로 달리다보니 쓰러지기 일보직전인 것 같아요. 팀원들이 그동안 많이 힘들었겠어요. (침묵) 코치님, 제가 코칭을 받을 필요가 있겠네요. 저희 팀을 이 상태로 계속 끌고 갈 수는 없고, 앞으로 상황을 개선해 나가야 할 것 같겠습니다. 도와주십시오.

코치: 와! 상황을 새롭게 인식하는 전환 능력이 정말 훌륭하시네요. 새로운 통찰을 얻게 되신 것을 축하드립니다. 저는 최선을 다해 팀장님을 돕겠습니다.

이 사례에서 코치는 고객을 일 처리를 위한 도구로 보지 않고, 욕구와 희망을 품은 존재로 보고 있다. 때로는 감정에 휩싸여 실수도 하고, 때로는 자신의 성취에 뿌듯함을 느끼는 한 사람으로 보는 것이다. 고객을 소중한 존재로 보고 존중하며 진정성 있게 지지하고 공감하는 코치의 태도는 고객이 자신을 돌아보고 문제를 이성적으로 바라보며 새로운 통찰을 얻게 하며, 이는 코칭의 흐름에 커다란 영향을 미친다.

이 지침에 포함되어 있는 'concern'은 아무 대책 없이 걱정만 하고 있는 'worry'와 달리, 걱정하는 마음은 있지만 그것에 매몰되지 않고 해결책을 찾아 조치를 취하려는 적극적인 관심과 염려의 의미를 담고 있다. 따라서 코치는 고객에게 깊은 관심과 염려하는 마음을 표현하여 고객이 혼자가 아니라 자신을 진심으로 염려하고 따뜻하게 지지해 주는 파트너가 있음을 느끼게 해 주어야 한다. 그러면 고객은 다시 힘을 내고 자리에서 일어나 행동할 수 있게 된다. 그럴 때 코칭의 스페이스도 넓어지고 서로에 대한 신뢰와 안전감 또한 커진다.

이에 더해 고객에게 지지, 공감, 진정한 관심을 표현하고 안전감을 높일 수 있는 방법으로는 미소 짓기, 눈 맞추기, 고개 끄덕여 주기, 열린 제스처, 고객의 말을 되돌려 주는 백트래킹backtracking, 고객과 보조에 맞추는 페이싱pacing, 공통점 나누기, 그리고 다음과 같이 작은 관심을 보여 주는 질문하기 등이 있다.

- 지금 마음이 어떠세요?
- 정말 걱정되거나 마음이 가는 것은 어떤 부분인가요?
- 고객님이 진정으로 바라는 미래는 어떤 모습인가요?

• 지금은 어떠신가요?

마. 고객이 자신의 감정, 인식, 관심, 신념, 제안하는 바를 그대로 표현하도록 인정하고 지원한다 Acknowledges and supports the client's expression of feelings, perceptions, concerns, beliefs and suggestions.

효과적인 코칭 대화가 진행되려면 코치는 고객이 마음껏 자신의 내면을 표현할 수 있는 안전한 코칭 공간을 만들어주어야 한다. 고객은 그 공간에서 자신의 생각과 감정, 우려, 신념, 제안 등을 표현하면서 자신에 대해 더 깊이 있게 알게 되고 내면의 소리에 귀 기울이게 된다. 그동안 어쩔 수 없는 상황으로 인해 억눌려 있던 자신의 감정이나 표현하지 못했던 생각 등을 끄집어내어 자신의 방식으로 표현함으로써 비로소 자신이 원하는 것을 알아차리고 해묵은 감정을 해소하게 된다.

이를 위해 코치는 고객이 가능한 한 많은 것을 표현하도록 북돋아 주고, 고객의 표현들을 인정하고 지지해 주어야 한다. 코치의 눈앞에 있는 고객은 온전하고 자원이 풍부하며 창의적인 존재이므로 고객이 자신의 주제를 말할 때 거기에는 이미 그만의 눈으로 보는 세계가 담겨 있다. 거기에는 지금까지 그가 살아온 경험, 수많은 생각과 감정들, 그리고 거기에서 얻게 된 인식의 틀, 신념, 의견들도 함께 섞여 있다. 고객이 가지고 온 내면의 문제를 자신의 틀로 바라보고 자신의 언어로 표현하는 고객의 독특한 방식을 코치가 알아주고 지지할 때 고객은 새로운 가능성을 찾아 나아갈 수 있다.

고객의 자기 표현을 돕는 방법으로 가장 기본적인 것은 경청과 질문이다. 자기 표현을 촉진하기 위해 코치는 다음과 같은 질문을 통해 고객이 자신의 감정선을 따라가며 솔직한 감정을 표현하고 자신이 정말 원하는 것을 스스로 깨닫도록 도울 수 있다.

- 말씀하시고 나니 지금 어떤 느낌이 드세요?
- 그 감정 밑에는 또 어떤 감정이 있나요?
- 그 감정이 고객님에게 원하는 것은 무엇일까요?

또 다른 방법으로는 고객의 개인적 인식과 신념을 확인하여 이를 활용하는 것이다. 예를 들어, 어떤 고객이 사업가로 열심히 일해 왔는데 현재 침체기를 겪고 있다. 그런데 코칭 대화 중에 고객이 젊었을 때 연극과 연기에 대한 열정이 있었고, 아직도 그 꿈을 마음에 간직하고 있다는 것을 알게 되었다. 그에게 '연극'의 의미는 다른 사람들과 사뭇 다를 것이다. 이럴 때 코치는 고객에게 다음과 같은 질문을 해 볼 수 있다.

- 연극과 연기에 대한 열정이 있었다고 하셨는데, 만약 지금 이 사업 계획을 짜는 것을 연극 한 편을 무대에 올리는 과정에 비유한다면 어떤 생각이 드시나요?
- 그렇게 어려운 상황에서도 포기하지 않고 사업을 계속하시는 진짜 이유는 무엇인가요?
- 어떤 가치관이나 신념이 있으면 자신감 있고 힘차게 전진해 나갈 수 있을까요?
- 고객님을 움직이지 못하게 하는 것은 무엇인가요?

그 외에 그림(미술치료), 소리(음악치료), 몸(연극치료, 무용치료), 글(글쓰기치료) 등 자기 표현을 촉진하는 다양한 방법을 통해 고객이 자신의 생각과 감정을 표현하고 새로운 인식과 통찰을 얻을 수 있다.

바. 고객과의 신뢰를 구축하기 위해 코치의 취약성을 드러내고 개방성과 투명성을 보여 준다Demonstrates openness and transparency as a way to display vulnerability and build trust with the client.

투명하고 열린 태도란 어떤 것일까? 투명하다는 것은 내면의 의도나 세부 사항 등을 숨기지 않고 다 보여 줄 수 있는 솔직한 태도이다. 코칭 관계에서 코치가 하는 말과 행동은 그 의도와 전달하는 메시지가 투명해야 한다. 인간 중심 상담이론을 창시한 칼 로저스는 상담자의 기본 태도로 '일치성(진실성)'을 강조하였다(이주은 역, 2009). 상담자는 말과 행동이 일치하고 겉과 속이 똑같은 진실한 사람이어야 한다는 것이다.

이를 코칭에 적용하면, 코치는 자신이 경험하고 있는 느낌을 자각하고 이해하고 수용하며 있는 그대로 자신의 모습으로 존재해야 한다. 필요할 경우 자신의 생각과 감정을 고객에게 솔직하게 표현하고 반응하며 공유할 수 있어야 한다. 예를 들어, 비즈니스 코칭에서는 고객들이 자신이 코치에게 이야기한 내용이 조직에 보고되는 것은 아닌지 불안해하는 경우가 있다. 이때 코치는 합의된 내용을 솔직하게 다음과 같이 설명해 주어야 한다. "고객님이 걱정하시는 부분에 대해 충분히 이해합니다. 코치로서 저는 코칭을 한 후에 보고서를 작성합니다. 그런데 보고서에는 고객님과 나눈 상세한 내용을 적는 것이 아니라 어떤 주제를 다루었는지만 적습니다. 고객님의 허락 없이는 코칭 대화 중에 오고간 어떤 내용도 누출하지 않을 것을 약속드립니다. 그리고 원하신다면 보고서를 인사팀에 제출하기 전에 고객님께 먼저 공유하고 동의하시면 제출하도록 하겠습니다."

코치는 또한 자신이 모르는 분야에 대해 코칭할 때 그 점을 솔직하게 말할 수 있어야 한다. "제가 이 분야에 대해 잘 모르는데, 가르쳐 주실 수 있으실까요?" 이에 더해, 특정한 생각이나 원칙에 얽매이지 않고 마음을 여는 개방적인 태도도 필요하다. 생각에 경계선을 긋지 않고 다양성을 인정하며 고객을 격려해야 한다.

이렇게 하여 투명하고 개방적인 코칭의 장이 만들어졌을 때 코치와 고객이 안심하고 서로의 취약성vulnerability, 脆弱性을 꺼내 보일 수 있게 된다. 취약성의 연구로 유명한 브레네 브라운Brene Brown은 『리더의 용기』라는 책에서 다음과 같이 이야기한다(강주헌 역, 2019). "리더가 용기를 가지려면 자신부터 자신의 부족한 부분과 취약성을 솔직하게 인정하고 완벽주의를 버려야 한다. 결국, 리더는 팀원들을 배려하고 팀원들과 어떤 식으로든 연결되어야 한다. 그 연결을 위해서 리더가 가장 먼저 해야 할 일은 자신의 취약성을 인정하고 드러내는 것이다."

이 말은 코치와 고객과의 관계에도 그대로 적용될 수 있다. 코치 역시 고객에게 자신의 취약성을 드러낼 수 있는 용기가 필요하다. 코칭의 장에서 가장 중요한 것은 코치와 고객 사이에 연결된 신뢰와 안전감을 만드는 것이다. 이 연결의 시작은 코치가 고객을 신뢰하며 자신의 취약성을 자연스럽게 드러내는 것이다. 따라서 코치는 코칭을 잘하고 싶은 마음에 자신이 완벽하고 유능한 코치라는 갑옷을 입고 코칭에 임할 것이 아니라, 오늘의 코칭 주제가 자신이 모르는 분야, 처음 접하는 경험일 수 있음을 인정하고 고객에게 허심탄회하게 자신의 무지와 취약성을 고백할 수 있는 용기를 준비해야 한다. 그리고 코치더코치coach the coach나 멘토 코칭을 할 때도 자신의 성공한 경험뿐만 아니라 실패한 경험도 편안하게 공유한다면 후배 코치들에게 좋은 귀감이 될 것이다.

5. 전문 코치 평가 지표PCC Markers

다음의 평가 지표는 전문 코치PCC 수준에서 코칭 대화를 할 때 보여 주어야 하는 핵심 역량을 반영한 것이다. 이것은 코칭 핵심 역량 개발의 맥락 안에서 사용되어야 한다. 그리고 이것을 전문 코치PCC 인증 시험을 통과하기 위한 형식적인 체크리스트로 간주해서는 안 된다.

- **역량 4. '신뢰와 안전감을 조성한다'의 평가 지표**
  - −4.1: 코치는 코칭 과정에서 고객의 고유한 재능, 통찰, 노력을 인정하고 존중한다.
  - −4.2: 코치는 고객에 대한 지원, 공감, 관심을 보여 준다.
  - −4.3: 코치는 고객의 감정, 인식, 관심, 신념, 제안을 인정하고 지지한다.
  - −4.4: 코치는 자신의 기여에 대해 고객이 어떤 방식으로든 반응하도록 초대하고, 고객의 어떤 반응도 수용한다.

핵심 **요약**

- 신뢰와 안전감 조성이란 지속적인 상호 존중과 신뢰를 유지할 수 있는 안전하고 지지적인 환경을 만들어 고객이 하고 싶은 말을 두려움이나 걱정 없이 안전하게 지지받으면서 마음껏 할 수 있게 하는 것이다.

- 코치는 고객이 온전한 전인적 존재라는 인간 이해와 철학을 바탕으로 고객을 존중해야 한다. 그러한 바탕이 코칭 역량과 연결되고 코칭에 적용될 때 고객을 이슈 중심이 아닌 존재로서 대하고 깊은 신뢰감으로 고객과 연결될 수 있다.

- '신뢰와 안전감을 조성한다'의 핵심 요소는 다음과 같다.
  - 안전하고 지지적인 환경을 구축한다.
  - 전인으로서의 고객을 존중한다.
  - 코칭 과정에서 고객의 작업을 인정한다.

- '신뢰와 안전감을 조성한다'의 기타 실행 지침은 다음과 같다.
  - 고객의 정체성, 환경, 경험, 가치, 신념 등의 맥락 안에서 고객을 이해하며, 고객의 정체성, 인식, 스타일, 언어를 존중하고 고객에 맞추어 코칭한다.
  - 코치의 취약성을 드러내는 방식의 하나로 개방성과 투명성을 보여 주고, 이를 통해 고객과의 신뢰를 구축한다.

- 코치가 고객을 '무조건적 긍정의 시각'으로 바라보는 것은 고객이 어떤 상태에 놓여 있든, 그가 느끼는 감정(혼란, 분노, 두려움, 노여움, 용기, 사랑, 자존심 등)을 있는 그대로 표현하도록 허용하고, 그것을 무조건적이고, 긍정적이며, 수용적인 태도로 지지하고 공감하고 인정하는 것이다.

- 마스터풀 코치는 오직 고객과 연결된 순간에만 일어날 수 있는 깨달음에 대한 확고한 믿음이 있기 때문에 '알지 못함'의 상태에서 편안하게 있을 수 있으며, 오히려 자신의 취약성을 드러내어 신뢰를 구축한다.

자기 개발을 위한 성찰 및 연습 S-A-C

○ 잠시 멈추고 바라보기 Stop
- 한 걸음 떨어져서 코칭하고 있는 자신을 객관적으로 바라본다.

○ 알아차리기 Aware
- 나는 고객에게 신뢰감과 안전감을 주기 위해 어떤 노력을 하고 있는가?
- 나는 코칭 과정 중에 애써 구축한 코칭 관계가 어떻게 작용하고 있는지 언제, 어떻게 점검하는가?
- 내가 고객을 인간 존재 자체로 존중하고 있음을 어떻게 알 수 있는가?
- 나는 코치로서 뭔가 하려는 의도를 내려놓고, 그냥 파트너가 되어 고객에게 안전감을 주기 위해 어떻게 코칭하고 있는가?
- 내가 코칭하려고 애쓰고 있는지, 또는 '알지 못함' 상태에서 편안한지를 어떻게 확인하고 있는가?

○ 도전 Challenge
- 코칭 관계에서 신뢰감과 안전감을 저해하는 요인을 발견하면 그것을 과감하게 제거한다.
- 상호 신뢰와 안전감이 어느 정도 수준으로 형성되었는지 고객의 솔직한 의견을 들어본다.

역량 **5**

프레즌스를 유지한다

Maintain Presence

1. '프레즌스를 유지한다' 역량 이해를 위한 사전 질문

2. '프레즌스를 유지한다'는 것은 무엇인가

3. '프레즌스를 유지한다'의 정의 및 핵심 요소

4. '프레즌스를 유지한다'의 실행 지침

5. 전문 코치 평가 지표 PCC Markers

💬 핵심 요약

🔍 자기 개발을 위한 성찰 및 연습 S-A-C

1. '프레즌스를 유지한다' 역량 이해를 위한 사전 질문

가. 프레즌스와 프레즌스 유지란 무엇을 의미하는가?

나. 코칭 관계에서의 프레즌스는 어떤 역할을 하는가?

다. 프레즌스를 유지하려면 어떻게 해야 하는가?

라. 어떻게 하면 '알지 못함'의 상태에서도 편안할 수 있는가?

마. 코칭에서 성찰의 공간을 어떻게 만드는가?

2. '프레즌스를 유지한다'는 것은 무엇인가

가. 프레즌스란

프레즌스presence의 사전적 의미는 누군가 또는 무엇인가가 어떤 장소에 '있다' '실재한다'는 뜻이다. 또는 사람(혹은 무엇)이 거기 있음으로 인해 드러나는 '존재감' 혹은 '실재감'을 표현하기도 한다. 이 단어는 사람(혹은 무엇)이 '있다' 혹은 '존재한다'는 동사로 사용되기도 하고, '있음' 혹은 '현존'과 같은 명사로 사용되기도 한다. 이와 같이 프레즌스는 존재, 존재감, 존재방식 등 상황에 따라 다양한 의미로 사용되기 때문에 단 하나의 개념으로 정의하기는 어렵지만, 대략적으로 '존재' 혹은 존재가 나타내는(드러내는) '존재방식' 혹은 '존재감' 등으로 이해할 수 있겠다(원경림, 권은경, 2019).

존재감이란 그 사람이 거기에 있음으로써 그의 존재 자체를 느끼게 하는 것이다. 특별한 말이나 행동을 하지 않아도 사람들이 그 사람을 주목하게 된다면 그것은 그의 존재감 때문이다. 어떤 사람이 그곳에 부재할 때에도 여전히 그 사람이 거기 있는 것처럼 느낀다면 그것은 바로 그의 존재감 때문이다. 존재감은 존재하는 모든 것에서 나타나지만 모든 존재가 존재 자체로 자신의 존재감을 드러내는 것은 아니다. 오히려 존재감은 그 존재가 가지는 내면적인 힘이나 의식과 관련이 있다. 한 사람이 내적인 집중을 통해 말, 표정, 자세와 동작을 일치시키면서 자신의 존재를 신뢰하고 긍정하는 내면의 힘을 가지고 있을 때 그의 존재감이 환하게 발현된다(이경식 역, 2016). 이런 사람은 자신이 가진 내적 신념과 일치한 상태로 존재함으로써 내면의 심리적 정렬을 이루고 있는 것이며 그로 인해 '지금 여기'에서 존재감을 뿜어낸다. 따라서 존재감이라고 하는 것은 한 존재가 '지금 여기'라는 시공간 속에서 자신의 느낌, 가치, 잠재력을 최고로 이끌어냄으로써 드러나는 존재의 표상이라 할 수 있다. 그러면, 코칭에서 프레즌스를 유지한다는 것이 어떤 의미인지 살펴보자.

나. 코칭에서의 프레즌스 유지

코칭에서 프레즌스는 코칭의 공간에서 고객과 상호작용하면서 온전히 고객의 파트너로 존재하는 것으로 나타난다. 코치가 역량 2에서 다룬 코칭 마인드셋을 체화하여 고객의 잠재력을 극대화하고 고객의 내면에 있는 생각을 이끌어 내는 창의적인 과정을 함께해 나가는 파트너로서 존재할 때 프레즌스가 나타난다. 그리고 코칭 관계가 계속되는 동안 코칭다운 상호작용을 함으로써 프레즌스를 유지할 수 있다.

프레즌스를 유지하기 위해 코치는 역할로서가 아니라 진정한 자기 자신으로 고객을 만나야 한다. 코치가 자신의 선입견이나 가치 판단을 내려놓고 고객의 경험을 존중하며 그 자체로 수용함으로써 프레즌스를 드러낼 수 있다.

또한 코치가 진솔한 자기 자신으로 존재하면서 다양한 감정과 태도를 말과 행동으로 표현함으로써 고객에게 코칭 관계를 제공할 때 프레즌스를 유지할 수 있다. 그러므로 '역량 5. 프레즌스를 유지한다'와 '역량 2. 코칭 마인드셋을 구현한다'는 밀접한 관계가 있다. 특히 고객 집중, 깨어 있는 의식, 호기심, 유연성, 개방성, 감정 관리, 성찰 훈련 등의 요소들은 이 두 역량에 중첩되어 있다. 역량 2에서 살펴본 것처럼, 코치로서 내면에 체화된 자신감을 가지고 고객을 인정하고, 공감하고, 반응하고, 질문하면서 고객과 함께 상호작용함으로써 코칭다운 코칭을 구현하는 것이 프레즌스를 유지하는 것이다.

또한 프레즌스를 잘 유지한다는 것은 코치가 코칭 공간에서 고객과 함께 '지금 여기'에 존재하며 고객의 말에 적절하게 반응해 주는 파트너로서 역할을 다할 때 가능하다. 프레즌스를 유지하기 위해 코치는 고객에게 필요한 알아차림을 불러일으킴으로써 고객이 통찰을 얻을 수 있는 계기를 마련해 주어야 한다. 프레즌스를 자유롭게 드러내는 코치는 관찰한 것, 직관으로 느낀 것, 고객이 말한 것에 대한 생각, 느낌, 감정 등을 중립적인 태도로 공유한다.

코칭에서 프레즌스를 유지한다는 것은 다음과 같은 내용을 포함하고 있다.

- 코치 자신이 온전히 '지금 여기'에 있는 것
- 코치와 고객이 존재와 존재로서의 만남을 위해 고객과 함께 호흡하며 함께 있는 것
- 코칭 대화 과정에서 코치의 모든 관심을 고객에게 온전히 집중하는 것
- 고객에게 집중하면서 그에 대한 선입견이나 판단을 내려놓고 고객을 온전히 느끼는 것
- 매 순간 변화하고 진화하는 코칭 대화의 흐름을 이해하면서 맥락을 유지해 나가는 것
- 현재에 충실히 존재present in the moment하면서 어떤 일이 일어나든 평정심을 유지하며 코치로서의 자신감을 잃지 않고 함께 있어 주는 것

3. '프레즌스를 유지한다'의 정의 및 핵심 요소

가. 정의
개방적이고 유연하며 중심이 잡힌 자신감 있는 태도로 완전히 깨어서 고객과 함께한다'Maintains presence' is fully conscious and present with the client, employing a style that is open, flexible, grounded and confident.

'프레즌스를 유지한다'의 정의에 있는 '개방적이고 유연하며open, flexible'라는 내용은 역량 2. '코칭 마인드셋을 구현한다'에서도 언급되었다. 이에 더해 역량 5에서는 고객과 관계 맺기를 할 때는 '중심 잡힌 태도와 자신감grounded and confident'을 갖추어야 한다는 내용이 추가되었다. 이 표현은 흔들리지 않는 굳건한 자신감 등으로 해석할 수 있다. 즉, 코치가 자신의 내적인 요인이나 외적인 상황에 흔들리지 않고 침착calm하게 코치로서 현재present에 존재할 수 있어야 한다는 것이다. 코칭 관계에서 동요되는 상황이 발생하더라도 코치는 감정적으로 흔들리지 않고 중심 잡힌 태도와 자신감을 유지해야 한다. 비유하자면, 이 나무에서 저 나무로 건너다니는 원숭이처럼 분주한 마음이 아니라, 태풍이 불어닥쳐도 뿌리와 줄기로 고요하고 굳건하게 버텨내는 나무처럼 중심이 잡힌grounded 상태를 유지하는 것이다. 따라서 코치는 고객의 변화에 따라 감정적으로 흔들리지 말고, 평안한 상태에서 고객을 대하고 그 상황을 지긋이 바라보며 반응함으로써 프레즌스를 유지할 수 있다.

'프레즌스를 유지한다'의 핵심 요소는 다음과 같다.

1) 고객에게 온전한 집중을 유지한다Maintains full focus on the client.
2) 호기심을 보여 준다Demonstrates curiosity.
3) 감정을 관리한다Manages emotions.

4) 성찰을 위한 공간을 만든다Creates space for reflection.

나. '프레즌스를 유지한다'의 핵심 요소

1) 고객에게 온전한 집중을 유지한다Maintains full focus on the client.

톨스토이Leo Tolstoy는『세 가지 질문』이라는 단편집에서 다음과 같은 질문을 던졌다(장영재 역, 2019).

"인생에서 가장 중요한 때는 언제입니까?"
"인생에서 가장 중요한 사람은 누구입니까?"
"인생에서 가장 중요한 일은 무엇입니까?"

톨스토이는 인생에서 가장 중요한 때는 '지금'이고, 가장 중요한 사람은 '지금 내가 만나고 있는 사람'이며, 가장 중요한 일은 '지금 내가 만나고 있는 사람에게 사랑을 베푸는 일'이라고 말했다. 이 세 가지 답에 공통적으로 들어가는 핵심 단어가 바로 '지금'이다. 이는 코칭에도 그대로 적용된다.

고객에게 온전히 집중하기 위해 코치는 '지금 여기'에, 즉 이 순간에 존재해야 한다. 코치가 이 순간에 집중하면 자기 중심적인 생각에 사로잡혀 참된 자신으로부터 멀어진 나를 '지금 이 순간'의 자신으로 데려올 수 있다. 코치가 고객과 함께 '지금 여기'에 존재한다는 것은 고객과 상호작용하는 공간에서 자신의 에고에 집착하지 않고 함께 있는 것이다. 그것은 고객을 판단하지 않고 고객의 말이나 비언어적 신호에 온전히 집중하고 반응하면서 코칭을 전개하는 태도와 행동을 통해 알 수 있다. 그 밖에 '지금 여기'에 고객과 함께 존재하는 코치는 다음과 같은 방식으로 프레즌스를 유지할 수 있다.

첫째, 고객이라는 존재 자체에 온전히 집중하고 수용해 준다. 고객은 자신의 내면에 있는 진정한 생각, 느낌, 가치, 잠재성을 가진 존재이기 때문이다.

그러한 시각을 바탕으로 고객을 매 순간 온전히 인식하는 상태로 있는 그대로 받아들여야 한다. 그러므로 코치는 고객과의 외적 접촉을 통한 만남보다 내적 연결을 위해 마음을 열어 놓는 것이 중요하다.

둘째, 코칭 마인드셋을 갖춘 코치로서의 프레즌스를 드러내고 유지한다. 이것은 코치가 코칭을 통해 무언가 시도하고 어떤 성과를 내보려는 의도를 내려놓고, 주제를 제시한 고객에게 온전히 집중함으로써 고객과 연결되어 있는 것을 뜻한다. 그럼으로써 고객이 자신의 무한한 가치를 탐색하는 것을 돕고, 고객 스스로 더 탁월하고 위대한 삶을 살아갈 기회를 가질 수 있도록 지원한다.

셋째, 코치는 고객과 상호작용하는 모든 방식을 통해, 고객으로 하여금 자신의 진정한 가치를 탐구하고 스스로 성장할 수 있도록 영감을 불어넣는 파트너로 존재한다. 코치를 대하는 고객이 '아, 이 코치는 나를 위해 있구나. 나를 온전히 받아주는구나. 내가 마음 놓고 이야기할 수 있겠구나.'라고 느낀다면 고객과 상호작용하는 프레즌스를 유지하고 있다고 할 수 있다.

고객과 코칭 합의를 하는 것은 코칭 관계의 시작 단계에 불과하다. 고객과 함께 앉아 코칭 프로세스에 의한 대화를 나누는 것도 코치의 프레즌스로 만나는 단계는 아니다. 코치가 고객의 성장을 위해 존재한다는 진정한 정신적 교감이 이루어질 때 비로소 고객과의 온전한 연결이 이루어지고 코치로서의 프레즌스가 드러나고 유지된다.

코치가 이와 같은 방식으로 존재할 때 코치는 매 순간 춤을 추듯 고객과 연결되고 물 흐르듯 자연스럽게 코칭 대화를 이어갈 수 있다. 코칭 대화는 준비된 각본이 없다. 고객이 한 가지 주제를 정했다고 해서 그 결과가 정해진 것도 아니다. 코칭 대화는 고객의 가치관과 정체성에 따라 고유한 방식으로 지속적으로 변화하고 발전한다. 이 집중의 순간에는 코치 자신과 고객을 제외한 다른 모든 것이 사라지는 느낌이 든다(최병현 외 역, 2019). 이것이 바로 프레즌스의 순간이다. 코치가 '지금 여기'에서 고객에게 온전한 집중하는 것을 통해 코칭이 현존한다.

2) 호기심을 보여 준다Demonstrates curiosity.

다음은 네루다Neruda의 시집,『질문의 책』에 있는 작품의 일부이다(정현종역, 2013).

나였던 그 아이는 어디 있을까?

아직 내 안에 있을까

아니면 사라졌을까

Where is the child I used to be?

Is that child still in me or

is he gone now?

여기서 '그 아이'는 처음으로 대하는 모든 사물에 대해 '천진난만한 호기심이 가득했던 어린 시절의 나'이다.

우리는 어떻게 배우고 탐구하는가? 아이들은 관심을 끄는 것이 있으면 만져 보고, 입에 넣고, 냄새를 맡으며 오감으로 대상을 탐구한다. 호기심에 가득 차 더 많은 것을 탐색할수록 아이들은 더 많은 것을 발견하고 배운다. 영국의 교육학자 켄 로빈슨Ken Robinson은 "누군가에게 창의성 주사를 놓을 수는 없다. 호기심을 자극할 수 있는 환경을 만들고 사람들을 격려하여 그들이 최대한 활용할 수 있는 방법을 제공해야 한다."라고 했다(최윤영 역, 2021). 코치들도 아이들 같은 호기심으로 매 코칭 세션을 시작할 필요가 있다.

'호기심'은 역량 2의 정의에서 먼저 강조되었고, 역량 5에서는 핵심 요소에서 다시 언급되고 있다. 호기심은 단순하고도 열린 탐구 정신이며, 배우고자 하는 열망이다. 더욱이 호기심의 중심에는 새로운 것을 발견하려는 의지가 있다. 이러한 의지야말로 고객들의 파트너로서 일하는 코치들에게는 코칭 활동의 핵심이다. 진정한 호기심은 고객에게 어떤 일이 일어나든 코치의 판단이 개입되지 않은 순수한 관심을 불러일으킨다. 호기심이 작동될 때 알아차림은 다양한 수준으로 발전할 수 있으며 긍정적인 변화로 이어진다. 그러므로 호기심은 코치들이 하는 일의 대부분에 관한 것이다.

그렇다면, 코칭에서 호기심은 왜 중요한가?

첫째, 코치의 호기심은 고객이 특정한 사고방식이나 행동 유형에 고착되어 있을 때 조금 더 넓은 시각으로 유연하게 접근할 수 있도록 도와준다. 예를 들어, 고객이 어떤 불편한 상황을 바꿀 수 없다고 생각하거나, 무언가가 작동하지 않을 거라고 미리 단정짓고 있다면, 코치는 호기심 어린 탐색 질문을 통해 고객이 고착 상태에서 벗어나는 길을 발견하도록 도울 수 있다. 그러므로 호기심은 고객으로 하여금 새로운 시각으로 상황을 재구성하고 새로운 옵션과 대안을 볼 수 있는 기회와 가능성을 가져다준다.

둘째, 고객이 제기한 문제에 대해 코치가 그 문제에 같이 빠져드는 것을 피하도록 도와준다. 호기심은 새로운 영역에 대한 관심이기 때문에 모르는 것이 허용되는 '초심자 마인드'를 갖게 해 준다. 코치의 호기심에 바탕을 둔 엉뚱하기조차 한 질문은 시각을 전환하게 하고, 공감과 감수성이 더해지면 고객으로 하여금 더 넓은 시야를 열어 준다. 그렇기 때문에 코치의 순수한 호기심은 고객에게 성찰할 수 있는 중요한 기회를 가져다준다.

셋째, 호기심은 모든 가능성의 기회를 여는 특성을 가지고 있기 때문에 고객으로 하여금 바쁘게 움직이는 생각을 멈추고 성찰의 공간을 마련해 준다. 하루하루 바쁜 삶 속에 마음의 여유가 없는 고객에게 모든 걱정을 잠시 접어두고 가만히 있을 수 있게 해 준다. 예를 들면, "좋아하는 것의 향기나 냄새를 맡을 때 어떤 느낌인가요?"라는 질문으로도 고객에게 편안한 성찰의 공간을 마련해 줄 수 있다.

결과적으로 코칭에서 호기심이 잘 작동되면 다음과 같은 효과를 거둘 수 있을 것이다.

- 호기심은 새로운 세계와 가능성을 열어 준다.
- 호기심 어린 질문일수록 그것에 답하는 사람의 마음과 태도를 능동적으로 변화시킨다.
- 호기심은 코칭에 활력을 불어넣는다.
- 호기심 어린 도전적인 질문은 성찰적 공간을 만들어 낸다.
- 호기심의 에너지는 코칭을 앞으로 나아가게 하고 새로운 길로 들어서게 한다.
- 고객에 대한 호기심은 고객 중심의 패러다임을 갖게 한다.

이처럼 코칭에서 호기심은 대단히 중요한 요소이다. 그렇다면 코치로서 호기심 어린 태도를 갖기 위해서 어떨 때 호기심이 일어나는지 생각해 보자.

- 어떤 가정도 없는 중립적인 마음일 때 순수한 호기심이 일어난다.
- 매사를 당연한 것으로 받아들이지 않을 때 호기심이 일어난다.
- 거리낌 없는 질문은 호기심을 자극한다.
- 즐겁게 배우고 가르칠 때 새로운 호기심이 생겨난다.
- 다양한 종류의 독서는 그만큼 다양한 호기심을 불러일으킨다.
- 과거의 경험들을 미래 세계에 접목시키면 새로운 호기심과 연결된다.
- 기타 호기심 개발 요소로는 새로운 곳, 다양한 곳 여행하기, 새로운 사람 만나기, 어린 아이와 놀기, 자연과 오감으로 교감하기 등이 있다.

3) 감정을 관리한다 Manages emotions.

코칭 세션에서 고객이 고민하는 이슈들은 삶에 대한 불편한 데이터로 가득 차 있는 것처럼 보이지만, 한 계단만 더 내려가 보면 복잡하고 다양한 감정들이 얽혀 있는 것을 알 수 있다. 사람들의 이슈는 수많은 감정이 씨줄과 날줄로 엮여 있기 때문이다. 코칭에서 감정은 의미 있는 표지판과 같기 때문에 코치는 자기 자신은 물론 고객의 감정과 감정의 흐름에 민감해야 하며, 자신의 감정을 조절하는 일에도 많은 관심을 기울여야 한다. 감정은 이성만으로는 느낄 수 없는 깊은 곳의 욕망을 알아차리게 하며, 용기를 내거나 도전을 직면하고 감수할 수 있게 해 주는 욕구를 촉발하기도 한다. 이처럼 감정은 삶의 더 큰 목적을 향해 가는 디딤돌이기도 하다.

　코칭에서 코치가 자신의 감정을 관리하는 것은 매우 중요하다. 감정을 관리한다는 것은 감정을 자유롭게 느끼되 감정에 얽매이지 않는 것을 말한다. 이처럼 감정을 잘 관리하면 더 강력한 관계, 더 큰 영향력, 더 나은 리더십을 얻을 수 있다.

　반대로, 감정에 얽매이거나 흔들리는 것은 마치 잔잔한 물 위에 물결이 이는 것과 같다. 물이 잔잔하면 모든 것을 있는 그대로 비추어 줄 수 있지만, 물결이 일면 모든 것이 흔들리는 물결에 왜곡되어 비치게 된다. 코칭에서도 마찬가지다. 코치가 감정적으로 흔들리면 고객이나 고객의 이슈에 대해 왜곡된 인식을 가질 가능성이 높아진다. 감정에 얽매이면 이성적인 판단이 흐려진다. 누구나 한 번쯤 감정에 빠져 나중에 후회할 일을 했던 경험이 있을 것이다. 때로는 두려움에 압도되어 미래에 정말 도움이 될 수 있는 위험 감수 행동을 하지 못한 경험도 있을 것이다. 감정은 때로 우리 인생을 좌우할 만큼 강력하다.

　한편, 감정을 관리한다는 것은 감정을 억누르는 것은 아니다. 감정을 억누르면 오히려 심리적 부작용이 생겨날 수 있다. 슬픔을 무시하거나 마음의 고통을 모른 척할 수는 있지만, 해소되지 않은 감정은 시간이 지나도 사라지지 않고 다른 형태로 드러나기 때문이다. 물론, 감정을 관리한다는 것이 말처럼 쉽지는 않다. 하지만 코칭 대화는 상대방 중심 패러다임으로 진행되기 때문에 코치의 감정 관리가 되지 않으면 고객과의 깊은 연결이 불가능하게 된다.

따라서 고객의 마음을 잘 읽고 그대로 비춰 주기 위해서는 우선 코치의 감정 상태가 평온하고 잔잔해야 한다. 코치의 감정을 잘 관리하기 위한 몇 가지 방법들을 살펴보자.

첫째, 메타인지meta-cognition를 활용하여 감정에 이름을 붙여 본다. 인간만이 가지고 있는 능력 중에 메타인지라는 것이 있다. 이것은 내가 어떤 감정을 느낄 때 자신에게서 떨어져 나와 관조적인 위치에서 그 감정을 알아차리는 능력이다. 내가 나 자신을 마치 또 다른 객체로 바라보고 살피는 것이다. 내가 기쁨을 느끼고 있으면 메타인지는 '내가 기쁨을 느끼고 있구나.' 하고 느끼고, 화가 나거나 두려움이 일어나면 '화가 나고 두려움을 느끼는구나.' 하고 인식하는 것이다. 이렇게 감정을 인식했다면 이어서 그 감정에 이름을 붙여 보라. 불안을 느끼면 '불안함'이라고 이름 붙이고, 당황스러움을 느끼면 '당황스러움'이라고 이름을 붙인다. 복잡한 감정에 휩싸여 있을 때 그게 어떤 감정인지 먼저 이해해야 정확한 이름을 붙일 수 있다. 이렇게 감정을 관조적으로 바라보고 이해하고 이름을 붙이다 보면 감정이 올라올 때 그것을 금방 알아차릴 수 있고, 알아차리면 빠져나올 수 있는 방법을 생각할 수 있다. 예를 들어, 내가 느낀 감정이 당황스러움이라면 그 감정을 의인화하여 대화로 풀어 나갈 수 있다. "당황스러움아, 내가 어떻게 도와줄까?"라는 말 한마디가 실마리가 될 수 있다. 메타인지를 활용하기 위해서 먼저 해야 할 일은 잠시 멈추고 바라보는 것이다. 생각이 멈추지 않고 감정에 매몰되어 있을 때는 메타인지가 작동하지 않는다. 그래서 메타인지는 잠깐 멈춤과 성찰 공간과 함께 작용한다.

둘째, 감정 필터를 바꿔 새로운 관점으로 바라본다. 내가 지금 현재 상황을 부정적인 느낌으로 바라보고 있다면 감정 필터를 바꿔서 다른 감정으로 느껴 보는 것이다. 어떤 모임에 참석했는데, '이 모임은 지루할 것 같네.'라는 느낌이 든다면, 감정 필터를 즐거움으로 바꿔서 다시 바라보자. '어디서든 즐기는 것은 내 몫이지. 그렇다면 오늘 어떤 재미있는 내용으로 사람들과 이야기를 해 볼까?'라고 생각을 바꾸게 된다면 그 모임은 나만의 흥미진진한 실험실이 될 수도 있다. 또 다른 예로, 코칭을 시작하기에 앞서 '고객을 잘 모르니 오늘 코칭은 좀 불안한데.'라는 느낌이 든다면, 감정 필터를 호기심으로 바꿔 보자. '고객을 잘 모르니 호기심이 많이 생기겠지? 그러면 오늘 고객과 새롭고 흥미로운 코칭을 할 수 있겠구나.'라고 기대감을 가져볼 수 있다. 이때 주의할 점은 코치가 고객을 대할 때 부정적인 감정에 빠져서는 안 되지만, 반대로 지나치게 긍정적 감정에 빠져 있어도 안 된다. 코치가 긍정적이든 부정적이든 어떤 감정에 빠져 있으면 고객을 온전히 비춰 줄 수 없기 때문이다. 따라서 코치는 중립적인 태도로 고객을 대하는 것이 바람직하다. 그러기 위해서 코치에게 감정 관리가 필요한 것이다. 코치들은 코칭 전에 자신의 감정이 깨끗하고 잔잔하고 중립적인 상태인지 점검해야 한다. 만약 부정적 감정이 느껴진다면 "필터 교체!"라고 말하고, 긍정적인 감정 필터로 교체해 보라.

셋째, 깊은 호흡을 하고 자신에게 성찰 공간을 만들어 준다. 코칭 중에 감정이 흔들리는 일이 생길 수도 있다. 그때는 일단 천천히 심호흡을 몇 번 하는 것이 응급처방이다. 그런 다음, 그 감정의 이름이 무엇인지, 그것이 원하는 것이 무엇인지 성찰해 본다. 자신의 몸과 마음에서 일어나는 모든 경험은 그것이 일어나는 순간, 깊은 호흡과 더불어 있는 그대로 마음을 챙겨서be mindful, 알아차리고be aware, 관찰하고observe, '지금 내 몸과 마음에서 어떤 경험이 일어나고 있는가?'라고 질문하면서 그것을 정리해 보아야 한다. 이것은 불교의 위빠사나 명상(순간순간 변화하는 내 몸과 마음의 현재 상태를 알아차리는 것에 집중하는 명상법)을 적용한 것이다. 그리고 그 과정에서 또 다른 생각이 들면 그 생각에 빠지지 말고 '지금 마음에서 어떤 경험을 하고 있지? 어떤 느낌이 이 생각을 불러일으키지?'라고 자문하면서 자신의 심리 상태를 알아차려야 한다. 코칭 과정 중에 이것을 실제로 해 보면 아주 짧은 시간에 자신의 마음을 돌아보며 감정 관리를 할 수 있음을 알게 될 것이다. 이 외에도 코칭 과정 중에 감정이 흔들릴 때 순식간에 감정 관리를 할 수 있는 자기만의 방법이 있을 것이다. 감정 관리를 잘하기 위해서는 평소 습관화된 성찰 명상 훈련을 통해 몇 가지 방법을 숙달해 놓는 것이 중요하다.

코칭에서 가장 기본이 되는 감정 관리는 먼저 감정적으로 깨끗하고 잔잔한 공간space clearing을 마련하는 것이다. 고객에게 도움이 될 수 있는 감정을 환기시켜주기 위해서라도 코치 자신의 감정이 깨끗하고 잔잔한 상태를 유지하도록 평상시에 감정 관리 수행을 꾸준히 해야 한다. 그런 수행이 바탕이 되면 코치는 상대방에게 잘 집중할 수 있고, 상대방의 감정을 있는 그대로 감지함으로써 더 깊이 공감해 줄 수 있고, 나아가 자신의 감정 표현도 더 자연스럽게 할 수 있을 것이다.

이 외에 '감정 조절 능력을 개발하고 유지'하는 내용은 역량 2를 참조하기 바란다.

4) 성찰을 위한 공간을 만든다Creates space for reflection.

가) 성찰 공간이란
윤동주의 시,「자화상」에는 다음과 같은 구절이 있다.

산모퉁이를 돌아 논가 외딴 우물을 홀로 찾아가선
가만히 들여다봅니다.
우물 속에는 달이 밝고 구름이 흐르고 하늘이 펼치고
파아란 바람이 불고 가을이 있습니다.

평소 자기를 성찰하는 공간을 우물이라는 공간에 비유한 시다. 그 공간은 자신의 정체성을 깨우는 공간이다.

미국의 실험적인 음악가 존 케이지John Cage의「4분 33초」라는 곡을 한번 들어보자. 20세기 아방가르드 예술 분야의 가장 대표적인 작곡가이자 음악이

론가, 작가, 철학자, 예술가인 존 케이지를 최고의 전위예술가 반열에 올려 놓은 작품이 1952년에 초연된 「4분 33초」라는 곡이다. 이 곡에서는 연주자가 음악을 연주하지 않고 4분 33초 동안 피아노 앞에 앉아 있다가 퇴장한다. 존 케이지가 의도적으로 설정해 놓은 제1악장 33초, 제2악장 2분 40초, 제3악장 1분 20초, 총 4분 33초 동안 연주자는 한 악장이 끝날 때마다 피아노 뚜껑을 열었다 닫을 뿐이다. 그 침묵의 시간 속에 들려오는 모든 소리, 그것이 소음이든 사람들의 웅성거림이든 자연의 소리든 상관없이 모두 음악이 될 수 있다는 것이 존 케이지의 철학이다. 이 곡은 주로 피아노로 연주되었고, 이후 BBC 심포니 오케스트라, 베를린 필하모닉 오케스트라에 의해서도 연주되면서 공연실황이 TV와 라디오로 생중계되었다. 이 곡을 연주할 때마다 침묵 속에서 다른 소리가 나기 때문에 감상자는 오늘 연주되는 「4분 33초」라는 곡이 어떤 곡이 될지 알 수 없다. 그 불확실한 우연이 바로 이 곡의 본질이다. 4분 33초 동안 침묵의 음악을 듣는 청중은 외부에서 들려오는 소리와 함께 자기 내면에서 들려오는 음악도 듣게 될 것이다.

　시간에 쫓기며 일에 파묻혀 살다 보면 자신을 돌아볼 수 있는 여유가 없다. 그런데 하루에 4분 33초만이라도 잠시 멈추어 자기 내면의 소리를 듣는다면 짧은 시간이지만 분주한 마음 사이에 공간이 생겨날 것이다. 그 '사이'에서 우리는 광대무변한 공간이 존재한다는 것을 느끼게 된다. 그러면서 넉넉한 여유와 조화가 생겨난다. 이때의 심리적 '공간'은 거의 모든 상황을 초월할 수 있고, 삶의 어떤 상황에서도 우리를 차분하게 지탱할 수 있는 마음의 상태를 만들어 준다.

　코칭에서 성찰을 위한 공간을 만든다는 것은 고객의 내면에서 올라오는 섬세하고 깊은 생각과 느낌을 알아차릴 수 있도록 잠시 멈추어 주는 것이다. 코치는 고객에게 무엇을 해야 할 것인가에 대해 도움을 주는 것이 아니라, 그들이 스스로 답을 찾고 앞으로 나아갈 수 있는 공간을 만들어 주어야 한다. 그들이 내면의 소리를 듣고 새로운 아이디어를 생각해 내기 위해서 자신의 내면 경험들이 어떻게 연결되어 있는지, 또는 앞으로 어떻게 될 수 있는지 성찰하는 시간이 필요하다. 내면의 의식 또는 무의식의 수많은 경험의 점들이 연결되어 의식의 수준으로 올라오기 위해서는 여유의 공간이 필요하다. 코치가 바로 그 공간을 만들어 주는 것이다. 코치로서 '침묵의 공간'을 만들거나 허용해 주고, 고객과 함께 있어 준다면, 코치의 에너지가 고객의 공간에 침입하지 않고도 고객이 자신의 생각을 듣고, 그 안에 무엇이 있는지 느끼는 것을 함께 공유할 수 있을 것이다.

코치가 할 일은 성찰을 일으키는 질문을 하고 적극적 경청을 통해 고객을 관찰하고, 그 결과를 공유해 주는 것이다. 그러면 고객은 자신의 더 많은 지혜와 접속하면서 이를 알아차리게 될 것이다. 침묵의 공간이 없으면 고객이 사용할 수 있는 '성찰을 위한 공간'이 없다. 그 공간을 만드는 시간은 불과 몇 초 또는 몇 분일 수 있다.

코칭과 관련해 잘못된 오해 중의 하나가, 코치가 명료한 코칭 프로세스에 따라 그럴 듯한 질문과 유창한 말로 코칭을 해 나가면 효과적인 코칭이 이루어지고 고객의 문제가 해결된다는 믿음이다. 그렇지 않다. 그렇게 코칭을 하면 의식의 아래에 잠재된 깊은 지혜에 접근하지 못할 수 있다. 고객이 그 깊은 곳에 있는 아직 발굴되지 않은 지혜에 접근하도록 돕기 위해서는 고객에게 침묵의 공간이 필요하다.

나) 성찰 공간 만들기

코치와 고객 사이에 형성된 코칭 관계는 성찰 공간을 활성화함으로써 효과적인 코칭이 가능해진다. 코칭 관계란 서로가 서로를 요청하는 공간에서의 관계다. 하이데거Heidegger식으로 표현하면, '서로가 서로에게 속하는 공속적 공간belonging together'이다(엄태동, 2016). 공속적 관계란 '서로 구분되는 것들이 서로를 필요로 하면서 상생상성相生相成하는 가운데 각기 고유한 상태로 정립되는' 관계이다. 코칭 관계가 공속적 관계라고 말할 수 있는 것은 코칭에서 코치는 고객이 목표하거나 목적하는 것을 성공적으로 이룰 수 있도록 지지하고 고객 성장을 지원하는 파트너로 존재하기 때문이다.

고객이 코치의 질문에 답하는 과정을 통해 새로운 발견을 하게 되면, 코치는 고객이 답하거나 나타내 보이는 변화를 민감하게 알아차리고 반응하면서 자신이 알게 된 것을 고객과 공유한다. 고객은 코치가 질문하고 공유하는 것을 통해 발견과 통찰을 얻게 되며, 코치는 이런 고객의 모습을 인정하고 지지한다. 코치가 유연하고 자신을 존중해 주며 진정성 있게 자신을 지원하는 모습을 본 고객은 코칭에 더 진지하게 임하게 된다. 이렇듯 서로에게 영향을 주고받으면서 코치는 코치로서, 고객은 고객으로서 코칭에 집중함으로써 코칭 관계가 더욱 탄탄하게 연결된다. 이렇게 이루어진 공속적 공간에서는 눈에 보이지 않는 여러 가지 공명 현상이 일어난다.

마스터풀 코치들은 코칭 중에 고객에게 성찰 공간을 만들어 주기 위해 다음과 같은 질문을 자주 한다. 이러한 질문들이 적절한 타이밍에 주어진다면 고객은 자연스럽게 성찰의 공간에서 잠시 머물며 내면에서 올라오는 소리를 듣고, 또 다른 느낌과 생각으로 답을 하게 될 것이다. 고객에게 성찰 공간을 만들어 주는 질문은 다음과 같다.

- 지금 무슨 생각이 일어나고 있나요?
- 지금 고객님의 머릿속에서 말하고 있는 사람은 누구죠?
- 평소 잘 알고 지내던 사람인가요?
- 지금 느낌은 어떻습니까?
- 지금까지 한 말을 통해 당신이 정말 원하는 것은 무엇입니까?
- 지금까지 말하지 않은 숨겨진 이야기는 무엇입니까?

이런 질문을 한다고 해서 바로 성찰 공간이 만들어지지는 않는다. 질문을 하고 멈추어 고객이 그 질문에 대해 충분히 생각하고 답할 때까지 기다려 주어야 한다. 그리고 의미 있는 답을 들었을 때도 잠시 멈추어 그것이 고객에게 다시 스며들 수 있도록 기다린 후 질문하는 과정에서 성찰의 공간이 만들어진다.

다) 메타인지meta-cognition와 성찰 공간

코칭이 가능한 공속적 공간을 만들어 내는 데 중요한 역할을 하는 것이 앞에서 언급했던 메타인지다. 메타인지란 주체에서 떨어져 나와 자신을 마치 다른 객체로 바라보고 살피는 것을 의미한다.

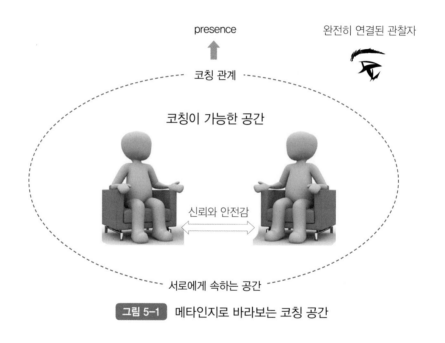

그림 5-1 메타인지로 바라보는 코칭 공간

자신의 생각에서 빠져나와 자신이 어떤 생각을 하고 있는지 제3의 관점에서 살펴봄으로써 자신의 생각과 감정을 객관적으로 바라볼 때 인식의 폭을 넓힐 수 있다. 코치나 고객이 메타인지를 발휘하는 것은 서로가 온전히 연결된 상태에서 관찰자로 존재하기 위해서이다. 그러므로 메타인지는 코칭을 가능하게 하는 알아차림의 공간을 만들어 내는 능력이라 할 수 있다. 코칭 중에 코치는 주로 고객과 그의 말과 행동에 집중한다. 그리고 동시에 코치는 고객에게 집중하고 있는 자기 자신을 인식할 수도 있다. 메타인지 덕분이다.

메타인지는 코치가 코칭 공간에 있는 자신과 고객을 동시에 객관적으로 바라볼 수 있게 한다. 더 나아가 온전히 연결된 관찰자의 메타인지는 고객과 고객에게 집중하고 있는 코치와 고객이 상호작용하고 있는 상태까지도 객관적으로 바라본다. 이렇게 만들어진 공간이야말로 공속성의 공간을 만들어 내는 중요한 역할을 한다. 그런데 주의할 점은, 코치가 고객의 말이나 표현에 대해 옳고 그름을 판단하거나, 짐작하거나, 충고하거나, 가르치려 하는 순간, 이 공간은 어느새 사라져 버린다는 것이다.

중립적인 공속성의 공간을 관찰하는 코치는 고객이 생각, 관점, 감정, 행동 등에 변화를 보일 때 이를 알아차리고, 고객이 그것을 있는 그대로 볼 수 있도록 거울이 되어 줄 수 있다. 이러한 순수 에너지가 고객에게 전달될 때 고객은 미처 보지 못한 자신의 내면을 보게 되고 자기 자신에 대해 더 깊고 넓게 인지하고 성찰하게 된다. 코치가 이러한 공간을 자주 마련해 줄수록 고객은 코칭 관계에서 더욱 신뢰감을 느끼고 적극적으로 참여하게 된다. 이런 의미에서 코치의 차원 높은 메타인지는 코치의 프레즌스가 발휘되고 유지되도록 하는 공간을 만들어 주는 데 필수적인 요소라고 할 수 있다. 고객 또한 그 공간에서 메타인지를 활용하여 자기에게 필요한 창의적 아이디어를 창출하는 데 필요한 성찰의 기회를 갖게 된다. 고객이 자신의 메타인지를 활용하도록 돕기 위해서는 침묵이나 잠깐 멈춤 또는 이미 만들어진 공간을 인식하도록 다음과 같은 질문을 할 수 있다.

- 지금 자신이 어떻게 보이나요?
- 두 사람 사이는 어떻게 연결되어 있나요?
- 코치와 고객 사이의 공간에서 지금 어떤 역동이 일어나는지 보이나요?
- 필요한 순간에 적절한 공간이 만들어지고 있나요?
- 그 침묵의 공간이 편안하게 느껴지나요?

• 스스로 생각하고 느끼기 위한 공간은 어떤 모습입니까?

4. '프레즌스를 유지한다'의 실행 지침

> 가. 고객에게 집중하고 관찰하며 공감하고 적절하게 반응하는 것을 유지한다.
>
> 나. 코칭 과정 내내 호기심을 보여 준다.
>
> 다. 고객과 프레즌스(현존)를 유지하기 위해 감정을 관리한다.
>
> 라. 코칭 과정에서 고객의 강한 감정 상태에 대해 자신감 있는 태도로 함께한다.
>
> 마. 코치가 알지 못하는 영역을 코칭할 때도 편안하게 임한다.
>
> 바. 침묵, 멈춤, 성찰을 위한 공간을 만들거나 허용한다.

가. 고객에게 집중하고 관찰하며 공감하고 적절하게 반응하는 것을 유지한다Remains focused, observant, empathetic and responsive to the client.

1) 고객에게 집중

고객에게 집중한다는 것은 두 가지 요소에 집중한다는 것이다. 하나는 고객 자체에 집중하여 반응하는 것이고, 다른 하나는 고객이 제기하는 문제에 집중하여 반응하는 것이다. 그런데 자칫 잘못하면 코치가 고객의 문제에만 초점을 맞추게 될 가능성이 크다. 만약 코치가 고객의 문제에 초점을 맞추게 되면 문제해결 코칭으로 진행되고, 그렇게 되면 문제해결을 위한 컨설팅이나 멘토링으로 흘러갈 위험이 있다. 코치가 프레즌스를 유지한다는 것은 온전히 고객과 함께한다는 뜻이다. 그러므로 코치는 문제 때문에 고민하는 고객에게 집중하고, 문제 때문에 혼

란스러워하는 고객을 관찰하고, 문제를 통해 성장하고자 하는 고객의 미래 모습에 집중해 주어야 한다. 그 과정에서 혼란스러워하고 고민하고 있는 고객에게 공감하면서 지금 여기에서 고객에게 적절하게 반응하고 상호작용을 하는 것이다. 다음 사례에서 코치가 무엇에 집중하고 있는지 살펴보자.

사례

고객: 요즘 매출이 떨어져서 너무 힘드네요. 이러다가 해고될지도 모르겠어요.

코치: 매출이 평소에 비해 얼마나 떨어졌는데요?

고객: 보통 마이너스 30%이고, 나쁠 때는 50%까지 떨어지고 그래요.

코치: 요즘 경기불황 때문에 모두가 힘든 시기인 것 같아요. 그러면, 새로 구상하고 있는 것은 있나요?

이것은 문제해결 코칭의 전형적인 예이다. 이 대화가 앞으로 어떻게 진행될지 생각해 보라. 아마도 고객의 이야기를 들은 후 코치가 그동안 보고들은 이야기를 해 주며 충고나 조언으로 이어질 가능성이 크다. 그런 말은 고객에게 별 도움이 되지 않는다. 이때 마스터풀 코치라면 문제가 아니라 고객에게 관심을 전환시키고 집중해야 한다([그림 5-2] 참조). 코치의 관심을 고객에게 이동시켜 고객의 마음에 공감하며 적절한 반응을 해 주어야 한다. 다음의 사례를 다시 살펴보자.

사례

고객: 요즘 매출이 떨어져서 너무 힘드네요. 이러다가 해고될지도 모르겠어요.

코치: 요즘 매출이 떨어져서 너무 힘드시군요. 그래서 이러다가 해고될지도 모른다는 불안감이 밀려오기도 하고요. 정말 어려운 시기를 맞

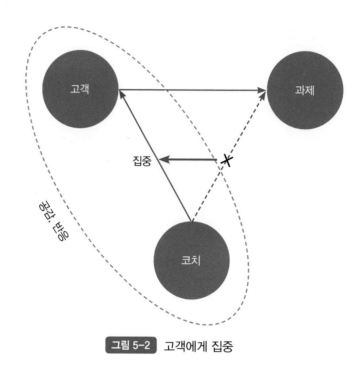

그림 5-2 고객에게 집중

이하고 있네요.

고객: 아니, 코로나 사태 때문에 이런 걸 나보고 어쩌란 말인지, 나한테만
　　　책임을 돌리고 푸시하는 것 같아요. 집에 가서 말도 못하고, 저녁엔
　　　잠도 잘 안 와요. 정말 힘들어 죽겠네요.

코치: 코로나 사태로 벌어진 일인데도 불구하고 나에게만 책임을 돌리고
　　　푸시하는 것 같아 정말 힘드시겠어요. 누구한테 말도 못하고, 잠도
　　　제대로 못 자고요.

고객: (자신의 심정을 토로한다.)

　　코치가 문제에 초점을 맞추면 문제해결에 집중하느라 고객에게 온전히 공
감하고 반응할 수 없다. 반대로 고객에게 초점을 맞추면 고객의 마음에 공감
하고 반응하게 된다. 고객과 함께하는 프레즌스를 유지하기 위해서는 문제

보다 고객이라는 존재에 먼저 초점을 맞추어야 한다. 본질적으로 공감적 대화의 과녁은 언제나 '존재 자체'이기 때문이다(정혜신, 2018).

2) 관찰과 관찰 대상

관찰한다는 것은 고객에게 집중하여 관찰한다는 뜻이며, 동시에 고객과 온전히 연결되어 고객과 상호작용하고 있는 상태를 관찰하는 것이다. 관찰은 먼저 고객이 정말 누구인지, 정말 원하는 것이 무엇인지, 고객이 어떻게 학습하는지, 코칭 과정에 어떻게 반응하는지, 고객에게 알려 주어야 할 것은 무엇인지 등을 관찰하는 것이다. 관찰을 잘하기 위해서 코치는 고객과 연결된 상태에서 고객의 내면에 울림을 주는 모든 신호를 호기심 어린 마음으로 환영해야 한다.

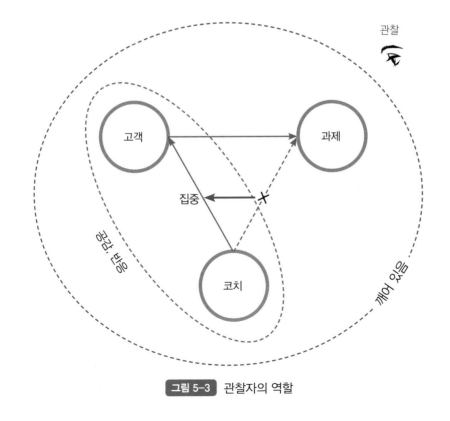

그림 5-3 관찰자의 역할

이때 온전한 관찰이 이루어지기 위해서는 메타인지를 통해 자신과 고객을 동시에 객체로 바라보며 '온전히 연결된 관찰자'로 존재해야 한다. 메타인지를 통해 코칭 공간에서 코치가 어떻게 하고 있는지, 고객의 반응은 어떠한지, 두 사람 사이의 상호작용은 어떠한지를 관찰함으로써 연결의 수준이 높아진다.

코칭 과정에서 관찰은 매우 중요한 역할을 한다. 코치는 고객을 관찰하여 얻은 결과를 토대로 이것을 코칭에 어떻게 반영하고 앞으로의 코칭을 어떻게 진행할지 조율한다. 미국의 문화인류학자 에드워드 홀_{Edward Hall}은 『침묵의 언어』에서 "인간이 메시지를 전달할 때 한 가지 체계만이 언어적 수단이고, 아홉 가지 체계는 비언어적 체계에 기반을 둔다."고 했다(최효선 역, 2000). 이는 고객의 비언어적 신호를 주의 깊게 관찰해야 할 필요성을 일깨워 준다. 그러면 코치는 무엇을 관찰해야 할까? 다음과 같은 요소들이 관찰의 대상이다.

- 태도 관찰: Eye Contact, 두 사람 사이의 거리, 몸의 움직임 등
- 표정 관찰
- 감정과 느낌 관찰
- 목소리 관찰
- 침묵 관찰
- 고객의 기분이나 느낌에 대한 코치의 반응 등

나. 코칭 과정 내내 호기심을 보여 준다Demonstrates curiosity during the coaching process.

"나는 천재가 아니다. 다만 호기심이 많을 뿐이다."라고 했던 아인슈타인_{Einstein}의 말처럼, 우리는 본능적으로 많은 호기심을 가지고 있다. 성인이 되어 사회화를 거치면서 호기심의 싹을 자르도록 길들여졌지만, 우리 마음속에는 아직 온갖 일에 대한 호기심이 숨겨져 있다. 마스터풀 코치는 자기 내면에 숨

겨진 호기심의 싹을 다시 건강하게 길러 내서 고객의 언어적·비언어적인 표현을 마치 '처음 보는 것처럼, 처음 듣는 것처럼' 관찰하며 호기심 어린 탐구적 관심을 가져야 한다. 코칭에서의 호기심은 자연 탐구 질문과 연계된다.

사례

코치: 자신을 은유적으로 표현하면 어떤 모습인가요?

고객: 저는……, 산속 절간의 처마 끝에 달린 '풍경소리'입니다.

코치: 오, 풍경소리. 이것이 자신의 모습과 어떻게 연결이 되나요?

고객: 저는 좋아하는 것에 집착이 강하고, 기대한 결과가 나오지 않으면 화를 잘 내거든요. 그래서 저는 올해를 기점으로 화, 분노를 확실하게 줄여서 처마 끝에 달린 풍경소리처럼 자유로운 모습으로 살아가고 싶어요.

코치: (정말 호기심 어린 표정으로) 와우, 화, 분노가 확실하게 줄어든 자유로운 모습 너머에는 또 어떤 모습이 있을까요?

고객: 그 너머에는……. (침묵) 참다운 내 모습이요. 참 나요.

코치: 참 나, 그 참 나는 화, 분노 너머에서 어떤 존재로 있나요?

고객: (참 나가 존재하는 방식에 대해 계속 탐구한다.)

이처럼 코치가 코칭 과정 내내 고객에 대한 진정한 호기심을 가질 때 고객을 더 깊은 탐구의 영역으로 안내할 수 있게 된다.

다. 고객과 프레즌스를 유지하기 위해 감정을 관리한다Manages one's emotions to stay present with the client.

코치가 감정 관리에 소홀할 때 어떤 일이 벌어질 수 있는지 사례 하나를 살펴보자.

사례

코치: (오늘 좋은 일이 있어 약간 들뜬 상태로 코칭을 시작했다.) 고객님, 요즘 어떻게 지내셨어요?

고객: 저는 최근에 내면을 성찰하는 과정에서 의미 있는 알아차림이 있었어요.

코치: (코치는 자신이 좋아하는 '알아차림'이라는 단어를 듣고 더 기분이 좋아졌다.) 아이구, 축하드립니다. 그 좋은 알아차림을 한번 나눠 주시죠.

고객: (최근의 알아차림에 대해 이야기한다.)

이어지는 코칭 대화는 제자리를 몇 번 맴돌다가 일찍 끝이 났다. 그리고 코치는 고객에게서 다음과 같은 이메일을 받았다.

"코치님께서는 제가 현재 어떤 상태인지 헤아리는 느낌도, 그런 시도도 하지 않으셨어요. 제 상태를 먼저 살피고 저에게 축하가 아니라 위로를 해 주셨어야 한다고 생각합니다. 그리고 제가 그 주제에 대해 계속 대화할 수 있는 상태인지 어떤지 판단하셨더라면 더 좋았을 겁니다. 코치님 중심이셨죠. 저는 축하받는 느낌도 무엇도 없었습니다. 코칭을 받은 후 마음이 공허합니다."

코치는 그 메일을 받고 어안이 벙벙했다. 그리고 서운하고 실망스러웠다. 나는 좋은 마음으로 그랬는데 이런 식으로 받아들이나 싶었다. 자신의 진심을 보지 못하고 '코치 중심'으로 반응했다는 말에 대해 아쉬운 느낌과 함께 억울함도 느껴졌다. 특히 고객 중심의 코칭 대화에서 자신이 코치 중심으로 반응했다는 말은 뼈아픈 지적이었다.

이 대화에서 고객은 아마도 알아차림의 결과보다는 알아차림의 과정이 더 힘들어서 그것을 위로받고 싶었던 모양인데, 코치가 그 부분에 알아주지 않

아 아쉽고 실망스러웠던 것 같다. 따라서 코치가 고객에게 진정한 호기심을 갖고 다음과 같은 중립적인 질문을 해 주었으면 더 좋았을 것이다.

- 의미 있는 알아차림이요? 어떤 것이었나요?
- 그때 마음은 어떠셨나요?
- 지금 마음은 어떤가요?

이 사례에서 보듯이, 코치가 고객과 현재에 함께 있기 위해서는 감정적으로 중립 상태에 있어야 한다. 코치가 혼자 좋은 감정에 빠져 있거나 기분 나쁜 상태에서 코칭을 시작하면 고객의 감정을 거울에 비추듯 깨끗하게 반영해 줄 수 없기 때문이다. 따라서 코치가 고객과 함께 프레즌스를 유지하기 위해서는 코칭을 시작하기 전에 평정하고 중립적인 감정 상태를 만들어야 한다. 우리의 몸과 마음은 같은 시스템이기 때문에 마음에서 감정이 일어나면 그것이 몸으로도 드러나게 된다. 그러므로 코치는 코칭 전에 몸에서 일어나고 있는 감정을 잘 관찰하고 고요한 마음으로 코칭에 임할 준비를 해야 한다. 예를 들어, 분노가 완전히 진정되지 않은 상태에서는 호흡이 불규칙하고 몸이 미세하게 떨리며, 미소를 짓는 것이 어색할 수 있다. 이렇게 몸에서 흐르고 있는 감정을 메타인지로 바라보며 그 감정이 원하는 것이 무엇인지 관조하는 과정에서 그 감정이 점점 사라지고 평정심을 찾게 된다. 이런 상태에서 코칭에 임해야 고객과 상호작용할 수 있는 평정심의 프레즌스를 유지할 수 있다.

라. 코칭 과정에서 고객의 강한 감정 상태에 대해 자신감 있는 태도로 함께한다 Demonstrates confidence in working with strong client emotions during the coaching process.

코칭 과정에서 고객이 강렬한 감정을 표현할 때 코치는 고객의 감정에 압도되거나 그 감정에 같이 휩쓸리지 않고, 흔들림 없이 침착한 태도를 보이며 대응해 나가야 한다. 다음 사례는 코치가 약속을 잘 지키지 않는 고객에게 말과 행동이 일치하지 않는다고 말하자 고객이 코치에게 강한 감정을 표현하는 장면이다. 코치가 어떻게 대응하는지 살펴보자.

사례

(6회 중 4회차 코칭 세션. 충분한 라포 형성 시간을 가진 후 코치가 말했다.)

코치: 고객님, 오늘은 제가 불편하실 만한 이야기를 하나 하겠습니다. 저희가 코칭 과정에서 실행하기로 약속한 것을 두 번 연달아 실천하지 않으셨는데, 이번 과정에서 고객님의 말과 행동이 일치하지 않으시네요.

고객: (얼굴이 붉어지고 목소리가 높아진다.) 제가 말과 행동이 일치하지 않는다고요? 어떻게 제게 그런 식으로 말씀하실 수 있으세요?

코치: 그 말씀을 듣고 많이 속상하셨군요. 고객님의 인품에 대해 말씀드리는 것이 아니라 저희 사이의 약속을 실행하는 행동의 문제를 말씀드리는 것입니다.

(코치는 코칭 합의서를 꺼내어 약속한 것을 실천하지 않을 경우 코칭을 중단할 수 있다는 내용을 보여 주었다. 그리고 이 내용은 2회차에서 서로 확인한 바 있음을 상기시켰다.)

(침묵의 공간) 지금 느낌이 어떠세요?

고객: (약간 가라앉은 목소리로) 그렇지만, 그런 말씀은……. 제가 얼마나 바빴는데요.

코치: 정말 바빠서 약속한 것을 실행하지 못한 것에 대해 알아주지 않아 서운하셨군요. 그러면 정말 바빠서 약속한 것을 실행할 수 없다면 남은 코칭을 다음 기회로 미루거나 혹은 취소하면 어떨까요?

고객: 아니, 이미 여기까지 왔는데……, 마무리 기간에는 제가 꼭 실행하

고 결과를 공유하도록 하겠습니다. 아, 코치님 정말 지독하네요. 제가 약속한 것을 기어이 실천하도록 하시는 걸 보니까요. 하긴, 저의 발전을 위한 거니까 제가 해야죠. 네, 이제 꼭 실행하겠습니다. 한편으로는 코치님에 대한 믿음도 생기네요.

그 이후 고객은 5회차 코칭을 연기하면서까지 약속한 내용을 실행하면서 좋은 결과를 얻었고, 코치와 고객은 서로 만족하면서 코칭을 마무리하였다. 코칭이 끝나고 고객은 자기를 위한 코치의 진정성과 흔들림 없는 태도 때문에 그 이후 코칭에 성실하게 임하게 되었다고 말해 주었다.

마. 코치가 알지 못하는 영역을 코칭할 때도 편안하게 임한다

Is comfortable working in a space of not knowing.

『논어』에 다음과 같은 말이 나온다.

子曰由, 誨女知之乎. 知之爲知之, 不知爲不知是知也.
공자가 말하기를, "유야, 내 너에게 안다는 것에 대해 가르쳐주겠다. 아는 것을 안다고 하고, 모르는 것은 모른다고 하여라. 이것이 올바른 앎이다."

아는 것을 안다고 하고, 모르는 것은 모른다고 하는 것. 너무나 당연한 말이다. 내가 아는 것을 안다고 하는 것은 쉽다. 그런데 내가 모르는 것을 모른다고 하는 것은 쉽지 않다. 자존심이 상하고, 무시당할까 두렵기 때문이다. 하지만 모르는 것을 모른다고 하지 않으면, 모르는 것을 알 수 있는 좋은 기회들을 놓치게 된다. 더욱이 나중에 모른다는 것이 드러날 경우, 신뢰가 떨어져 인간관계에 악영향을 미치게 된다. 그리고 남들 앞에서 자존심을 세우고 싶은 마음이 커지면 나의 성장과 성숙은 거기서 그치고 만다. 이는 코칭에서도 똑같이 적용된다. 내가 잘 모르는 주제에 대해 코칭을 하게 되었을 때, 알아듣지 못하면서도 잠자코 있는 시간은 서로에게 낭비일 뿐이다. 그리고 동시에 고객과의 연결이 끊어진 시간이다.

코칭 패러다임은 상대방 중심이다. 그렇기 때문에 상대방이 새롭게 이야기하는 것에 대해 내가 모를 수 있다. 당연한 일이다. 그러니 모르는 것이 나오면 그냥 물어보라. "그것이 어떤 의미인가요?"라고. 자격 인증 코치라는 알량한 자존심을 한 조각씩 버릴 때마다 새로운 세상, 새로운 코칭 대화의 문이 열린다는 것을 알면 편안해질 수 있다. 코치의 프레즌스는 무엇을 많이 알거나 모르는 것과 관계가 없다. 오히려 그것을 넘어 모르는 것에 대해 편안해질 때 코치의 프레즌스가 제대로 유지될 수 있다. 고객이 이야기하는 주제에 대해 어느 정도는 알아야 코칭을 잘할 수 있다는 생각에서 벗어나, '이제부터 고객과 함께 새롭게 알아 가면 되지.' '고객이 자기 문제의 전문가이니 나는 배워가면서 하면 되지.' 등의 편안한 마음으로 코칭에 임하면 되는 것이다. 즉, 새로운 알아차림을 위해 코치의 내면에 '알지 못함에 대한 편안한 공간'을 만들어 놓고 편안하게 반응하면 된다. 코칭에서 '알지 못한다'는 공간은 거꾸로 생각하면 새로 알아야 할 유의미한 것들이 있다는 것이니, 코치는 그것을 알기 위해 호기심을 가지고 탐구와 탐험을 해 나가면 된다. 이러한 인식의 전환은 우리 생각의 한계를 확장하기 위한 최고의 전략 중 하나이며, 상대를 이해하는 가장 편안한 방법이다. 코치가 자신이 모른다는 사실을 편안하게 받아들일 때 평화롭고 중립적인 상태가 될 수 있다. 다음 사례를 함께 살펴보자.

사례

코치: 오늘 어떤 이야기를 하고 싶으신지요?

고객: 제가 마케팅 담당 이사라서 마케팅 전략에 대한 이야기를 하고 싶습니다.

코치: 네, 이사님에게는 마케팅 전략에 대한 이슈가 중요하시네요. 그런데 제가 마케팅과 관련된 경험이 없어서 그 분야에 대해 잘 모릅니다. 그래서 기본적인 이해를 위해서 배움을 청하고 싶은데요, 이사님은 마케팅에 대해서 어떻게 정의하시고 부하직원에게는 어떻게 설명하고 계시나요?

고객: (순간 눈빛이 흔들린다.) 마케팅에 대한 정의요? 코치님이 그렇게 진지하게 물어보니까 좀 생각하고 정리해 봐야겠는데요. (한참 후) 제가 마케팅에 대한 정의를 분명하게 해놓지 않고 마케팅 전략에 대한 이슈를 다루려고 했네요.

이처럼 자신이 모르는 것에 대해 편안하고 호기심 어린 마음을 가질 때, 코치는 자신감 있고 평정한 상태에서 코칭을 할 수 있고, 고객에게는 창의적 발상을 자극하게 된다. 이 사례에서 고객은 다음 코칭 시간에 나름대로 마케팅의 정의를 새롭게 하고 기본적인 전략을 구상해 와서 설명하며 자신의 주제와 관련해 더 깊은 성찰과 발견을 할 수 있었다.

바. 침묵, 멈춤, 성찰을 위한 공간을 만들거나 허용한다 Creates or allows space for silence, pause or reflection.

서부 개척 시대에 가장 중요한 일은 '누가 더 빨리 서부로 달려가서 많은 땅을 차지하느냐'였다. 이 대열에 합류한 어느 백인이 서부의 지리를 잘 아는 인디언을 고용해 그의 안내를 받으며 서부로 달려가고 있었다. 그의 목표는 하루라도 빨리 서부에 도착하는 것이었다. 그런데 길을 안내하는 인디언에게는 이상한 습성이 있었다. 말을 타고 사흘을 달린 후에는 "더 이상 길을 가면 안 된다."고 말하며 하루를 꼭 쉬는 것이었다. 하루라도 빨리 서부로 가야 하는 백인은 점점 마음이 조급해져 인디언을 재촉하기 시작했다.

"하루를 쉬는 것이 나에게 얼마나 큰 손해인 줄 아느냐? 왜 계속 가면 안 된다는 것이냐?" 그러자 인디언이 대답했다.

"우리가 너무 빨리 달려오는 바람에 아직 내 영혼이 미처 따라오지 못하고 있습니다. 여기서 쉬면서 내 영혼이 도착할 때까지 기다려야 합니다."

가슴에 울림이 있는 이야기다. 이것은 우리가 앞만 보고 달려가거나, 빨리 가는 것이 삶의 주요 목표가 될 때 우리가 간과하게 될 중요한 것이 있음을 일깨워 준다. 목표에만 집중하며 빨리 달려간다면 시간은 단축될 수 있다. 그러나 너무 빨리 움직이다 보면 우리는 정작 가장 중요한 우리의 영혼을 돌아보지 않게 되고, 결국 우리 자신을 잃어버리게 된다.

코칭에서도 이런 모습을 종종 보게 된다. 코칭 기초 과정에서 보통 코칭 모델과 프로세스를 배우게 되는데, 처음 입력된 코칭 프로세스가 초보 코치에게 상당 기간 영향을 미친다. 그래서 코칭은 분명히 고객 중심이라고 해놓고, 실제로는 코치 중심으로 프로세스에 따라 문제해결을 위한 질문을 던지며 달려가는 것이다. 그들은 고객의 말을 들으면서 다음 질문을 생각한다. 그리고 고객의 말이 끝나자마자 준비된 질문을 던진다. 영혼이 없는 코칭이다.

코칭을 할 때 우리는 대부분 어떤 말을 하고 듣느냐에 집중한다. 하지만 말만큼이나 중요한 것이 침묵의 공간이다. 고객의 말과 코치의 말 사이에 잠시 멈추어 침묵의 공간을 마련하거나 허용함으로써 고객이 성찰할 수 있는 시간을 만들어 주고 그것이 통찰에 이르게 한다. 그런데 코칭 초보 단계에서는 고객을 위한 침묵의 공간을 마련하기는커녕, 2초도 안 되는 짧은 침묵조차 불편해 하고 견디기 힘들어한다. 그러다가 시간이 지나 코칭 대화에서 침묵의 공간을 허용하는 것의 중요성을 알게 되고, 자연스럽게 생기는 침묵도 코칭 대화의 일부임을 깨닫게 되면서 꼭 말을 하고 있어야만 대화가 이어지는 것이 아니라는 것을 알게 된다.

그렇다면, 침묵의 공간은 어떻게 만들 수 있을까? 코칭 중에 고객이 자신의 영혼과 함께 있는 공간에서 말하도록 하기 위해서는 코치가 잠시 말을 멈추고 침묵해 줌으로써 공간을 마련해 줄 수 있다. 모든 창조성은 그러한 내적 공간에서 나온다. 정해진 시간 안에 코칭 프로세스를 마치기 위해 고객의 말이 끝나자마자 질문을 해대면 영혼이 없는 대화가 오고갈 뿐이다. 그들이 중요한 이야기를 할 때 그들의 영혼이 그들과 함께할 때까지 기다려 주는 멈춤이 필요하다.

에크하르트 톨레Eckhart Tolle는 말했다. "침묵은 신이 말하는 언어다. 그리고 다른 모든 것은 나쁜 번역이다." 침묵은 공간의 다른 말이다. 삶 속에서 침묵과 마주칠 때마다 그 침묵을 자각하는 것은 우리를 우리 안의 형상도 없고 시간도 없는 생각 너머, 에고 너머에 있는 차원과 연결시켜 줄 것이다. 침묵할 때 생겨난 공간은 충만함으로 가득 찬 생명이다. 침묵은 프레즌스를 전달하는 훨씬 더 강력한 도구다(류시화 역, 2013).

코치와 고객 사이에 공간을 만들기 위한 구체적 방법은 다음과 같다.

- 고객이 말을 멈추고 있으면 서둘러 질문하지 말고 기다려 준다.
- 고객의 말이 끝나고 질문하기 전에 1~2초 동안 멈춘다.
- 멈춤의 시간이 어색하면 고객의 말을 되풀이하며 공감해 준다.
- "지금 마음/느낌이 어떠세요?"라고 질문하며 기다려 준다.
- 함께 있는 공간에 그냥 잠시 같이 있어 준다.
- 코치와 고객이 서로 속해 있는 공속성의 공간에서 에너지의 교류가 어떤지 잠시 느껴 본다. 그 공속성의 공간에서 들리는 공명의 소리는 어떤 소리인지 들어본다.
- 고객의 말이 끝난 후 할 말이 더 있는 듯한 느낌이 들면 공간을 허용하여 침묵, 잠시 멈춤을 통해 고객이 충분히 생각하고 말할 수 있도록 기다려 준다.

- 고객으로 하여금 잠깐 멈추게 하고 자신의 모습이나 자신의 일을 돌아 보게 한다.
- 고객 자신의 바람직한 미래의 모습에 비추어 보고 현재 자신을 돌아보 게 한다.
- 평상시 자신의 호흡을 관찰하는 연습을 한다. 호흡을 지켜본다는 것은 생각으로부터 관심을 돌려 내적 공간을 만들어 준다.

5. 전문 코치 평가 지표 PCC Markers

다음의 평가 지표는 전문 코치PCC 수준에서 코칭 대화를 할 때 보여 주어야 하는 핵심 역량을 반영한 것이다. 이것은 코칭 핵심 역량 개발의 맥락 안에서 사용되어야 한다. 그리고 이것을 전문 코치PCC 인증 시험을 통과하기 위한 형 식적인 체크리스트로 간주해서는 안 된다.

- **역량 5. '프레즌스를 유지한다'의 평가 지표**
  - 5.1: 코치는 전인적인 존재로서의 고객the who에게 반응하는 태도를 취 한다.
  - 5.2: 코치는 고객이 세션에서 무엇the what을 성취하고자 하는지에 대해 반응하는 행동을 한다.
  - 5.3: 코치는 고객이 코칭 세션에서 어떤 이야기를 나눌 것인지 선택할 수 있도록 지원해 주는 파트너 역할을 한다.
  - 5.4: 코치는 고객에 대해 더 많은 것을 알고 싶어 하는 호기심을 보여 준다.
  - 5.5: 코치는 침묵, 잠깐 멈춤 또는 성찰을 허용한다.

핵심 **요약**

- 코칭에서의 프레즌스는 코칭의 공간에서 고객과 상호작용하면서 온전히 고객의 파트너로서 존재하는 것을 말한다.

- '프레즌스를 유지한다'는 것은 실제 코칭이 이루어지는 장면에서 코치가 고객과 함께 '지금 여기에' 존재하며 코칭이 가능한 공속적인 코칭 관계를 지속적으로 만들어 내고 유지한다는 것이다.

- '프레즌스를 유지한다'는 것의 핵심 요소는 다음과 같다.
  - 고객에게 온전한 집중을 유지한다.
  - 호기심을 보여 준다.
  - 감정을 관리한다.
  - 성찰을 위한 공간을 만든다.

- '프레즌스를 유지한다'의 기타 실행 지침은 다음과 같다.
  - 고객에게 집중하고, 관찰하고, 공감하면서 적절하게 반응한다.
  - 알지 못하는 영역에서도 편안하게 코칭에 임한다. 아는 것을 안다고 말하기는 쉽다. 그러나 모르는 것을 모른다고 하고 그것에 대해 편안함을 느낄 수 있다면 코칭에서 자유와 여유로움을 느낄 수 있다.
  - 침묵, 멈춤, 성찰을 위한 공간을 만들거나 허용한다.
    - 가. 고객에게 온전히 집중하고 연결되려면 코치와 고객 사이에 침묵이나 잠깐 멈춤의 공간이 요구된다.
    - 나. 성찰의 공간은 코치와 고객이 공속적인 공간에서 상호작용하고 있는 것을 인지할 수 있는 메타인지를 활용해 만들어 낼 수 있다.

- 코치가 충분히 깨어 있는 의식으로 고객과 함께하려면 '지금 여기'에 깨어 있는 의식을 개발하기 위해 꾸준한 알아차림 훈련을 해야 한다.

자기 개발을 위한 성찰 및 연습 S-A-C

○ 잠시 멈추고 바라보기 Stop

  – 평정심을 가지고 한걸음 떨어져서 코칭의 진행 상황을 바라본다.

○ 알아차리기 Aware

  – 나는 코칭할 때 온전히 고객의 파트너로 존재하고 있는가?

  – 고객에 대한 나의 호기심 정도는 어느 수준에 있는가?

  – 나는 성찰 공간을 만들기 위해 무엇을 시도하고 있는가?

  – 나는 메타인지를 활용해 공간을 만드는 시도를 하고 있는가?

○ 도전 Challenge

  – 일상생활에서 의도적인 침묵의 시간과 공간을 만들어 본다.

  – 코칭이 끝난 후 나의 프레즌스에 대해 성찰의 시간을 가져 본다.

적극적으로 경청한다

Listens Actively

1. '적극적으로 경청한다' 역량 이해를 위한 사전 질문

가. 적극적 경청과 수동적 경청은 어떻게 다른가?

나. 적극적 경청을 하기 위한 코치의 마인드셋mindset은 무엇인가?

다. 적극적 경청을 하기 위해 코치가 갖추어야 할 스킬 셋skill set은 무엇인가?

마. 어떻게 전체적인 경청할 수 있는가?

바. 고객의 커뮤니케이션을 지원하는 것이 고객의 성장에 어떻게 기여하는가?

2. '적극적으로 경청한다'는 것은 무엇인가

적극적 경청 역량은 코칭 세션 동안 코치가 고객에게 온전히 집중하여 고객의 말을 들음으로써 고객을 충분히 이해하는 작업을 통해 고객의 성장과 발전을 지원하는 역량이다. 이 역량은 코칭 세션 동안 무엇을 듣고, 어떻게 들어야 하며, 듣고 이해한 것에 대해 어떻게 반응해야 하는지에 대해 설명하고 있다. 이 역량을 이해하기 위해 경청이란 무엇이고, 적극적 경청은 무엇이며 어떤 모습으로 나타나는지, 적극적 경청을 방해하는 요소들은 무엇인지, 그리고 적극적 경청을 가능하게 하는 스킬은 무엇인지 살펴보도록 하자.

가. 경청이란

경청傾聽이란 '귀를 기울여 듣는 것'이다. 소통하기 위해서는 읽고 쓰고 말하고 듣고 피드백하는 등의 기능이 활용된다. 이 가운데서도 특별히 다른 사람의 말을 귀 기울여 듣는 것은 관계의 질을 결정할 정도로 중요하다. 듣는 사람이 몸과 마음과 귀를 기울여 들으면 말하는 사람은 상대방에게 존중받고 이해받는 느낌을 갖게 된다. 이때 두 사람 사이의 심리적 거리가 좁혀지고 신뢰가 쌓이며 연결감이 생긴다. 그래서 경청은 소통의 수준과 관계의 질을 결정하는 매우 중요한 요인이다.

경청은 크게 수동적 경청과 적극적 경청으로 나눌 수 있다. 수동적 경청은 말하는 사람을 방해하지 않고 조용히 듣는 것이다. 예를 들면, 말하는 사람이 정해진 시간 동안 자신의 의견 및 생각을 발표하거나 강의 또는 연설을 할 때 집중해서 듣는 것으로, 라디오나 방송, 영화 등을 듣는 경우가 이에 해당한다. 듣는 사람은 말하는 사람에게 집중하여 들을 뿐, 질문이나 피드백을 하지 않는다. 이와 같이 말하는 사람의 말을 귀 기울여 듣고 말한 바를 이해하는 것을 수동적 경청이라 하겠다.

그런데 수동적 경청만으로는 말하는 사람의 메시지를 정확하게 이해하지 못할 수 있다. 상대방의 말을 주의 깊이 듣는다 해도 사람마다 사용하는 언어 표현이 다르고, 특정 단어에 담긴 의미도 사람마다 다르기 때문에 말하는 사람이 전달하고자 하는 바를 온전히 이해하기 어렵다. 따라서 진정한 소통이 이루어지기 위해서는 듣는 사람이 말한 사람에게 어떤 의미에서 그런 표현을 사용했는지, 그가 의도하는 것이 무엇인지 물어보고, 자신이 제대로 이해했는지 확인하는 상호작용이 필요하다. 따라서 효과적인 소통을 위해서는 수동적인 경청을 넘어 말하는 사람과 듣는 사람이 충분히 상호작용하며 상호 이해 수준을 높여 가야 하며, 들은 것에 대해 반응함으로써 대화에 보다 적극적으로 참여하는 행동이 필요하다.

나. 적극적 경청이란

코칭의 성패는 경청에 달려 있다 해도 과언이 아니다. 경청은 고객이라는 존재에게 집중하고 주목하는 것이다. 집중은 빛과 같다. 빛을 비추면 실체가 드러나듯이, 집중은 관찰되고 있는 대상을 명확하게 보여 준다. 자기 존재를 집중받고 주목받은 사람은 설명할 수 없는 기쁨과 안정감을 느끼게 된다. 역량 4에서 살펴보았듯이, 사람은 안정감을 느껴야 비로소 합리적인 사고가 가능하다. 듣는 사람이 상대방에게 온전히 집중하고 주목하면서 경청하면, 말하는 사람도 이를 느끼고 자신이 하는 말에 더욱 집중하게 된다(최명돈 역, 2006). 그 결과, 고객은 안전감 속에서 충분한 자기 표현을 하면서 합리적으로 사고할 수 있게 된다. 결국, 모든 감각 기관과 통찰력을 동원하여 주의력을 기울여 듣고, 들은 것에 대해 반응하고 피드백하면서 상호작용하면 고객을 더 잘 이해할 수 있다. 이것이 코칭에서 적극적 경청이 필요한 이유이다.

경청을 통한 상호작용을 하기 위해 코치는 무엇보다 자신의 감정을 관리하고, 내면을 고요하게 하는 훈련을 해야 한다. 자기 감정을 관리하는 것에 대해서는 '역량 5. 프레즌스를 유지한다'에서 살펴보았듯이, 코치가 감정적으로 깨끗하고 잔잔한 상태에 있음으로써 고객에게 집중할 수 있고, 고객의 변화를 민감하게 감지하고 반응할 수 있게 된다. 코치의 감정 관리는 지속적인 성찰 훈련을 통해 이루어질 수 있다. 자신만의 성찰 공간을 만들고 성찰 훈련을 함으로써 코치는 자기 내면의 소리를 듣는 일에 민감해질 수 있다. 성찰 훈련을 하면 내면의 경험이 자신의 생각, 감정, 행동과 어떻게 연결되어 있는지 알아차릴 수 있다. 그리고 성찰 훈련이 잘되어 있는 코치는 고객을 차분하게 경청하고, 깊이 있게 관찰할 수 있게 된다.

적극적 경청은 고객의 말 한 마디 한 마디에 주의를 기울이고 관심을 가지고 공감적 경청을 하는 모습으로 나타난다. 경청은 곧 마음을 들어 주는 것이다(박창규, 권경숙, 2019). 코치는 고객의 마음이 멈추는 곳에서 멈추고, 흘러

가는 곳으로 함께 흘러감으로써 공감적 경청을 할 수 있다. 또한 코치는 고객이 자신의 비전에 따라 행동하고 있는지, 자신이 가치 있게 생각하는 것을 잘 지켜 나가고 있는지, 어떤 결정을 내리고 어떤 선택을 했는지 등에 대해서도 경청해야 한다. 그리고 그런 선택이 균형 잡힌 삶을 살아가게 하는지, 균형에서 벗어나게 하는지, 그 과정에서 어떤 저항과 어려움이 있는지에 대해서도 들어야 한다(박현준 역, 2009).

하지만 의사소통을 하면서 상대방의 말만을 듣는다면 깊이 있는 대화를 하기 어렵다. 사람의 말 속에는 감정이 녹아 있기 때문에 코치는 고객의 말 속에 어떤 감정이 담겨 있는지, 그 감정들이 고객에게 어떤 영향을 미치는지에 대해서도 함께 들어야 한다. 이를 위해서 코치는 고객이 말하는 어조와 억양 등 그 말에 포함된 언어적 표현들도 함께 들어야 한다.

더 나아가 코치는 사람들이 몸이나 분위기로 표현하는 비언어적 표현도 함께 들어야 한다. 그리고 상대방이 언어적·비언어적 표현을 통해 전달하고자 하는 맥락까지 이해해야 한다. 그 말을 하는 사람의 배경 상황client system을 이해하고, 상대방의 관점과 해석방식, 그리고 그의 패턴까지 들을 수 있을 때 그 사람을 온전히 이해할 수 있게 된다. 다른 사람의 말을 듣는 것은 이처럼 온 마음을 다해 전체적으로 듣는 것을 의미한다.

한편, 적극적 경청은 듣는 것 외에도 의사소통에 적극적으로 참여하는 행동이 요구된다. 즉, 들은 것을 잘 이해했음이 언어와 몸으로 전달될 수 있도록 반응해야 한다. 또한 상대의 마음을 이해하고 공감하고 수용한다는 정서적 지지를 표현해야 하고, 충분히 이해되지 않았거나 좀 더 명확한 이해를 위해서 다시 질문하는 등 적극적인 반응을 보여 주어야 한다. 소통에 적극적으로 참여하는 모습은 다음과 같은 모습으로 나타날 수 있다.

먼저, 코치는 마치 거울처럼 고객의 모습을 그대로 비춰 줌으로써 고객에게 반응해 줄 수 있다. 거울을 보면 그 사람의 모습을 있는 그대로 볼 수 있다. 코치가 고객의 말을 온몸으로 듣는다면 기쁨이나 슬픔, 고통 같은 감정 어딘

가에서 공명하는 부분을 찾고, 교집합을 발견하게 된다. 그리고 그것을 거울처럼 있는 그대로 반사해 주면 고객은 교감을 느끼고 충만한 감정을 갖게 될 것이다. 이와 같이 고객의 감정을 수용하고 그 감정에 함께 머물러 줌으로써 공감적 반응을 할 수도 있다. 사람은 자기에게 공감해 주는 사람에게 반드시 반응한다. 공감은 자기 존재에 주목해 주는 것이기 때문이다(정혜신, 2018).

또한 고객이 말한 맥락을 명료화하기 위해 확인하거나 되물어 보면서 자신의 생각을 되돌려 줄 수도 있다. 고객이 보여 주는 의식의 흐름을 따라가면서 코치가 고객의 맥락을 잘 따라가고 있는지 물어보는 방식으로 반응을 할 수도 있다. 고객의 표정이 어둡고 목소리에 떨림이 있다면 현재 고객이 보여 주는 모습에 대한 코치의 직관을 표현할 수도 있다. 코치가 이런 반응을 할 때 고객은 '이 사람이 내 말을 듣고 싶어 하는구나.' '이 사람은 내 말을 듣고 이해하는구나.' '이 사람은 내 입장이 어떤지 느끼고 내 상황을 알고 있구나.'라고 생각하여 마음을 열고 깊은 내면의 이야기를 하게 된다. 이와 같은 다양한 반응을 통해 코치는 고객과의 소통에 적극적으로 참여할 수 있다.

적극적 경청은 상대의 마음을 이해해 주고 더 나아가 정신과 영혼을 치유해 주기 때문에 코칭뿐만 아니라 상담, 심리치료, 멘토링 등을 비롯해 삶 속에서 일어나는 크고 작은 갈등이나 분쟁을 해결하는 데에도 널리 활용된다. 적극적 경청은 상대방에게 몰입하고 그의 언어적·비언어적 신호에 집중하며 그가 표현한 것을 기억하고 고객의 말을 통합하여 되돌려 줌으로써 대화를 이어나가는 매우 수준 높은 스킬이라 할 수 있다. 그런데 코칭 대화 중에 적극적 경청을 방해하는 요소들이 많이 있기 때문에 주의 깊은 훈련이 요구된다.

다. 적극적 경청을 방해하는 요소들

적극적 경청을 방해하는 요소에는 여러 가지가 있다. 코칭에서 적극적 경

청을 방해하는 첫 번째 요인은 나 중심적으로 고객을 대하는 패러다임을 갖
는 것이다. 나 중심의 패러다임me-centered은 일종의 에고 패러다임으로, 매사
를 나 중심으로 생각하고 판단하는 것이다. 코치가 나 중심의 패러다임을 가
지고 있으면 고객을 대할 때 자기 중심적인 경험, 신념, 가정에 바탕을 두고
충고 및 조언을 하는 경향을 보인다. 코치가 고객에게 자주 충고나 조언을 하
는 것도 바람직하지 않지만, 그보다 더 큰 문제는 경청할 때 고객에게 온전히
몰입하지 않고 코치의 마음속으로 자기 중심적인 판단을 하고 있다는 사실이
다. 이렇게 되면 경청할 때도 상대방의 말을 있는 그대로 듣고 이해하기보다
는, 자신의 생각에 들어맞는 단서를 찾아 자신의 생각이 옳았음을 증명하려
한다. 이런 태도는 경청뿐만 아니라 반응하는 면에서도 자기 중심적으로 나
타나기 마련이다. 다음은 자기 중심적으로 판단하고 조언하고 탐색하는 코
치들이 자주 하는 말이다.

- 나 때는 말입니다…….
- 그게 정말 최선일까요?
- 현실적으로 그게 과연 가능할까요?
- 그런 경우에는 이렇게 해 보면 어떨까요?
- 혹시 이런 이유 때문에 그렇게 행동하시는 건가요?

한편, 자기 중심적인 사람들은 상대방이 언어적·비언어적으로 표현하는
것을 전체적인 맥락에서 이해하지 못하기 때문에 고객에 대한 반응도 침묵
이나 공간이 없이 반사적으로 나오는 경향이 있다. 예를 들면 다음과 같다.

- 기다려 주지 않고 고객의 말에 반사적인 반응을 한다.
- 고객의 말을 들으며 자기 나름대로 판단하고 예견한다.
- 자기의 생각과 맞지 않으면 고객의 말을 그냥 넘어간다.

- 자기 나름대로의 스토리를 상상한다.
- 고객의 말에 반응해 주어야 한다는 생각으로 다음 말을 준비한다.
- 고객에 대한 호기심이 아닌, 자신의 궁금증을 해소하기 위한 질문을 한다.
- 형식적인 공감, 인정을 되풀이한다.
- 문제해결을 위한 마음이 앞서서 코칭 프로세스에 따라 연속적인 질문을 한다.

라. 적극적 경청 스킬들

적극적 경청을 하기 위해 코치는 먼저 고객의 코칭 파트너로서 고객 중심의 패러다임을 가져야 한다. 고객 중심의 패러다임을 갖게 되면 다음과 같은 태도와 스킬들을 자연스럽게 활용할 수 있게 된다.

- **깨끗한 공간 마련**space clearing: 고객을 코치의 내면 공간에 있는 그대로 받아들일 수 있도록 공간을 마련한다. 예를 들어, 고객을 만나기 전에 침묵의 시간이나 명상을 통해 고객을 있는 그대로 받아들일 수 있도록 깨끗한 마음의 공간을 준비해 놓는 것이다.
- **주의 집중**pay attention: 고객에게 온전히 집중함으로써 전체적으로 듣는다. 소통하는 과정에서 코치는 고객에게 몸과 마음과 귀를 기울인 상태를 유지해야 한다. 특히 고객과의 눈 맞춤은 고객에게 집중하는 데 중요한 역할을 한다.
- **관심과 호기심 표현**interest: 고객에게 집중하고 있다는 것을 표현하기 위해 고객의 표현에 고개를 끄덕여 주고 공감하면서 맞장구를 쳐 주어야 한다. 또한 고객의 발전을 위한 호기심을 가지고 질문하고 탐색해야 한다.
- **판단하지 않기**withhold judgement: 코치는 고객에 대한 일체의 선입견이나 가치판단, 평가를 내려놓고 온전히 열린 마음으로 경청한다. 고객이 가진 강

한 견해가 있다 해도 판단이나 충고를 하지 않으며, 비판하거나 즉시 주장하는 것을 피함으로써 고객의 마음과 행동을 자세히 관찰할 수 있어야 한다.

- **고객의 말을 되비추어 주기**reflect: 코치가 이해한 것이 맞는지 확인하고 명료화하기 위해 고객의 표현을 되비추어 줄 필요가 있다. 이러한 기법에는 요약해 주기, 질문하기, 고객의 언어로 다시 말해 주기, 맥락의 흐름을 중간중간에 공유해 주기 스킬 등이 있다.
- **통합하기**integration: 고객의 여러 가지 표현을 적절하게 통합하는 스킬과 역량이 필요하다. 이것은 고객의 말을 듣고, 표정과 제스처를 보고, 감정을 느끼고, 생각을 이해하고 상황과 전체 맥락을 통합시키는 것을 의미한다. 더 자세한 내용은 본문에서 다시 다루기로 한다.

3. '적극적으로 경청한다'의 정의 및 핵심 요소

가. 정의

고객의 시스템 맥락에서 전달하는 것을 충분히 이해하고, 고객의 자기 표현을 돕기 위하여 고객이 말한 것과 말하지 않은 것에 초점을 맞춘다Focuses on what the client is and is not saying to fully understand what is being communicated in the context of the client systems and to support client self-expression.

코치가 말하기보다 듣기를 더 하는 동안 고객은 판단 없이 완전한 수용의 환경에서 사랑과 지지, 조건 없는 긍정적 존중을 경험하게 된다. 경청이야 말로 고객으로 하여금 말할 수 있게 하는 조건이 된다(주은선 역, 2009).

코칭 과정에서 경청을 해야 하는 이유는 상대의 말을 듣고 그 정보를 수용한 후 그 상황에서 상대가 무엇을 원하는지 파악하여 상대와 충분히 소통하면서 대화를 이어 가는 창의적이고 능동적인 활동을 하는 것에 있다. 코치는 고객의 말을 듣고 그가 자신의 존재나 능력에 대해 어떻게 지각하고 평가하는지, 어떤 식으로 행동하고 있는지 등을 이해한 후에 들은 바를 그에게 다시 되비추어 주는reflect 방식으로 소통을 원활하게 이끈다.

또한 코치의 적극적 경청은 고객을 더 깊이 이해할 수 있게 만든다. 자신의 말을 깊이 경청하는 코치를 보면서 고객은 충분히 이해받고 있다고 느끼게 됨으로써 내면의 깊은 부분까지 표현할 마음을 갖게 된다. 결국, 적극적 경청은 고객의 자기 표현을 지지하기 위한 코치의 전문 역량이라고 할 수 있다. 플래허티Flaherty는 코치의 중요한 임무는 고객에게 새로운 언어를 제공하는 것이라고 하였는데(김경화 외 역, 2015), 코치가 적극적 경청을 함으로써 고객으로 하여금 자기를 더 많이 표현하게 한다면 그 자체로 코치는 고객에게 새로운 언어를 제공하는 것이라 할 수 있다. 자기를 표현하는 언어는 자기 스스로 자신의 지각과 행동방식이 서로 어떻게 상호작용하는지 연관성을 깨닫게 하고, 이로써 인지 · 정서 · 행동의 변화를 이끌어 내는 기반이 될 수 있다.

한편, 코치는 고객을 이해하기 위해 고객의 시스템 맥락을 고려해야 한다. 시스템은 각 구성 요소들이 상호작용하거나 상호 의존하여 복잡하게 얽힌 통일된 하나의 집합체를 의미한다. 유기체는 환경과의 접촉을 통해 자신에게 필요한 것을 얻고, 또한 환경에게 무언가를 돌려주는 상호 교류 관계 속에 존재한다. 사람은 단독으로 존재할 수 없으며 그를 둘러싼 환경 속에서 서로 영향을 주고받으면서 시공간에서 변화하며, 자신의 상태와 시각에 따라 세상을 다르게 인식한다. 따라서 고객의 시스템 맥락을 고려하기 위해 코치는 고객의 환경, 그가 환경과 상호작용하는 방식을 전체 맥락 속에서 파악해야 한다. 이처럼 상대방의 전체 맥락을 듣고 이해하기 위해서는 반드시 적극적 경청이 필요하다.

시스템 맥락에서 전달하는 것을 이해하기 위해서 코치는 고객이 세계를 어떤 방식으로 체험하고 통합하는지, 어떤 '관계성'과 '관계망' 속에서 존재하고 있는지 살펴보아야 한다. 또한 고객의 가치나 신념, 정체성, 관점 등 고객의 시스템 맥락을 충분히 이해하면서 고객의 자기 표현을 지지해야 한다. 만약 이때 고객이 코치로부터 자신이 이해받고 있다고 느낀다면, 그는 자신이 수용되고 존중받고 있다고 느끼게 된다. 바로 그때 그는 자신의 생각이나 의견, 감정과 느낌까지도 자연스럽게 표현할 수 있는 용기를 갖게 된다. 그리고 더욱 적극적으로 자기 자신을 탐색하게 된다. 이런 과정을 통해 코치는 고객의 자기 표현을 도울 수 있게 된다.

'적극적으로 경청한다'의 핵심 요소는 다음과 같다.

1) 전체적으로 경청한다Engages in holistic listening.
2) 공유된 이해를 확인하기 위해 고객이 말한 것을 되비추어 준다Reflects back to ensure shared understanding.
3) 고객에 대한 이해를 통합하여 커뮤니케이션을 지원한다Integrates understanding of the client to support communication.

나. '적극적으로 경청한다'의 핵심 요소

1) 전체적으로 경청한다Engages in holistic listening.

적극적으로 경청하기의 첫 번째 핵심 요소는 전체적으로 경청하는 것이다. 고객의 말 속에는 다양한 생각과 감정이 들어 있고, 고객은 생각과 감정을 다양한 방식으로 표현한다. 그의 표현 속에는 고객이 처한 환경, 관점, 생각, 가치관, 신념 등이 온전히 들어 있다. 따라서 코치는 고객을 이해하기 위해서 고객의 시스템 전체를 고려하며 경청해야 한다(핵심 역량 2의 실행 지침 '라'번 참조).

전체적으로 경청하기 위해 코치는 말, 표정, 눈빛, 몸짓 등을 놓치지 않고 들어야 하며, 그의 관점과 감정, 가치와 신념, 가정들, 그리고 그가 가지고 있는 기대까지 들어야 한다. 그리고 고객이 말한 것의 의미를 욕구 맥락에서 이해하면서 들으며, 고객이 영향을 받고 있는 환경과 관계성까지 고려하면서 들어야 한다.

코치가 전체적으로 경청해야 하는 이유는 무엇보다 고객의 변화와 성장을 지원하기 위해서이다. 사람은 몸과 마음, 의식과 무의식, 감정과 사고 등을 사용하여 목적을 지향하는 존재로 자신의 내적 목적을 이룩함으로써 변화를 도모한다. 따라서 고객의 성장을 지원하는 코치는 고객이 어떤 목적과 목표를 가지고 있는지 경청하여야 한다. 그리고 목표를 이루기 위해 어떤 방식으로 생각하고 행동하는지도 경청하여야 한다. 이러한 방식의 경청을 통해 고객의 성장을 최대한 지원할 수 있게 된다.

그런데 이때 주의해야 할 점이 있다. 첫째, 사람은 목표를 이루기 위해 육체와 정신의 움직임을 통합하는 존재라는 것이다. 따라서 코치가 고객의 말을 들을 때 그의 말은 물론 몸의 움직임과 행동, 정신, 정서, 감정 등의 맥락을 통합하여 들어야 한다. 둘째, 대부분의 경우 사람들은 자신의 문맥 속에서 생각하고 행동한다. 따라서 코치는 고객이 어떤 문맥으로 해석하는지 알아차리면서 듣는 연습을 해야 한다. 이를 통해 코치는 비로소 고객이 어떤 방식으로 자신의 정체성identity을 형성해 왔는지, 환경이나 경험을 어떤 방식으로 인지하고 해석하는지, 그 경험으로부터 어떤 가치와 신념을 가지고 있는지를 이해할 수 있다.

전체적인 경청을 통해 고객을 이해했다면, 이제 코치는 진정한 소통을 위해 공유된 이해를 확인해야 한다. 이것은 고객이 말한 것을 되비추어 주는 것이다.

2) 공유된 이해를 확인하기 위해 고객이 말한 것을 되비추어 준다
Reflects back to ensure shared understanding.

적극적으로 경청하기 위한 두 번째 핵심 요소는 서로 공유된 이해를 확인하기 위해 고객의 말을 되비추어 주는 것이다. 이에 대해서는 실행 지침 '나' '다' '라'에서 자세히 다룰 것이며, 반영하기, 요약하기, 인식한 것을 질문하기, 감정과 에너지 변화 및 비언어적 신호 또는 행동에 주목하고 알려 주기 등을 통해 구현된다. 코치는 고객이 전달한 메시지를 잘 이해하고 있는지 확인하고, 공감을 표현함으로써 논의된 주제에 대한 관심을 표시할 수 있다.

또한 고객의 행동을 미러링mirroring함으로써 자신이 집중해서 듣고 있음을 보여 주고, 고객의 말을 요약하며 충분히 생각할 수 있는 시간을 주기 위해 침묵을 사용하기도 한다. 코치는 명료화하기 위해 질문을 할 수도 있다. 고객의 말을 알아듣지 못했음에도 아는 척하는 것은 서로에게 전혀 도움이 되지 않기 때문이다. 이처럼 다양한 방식으로 경청한 내용에 대해 고객에게 피드백을 함으로써 공유된 이해를 확인할 수 있다.

한편, 코치가 고객의 말을 되비춰 줄 때 유념해야 할 것이 있다. 고객이 사용한 언어를 그대로 사용해서 전달하는 것이 효과적이라는 것이다. 만약 고객이 말한 내용을 코치가 자신의 언어로 바꿔서 표현하면 서로의 연결감이 떨어질 수 있다. 표현하는 말이 달라지면 고객의 언어에 담겨 있던 고유한 느낌이나 감정, 생각과 의도가 가감될 수 있기 때문이다. 고객에게 가장 효과적인 언어는 그가 사용하는 언어다. 따라서 코치는 고객의 언어를 포착하여 명료화clarify해야 한다.

명료화는 코칭 세션에서 코치가 지금 이 순간에 일어나고 있는 것을 보고 듣고 경험하고 느끼는 것을 전달하는 강력한 코칭 스킬이다. 명료화하기 위해 코치는 들은 내용을 요약하고, 바꿔 말하거나 고객이 한 말을 그대로 반복하기도 한다. 고객의 말을 그대로 반복해 줌으로써 고객으로 하여금 자신이 무슨 말을 하고 있는지 알아차리게 할 수도 있다. 또한 고객에게서 본 것을 미러링해 줌으로써 고객에게 되돌려 주는 방식으로 적극적 경청을 할 수도 있다. 이와 같이 코치가 고객의 언어를 사용하여 고객의 말을 되비춰 줌으로써 고객이 말하려는 내용을 명료화할 때 고객의 정서와 감정, 잠재적 감정이 자연스럽게 드러나게 된다.

바로 그때 코치가 고객의 입장에서, 고객의 언어로, 고객의 머릿속에 그림을 그려 주듯이 이야기하면 더욱 정확하고 효과적으로 소통하게 된다. 고객이 사용한 언어를 그대로 사용하면 더욱 친밀감을 느끼게 되고, 잘 듣고 있다는 것을 확인하게 되기 때문이다. 예를 들어, 고객이 코칭에서 다루려는 주제가 "어떻게 하면 성과를 잘 낼 수 있을까요?"라면, "고객님이 생각하시는 성과란 어떤 것인가요?"라고 질문하여 고객이 생각하는 성과에 대한 정의를 이해해야 한다. 또 "HRD 리더로서 영향력을 가지려면 어떻게 하면 좋을까요?"라는 주제를 꺼낸다면, 코치는 "고객님은 어떤 HRD 리더가 되고 싶으세요?" 또는 "영향력을 가진 HRD 리더로서 무엇을 하고 싶으세요?"라고 질문하여 고객이 말하려는 것의 이해를 촉진할 수 있다.

다음 사례는 고객이 말한 내용을 명료화하기 위해 내용 요약을 사용한 적극적 경청의 예이다.

사례

고객: (15분 동안 회사에서 힘든 상황을 이야기했다.)

코치: 제가 이해한 바로는, 업무 협조를 잘 해 주지 않은 이웃 팀장에게 인간적으로 거부당하는 느낌이 들어서 가끔씩 보복성 화풀이 발언을 하신 것 같네요. 그런데 업무 협조를 위해서는 소통 능력이 중요하기 때문에 업무 협조에 필요한 소통 능력을 갖추면 팀장 리더십을 잘 발휘할 수 있겠다고 생각하신 것으로 이해했습니다. 제가 제대로 이해했나요?

고객: 네, 그래요. 팀장 리더십을 제대로 발휘할 수 있는 소통 능력, 바로 그겁니다.

이 사례에서 코치는 고객이 표출한 감정과 말하고 싶어 하는 것을 잘 들은 후에 그 내용을 요약하고, 바꿔 말함으로써 고객이 말한 것을 되비춰 주었다.

3) 고객에 대한 이해를 통합하여 커뮤니케이션을 지원한다Integrates understanding of the client to support communication.

깊은 경청은 상대의 마음을 여는 마법의 열쇠다. 코칭 세션에서 코치가 자신의 이야기를 진정성 있게 잘 들어 준다고 느끼는 고객은 자신과 자신의 상황에 대해 더 많은 이야기를 하게 된다. 그런데 때로 고객이 코치의 질문에 답을 하는 과정에서 이야기가 주제에서 벗어나기도 하고, 자신의 감정 상태를 정확히 인식하지 못한 채 막연하고 장황한 말을 늘어놓거나, 하나의 감정에 휩싸여 제자리를 맴돌면서 정작 자신에게 필요한 것은 말하지 못하는 경우가 있다. 이때 코치는 고객의 말을 잘 듣고 그가 지금 경험하고 있는 것이 무엇인지, 무엇을 전달하고 있는지를 통합적으로 듣고 되돌려 주어야 한다.

단, 코치는 고객의 '지금 여기'의 현상을 토대로 듣는 것이 필요하다. 고객이 지금 여기에서 하는 말이나 생각은 그가 경험하였던 과거의 경험, 그 경험에 대한 고유한 해석, 그리고 그의 주변 환경은 물론 관계에 대한 해석까지 포함하기 때문이다. 과거의 어떤 경험이나 사건만이 오늘의 그 사람을 만든 것이 아니라, 그 경험과 사건에 대해 선택했던 반응이나 행동 패턴 또한 오늘의 그 사람을 만든다. 따라서 코치는 고객의 맥락을 통합적으로 듣는 동시에 고객의 마음과 행동을 세밀하게 관찰함으로써 지금 여기에서 경험되고 있는 것이 무엇인지 민감하게 들어야 한다.

이를 위해서 코치는 대화를 통해 고객의 내면에서 일어나는 현상이 무엇인지, 그가 자기도 모르게 가지고 있는 가정(해석이나 추측)이 무엇인지 탐색해야 한다. 고객이 자신을 어떻게 이해하고 있는지와 같은 인지의 차원, 자신이 환경과 상황에 어떻게 반응하고 있는지와 같은 행동의 차원, 그리고 정서의 차원을 고려하여 경청함으로써 고객의 실상을 제대로 이해하려고 노력해야 한다. 이렇게 코치가 고객의 시스템 맥락까지 고려할 때 코치는 고객에 대한 이해를 통합할 수 있게 된다.

코치가 고객에 대한 이해를 통합하여 대화한다면 고객은 스스로 자신이 어떻게 지각하고 있는지, 외부의 환경이나 자극에 대해 어떤 행동방식으로 대응해 왔는지 알아차리고 통찰하게 된다. 이런 대화는 고객이 더 깊이 성찰할 수 있게 하고, 그 결과 새로운 관점 전환이 일어나기도 한다.

이때 한 가지 주의할 점은, 코치가 들은 것에 대해 고객에게 설명하거나 해석해 주는 것은 고객의 행동 변화에 도움이 되지 않는다는 것이다. 고객이 말하는 것은 언제나 옳다. 코치는 고객에 대해 어떤 판단이나 평가를 하지 않고 그저 고객이 자기 스스로에 대해 가지고 있는 이해를 통합하여 알려 줄 뿐이다. 코치는 단지 거울처럼 고객의 이해를 되비춰 줌으로써 고객이 스스로 알아차리고 선택하고 실행하도록 해 주어야 한다.

결론적으로, 코치가 적극적으로 고객을 이해하려고 노력하는 것은 엄청난 가치가 있는 일이다. 코치가 고객이 경험한 그대로, 그의 경험의 의미와 감정 및 기호와 특질을 이해하고, 자신이 이해한 것을 고객에게 되돌려 준다면 고객은 자신이 충분히 이해받고 존중받고 있음을 경험하게 된다. 사람은 자신이 이해받는다고 느낄 때 존중받는다고 생각하기 때문이다. 다른 사람을 진정으로 이해하는 것은 그의 틀 속에 완전히 공감해 들어가도록 허용하는 것이며, 그를 온전히 수용하는 것이다. 다른 사람을 수용한다는 것은 그의 감정과 태도, 신념을 수용하는 것을 의미한다.

이처럼 다른 사람에게 온전히 이해받고 수용되는 느낌은 인간에게 매우 긍정적인 가치를 지닌다. 우리는 내 생각과 감정이 다른 사람에게 온전히 수용된다고 느낄 때 비로소 편안한 나 자신이 될 수 있기 때문이다. 진정한 이해와 수용은 사람을 변화시킨다. 이것이야말로 그 사람을 진정으로 돕는 것이다. 로저스는 자신의 상담 경험을 통해, 사람은 누구나 자신이 이해받는다고 느낄 때 자기 내면의 장벽을 허물고 자신을 좀 더 충분히 드러내고 싶어 하는 것을 발견하였다. 그리고 자신의 감정과 개인적인 자각의 세계를 터놓고 이야기하는 것은 대화에 참여한 사람 모두를 풍요롭게 한다고 하였다(주은선 역, 2009).

결국 말하는 사람을 통합적으로 이해하는 것이야말로 활발한 소통을 만들어 내는 비결이라 할 수 있다. 코치가 지금 여기에서 고객의 감정과 느낌을 온전히 이해하고 수용할 때 고객은 새로운 경험을 하게 되고 성장하게 된다. 코치는 바로 이런 역할을 함으로써 고객의 커뮤니케이션을 지원할 수 있다.

4. '적극적으로 경청한다'의 실행 지침

가. 고객이 전달하는 것에 대한 이해를 높이기 위해 고객의 상황, 정체성, 환경, 경험, 가치, 신념을 고려한다.

나. 고객이 전달한 것에 대해 더 명확히 하고 이해하기 위해 반영하거나 요약한다.

다. 고객이 소통한 것 이면에 무언가 더 있다고 생각될 때 이것을 인식하고 질문한다.

라. 고객의 감정, 에너지 변화, 비언어적 신호 또는 기타 행동에 대해 주목하고, 알려 주며, 탐색한다.

마. 고객이 전달하는 내용의 완전한 의미를 알아내기 위해 고객의 언어, 음성, 신체 언어를 통합한다.

바. 고객의 주제와 패턴을 분명히 알기 위해 세션 전반에 걸쳐 고객의 행동과 감정의 흐름에 주목한다.

가. 고객이 전달하는 것에 대한 이해를 높이기 위해 고객의 상황, 정체성, 환경, 경험, 가치, 신념을 고려한다Considers the client's context, identity, environment, experiences, values and beliefs to enhance understanding of what the client is communicating.

한 사람의 삶은 그가 자신과 상황에 대해 어떻게 인지하고 어떻게 해석하는가에 크게 영향을 받는다. 고객은 자신의 사회 문화적 상황 안에서 자신이 어떤 사람인지, 어떤 사람이 되고 싶은지 결정한다. 또한 그 안에서 스스로 자신의 한계를 정하기도 하고, 무엇을 극복해야 하는지, 혹은 무엇을 지향하는지도 결정한다. 성장하는 동안 경험이 축적되면서 고객은 자신의 정체성을 형성하고, 자신의 가치와 신념 체계를 구축한다. 하지만 이 과정은 매우 정교하게 연합되어 있어 개인 스스로는 전체 체계 속에서 형성된 자신의 세계를 객관적으로 인식하지 못할 수도 있다.

따라서 코치는 고객의 시스템 체계를 고려하면서 고객이 주는 정보 전체에 주의를 기울일 필요가 있다. 코치가 주의 깊게 경청하면 고객이 자신의 삶에서 무엇이 가능하고, 무엇이 안 되는지, 무엇을 선택해 왔는지, 혹은 선택하고 싶은지, 어떤 두려움을 가지고 있는지, 무엇을 지향하는지 등 고객의 지각된 인식 체계를 알 수 있다. 또한 고객의 환경과 고객이 가지고 있는 이슈들의 환경, 고객의 경험을 통해 굳어진 가치와 사회적 신념들이 어떤 방식으로 행동에 영향을 미치고 상황에 대처하게 하는지도 알 수 있게 된다. 경청을 통해 고객이 자신의 인식 체계를 자각하도록 돕는 코칭 사례를 하나 살펴보자.

사례

고객: 저는 요즘 매사에 의욕이 없고 삶이 지루하게 느껴져요.

코치: 네, 그것에 대해 조금 더 말씀해 주시겠어요?

고객: 저는 대학에 다니는 동안 오로지 취업을 위해서 공부만 했어요. 그 덕분에 졸업과 동시에 취업에 성공했지요. 그런데 취업을 하고 나서 점점 의욕이 없어지고 사는 게 재미없다는 생각이 들었어요. 다른 사람들은 어떻게 살고 있을까 궁금하기도 해요.

코치: 요즘 의욕이 없고 사는 게 재미없다고 생각하시는군요.

고객: 네. 저는 지금까지 남들이 하라는 대로 열심히 살았어요. 대학에서 취업 준비를 해야 한다고 하니까 준비했고, 지금 직장도 남들이 좋은 곳이니 가라고 해서 왔어요. 그런데 지금 와서 생각하면 제가 무엇을 위해 그렇게 살아왔는지 모르겠어요.

코치: 아, 열심히 살아왔지만 무엇을 위해 그렇게 살아왔는지 찾고 싶으시군요.

고객: 네, 맞아요. 저는 부모님의 기대에 부응하는 것이 제가 해야 하는 일인 줄 알았어요.

코치: 그렇군요. 지금까지 부모님의 어떤 기대를 들어 왔나요?

고객: 안정적인 삶을 위해서 안정적인 직업을 가져야 한다고 말씀하셨어요. 그래서 저도 안정적인 직업을 갖기 위해 열심히 살아왔어요. 그게 저를 위해 가장 좋은 일이라고 생각했죠.

코치: 지금까지 '안정'이라는 가치를 추구해 오셨네요. 안정이라는 가치 외에 고객님에게 중요한 신념은 또 어떤 것이 있을까요?

고객: 안정 이외에는 아무것도 생각해 보지 않았어요. 그렇게 하면 무언가 잘못된 일을 하는 것 같았거든요. 그런데 저는 이제 안정이 아니라, 제가 어떤 일에 가슴이 뛰는지 알고 싶어요.

코치: 네, 이제 가슴 뛰는 삶을 살고 싶으시군요.

이 사례에서 고객은 자신이 원하는 것이 무엇인지 고민하기보다, 부모님과 주변 사람들의 기대를 만족시키는 것이 자신을 위한 삶이라고 생각해 왔음을 발견하게 되었다. 그리고 그런 가치관이 지금까지 자신의 삶을 어떻게 이끌어 왔는지 돌아보게 된다. 처음에는 의욕이 없고 삶이 지루하다는 이야기로 코칭을 시작했지만, 코칭 세션 동안 고객의 상황과 정체성, 경험을 경청함으로써 고객이 전달하는 것에 대한 이해를 높였고, 그 결과 고객이 가지고 있던 신념과 가치관에 대해 새로운 인식을 할 수 있도록 지원하였다.

나. 고객이 전달한 것에 대해 더 명확히 하고 이해하기 위해 반영하거나 요약한다Reflects or summarizes what the client communicated to ensure clarity and understanding.

이 실행 지침은 고객의 말이 명확하게 전달되었음을 확인하기 위해 코치가 고객의 말을 되비춰 주거나 요약하는 것을 의미한다. 고객은 자신이 중요하다고 생각하는 가치, 이해관계, 염려 등에 대해 말한다. 이때 코치는 자신이 들은 것에 대해 자신의 견해를 섞지 않고 고객의 생각, 감정, 질문, 내용을 그대로 되비추어 반영해 주어야 한다. 코치 자신의 고정관념, 생각, 감정을 내려놓고 고객이 가진 생각과 의견의 핵심을 간략한 언어로 반복하여 표현하는 것이다. 되비춰 줄 때는 고객이 말한 내용을 반영할 수도 있고, 말에 담긴 감정을 반영할 수도 있다. 고객이 말한 내용을 반영할 때는 고객의 근본적인 생각을 간결하고 분명하게 다시 표현해 줄 수 있다. 그리고 말하는 내용의 앞뒤가 맞지 않거나, 말하는 내용이 고객의 표정이나 몸짓과 일치하지 않는다면 그것을 말해 줄 수도 있다. 다음 두 가지 사례를 살펴보자.

사례

고객: 저희 남편은 제 시간에 맞춰 집에 들어온 적이 없어요. 뭐, 그래도 상관없지만요.

코치: 고객님은 남편이 제 시간에 맞춰 집에 들어온 적이 없다고 말씀하시고(사실 반영), 그래도 상관없다고 하셨는데, 그게 고객님의 진심이신가요? 그 말씀을 하실 때 표정이 좋지 않으셔서요.

이 사례는 고객의 말과 표정이 일치하지 않는 것에 대해 되비춰 주고 있다. 이를 통해 고객은 자신의 더 깊은 생각과 감정에 대해 성찰하고 자기 표현을 하게 될 수 있다. 이와 달리 감정을 되비춰 주는 것은 고객이 암시하고 있는 것을 코치가 말로 표현해 줌으로써 고객의 감정을 읽어 주는 것이다.

고객: 이번에 진행했던 프로젝트가 마무리되었는데, 처음 시작할 때 예상했던 만큼의 좋은 결과를 내지 못했다는 평가를 받았습니다. 남들은 다 잘하는 것 같은데, 저는 왜 늘 이 모양인지 모르겠어요.

코치: (공간을 가지고 듣는다. 그리고 잠시 후) 다른 사람들처럼 인정받고 싶은데 잘 안 되어서 속상하시군요(감정 반영).

고객의 말이나 감정을 되비춰 줄 때 주의해야 할 점이 있다. 먼저 상투적인 반응이 아니라 진정성 있는 반응을 해야 한다. 예를 들어, 고객이 어떤 감정을 표현했다면 코치는 그 감정에 집중하되 고객이 표현한 정도와 비슷한 강도나 수위로 감정을 반영해 주어야 한다. 그리고 고객의 문화적 배경이나 수준에 알맞은 언어를 사용해야 한다.

그리고 코치는 고객이 충분히 말할 수 있도록 기다린 후에 반영해 주어야 한다. 공간을 가진 코치의 반영은 고객으로 하여금 상황을 더 객관적으로 바라보고 문제를 더 정확하게 이해하게 함으로써 고객 자신을 더 깊고 넓게 탐색할 수 있는 기회를 준다. 고객은 또한 자신이 말한 것을 듣고 생각하는 성찰의 기회를 갖게 된다.

고객과 대화를 하다 보면 이야기 속에 반복적으로 등장하는 주장이나 표현이 있음을 알아차리게 된다. 이런 경우에는 반복되는 내용이나 표현을 강조해서 요약할 수 있다. 요약은 고객의 메시지에 들어 있는 다양한 요소들을 하나로 묶는 역할을 하며, 그가 표현하고자 하는 핵심 주제를 드러낸다. 또한 고객이 대화 중에 주제에서 벗어나 방향을 잃고 겉돌 때 대화의 속도를 조절하고 초점을 상기시키는 방법으로 요약을 사용할 수 있다.

이런 방식으로 반영해 주고 요약하는 적극적 경청은 고객으로 하여금 자신의 감정을 더 명확하게 경험하게 함으로써 자신의 내적 경험에 접촉하게 한다. 바로 그때 그동안 막혀 있던 감정이 흐르게 되고, 현재 자신의 감정을 객관적으로 바라보게 된다.

요약을 할 때 한 가지 주의할 점은, 요약하는 과정에서 고객의 이야기가 생략되거나 축약되며 인위적으로 통합될 수 있는데, 그로 인해 고객의 존재가 왜곡되거나 변질되는 경우가 있다는 사실이다. 따라서 코치는 과거 이야기의 사실관계보다, 그로 인해 지금 여기에서 고객에게 무엇이 일어나고 있는지 살펴야 한다. 즉, 고객의 이야기에 집중하는 동시에 현재 고객이 유지하고 있는 태도와 행동을 함께 주목해야 한다. 이를 통해 코치는 현재 고객의 생각, 지각, 상상, 정서 등을 알아차림으로써 고객으로 하여금 지금 여기에서의 알아차림을 불러일으키게 할 수 있다.

다. 고객이 소통한 것 이면에 무언가 더 있다고 생각될 때 이것을 인식하고 질문한다 Recognizes and inquires when there is more to what the client is communicating.

최고 수준의 경청은 귀와 눈을 비롯한 모든 감각을 동원해 경청하는 것이다. 모든 감각을 동원해 경청할 때 코치는 고객의 변화와 관련해 내면에서 일어나는 움직임을 알아차릴 수 있다. 고객이 말하는 것 이면에 다른 내적 움직임이 있는 것을 포착한 경우 코치는 그에 대한 탐색 질문을 할 수 있다. 예를 들어, 고객이 자신의 감정을 표현하면서 그 감정은 이미 정리가 되었다고 말하지만 표정이 어둡다면, 코치는 고객이 느끼는 그 감정의 실체가 무엇인지 물어볼 수 있고, 더 나아가 그것이 자신에게 어떤 영향을 미치고 있는지 물어볼 수도 있다.

또한 고객이 무언가를 하기 위해 부단히 애를 쓰지만 그것이 과연 고객이 진정으로 원하는 목적과 일치하는지 의구심이 든다면, 고객이 정말 원하는 것은 무엇인지, 그가 목표로 하고 있는 것은 무엇인지, 그가 가진 진정한 동기가 무엇인지 발견하기 위한 질문을 할 수도 있다. 그리고 현재 사용하지 못하는 기회나 자원은 어떤 것인지 질문할 수도 있다.

고객이 중요하게 여기는 바람, 욕구, 감정, 가치관 등을 표현한 경우에는 그 표현이 어떤 의미를 가지고 있는지 질문할 수도 있다. 고객이 어떤 욕구를 가지고 있는지, 욕구의 수준은 어느 정도인지, 그의 감정이 어떤지, 그가 어떤 가치관을 가지고 있는지, 그것이 어떤 의미를 가지고 있는지 물어봄으로써 더 깊은 탐색을 이어나갈 수 있다. 예를 들면 다음과 같다.

사례

고객: 저는 선한 영향을 주는 리더로 성장하고 싶습니다.
코치: 선한 영향을 주는 리더란 어떤 의미인가요?

고객: 저는 이번 프로젝트에서 아주 독보적인 성과를 내고 싶습니다.
코치: 독보적인 성과란 어느 정도의 성과를 말하나요?

이와 같이 코치가 고객의 표현이 담고 있는 감정, 신념, 가치관, 욕구의 수준, 그것의 의미 등을 물어보면 코칭 대화는 보다 깊어질 수 있다. 그리고 고객은 무의식에 들어 있는 깊은 이야기들을 꺼내 펼쳐 내면서 자신의 생각, 욕구, 바람, 과거의 경험이나 현재를 바라보는 시각, 미래에 대한 기대 등에 대해 충분한 자기 표현을 할 수 있게 된다.

라. 고객의 감정, 에너지 변화, 비언어적 신호 또는 기타 행동에 대해 주목하고, 알려 주며, 탐색한다 Notices, acknowledges and explores the client's emotions, energy shifts, non-verbal cues or other behaviors.

코치는 고객의 말도 잘 들어야 하지만, 고객이 이야기를 하면서 보여 주는 비언어적 행동과 태도에도 주목해야 한다. 얼굴 표정이나 시선, 웃음, 눈물, 한숨, 하품, 자세, 목소리 톤, 말의 속도 변화, 말하는 방식, 말 돌리기 등 다양한 요소들에 주목하고, 알려 주고, 함께 탐색해야 한다. 이런 요소들은 고객이 알려 주는 매우 중요한 정보이기 때문이다.

코치는 고객의 알아차림 수준을 높여 주기 위해 고객을 분석하기보다는 자신의 감각 자료를 활용해 관찰한 것을 말해 줌으로써 고객으로 하여금 자신의 내적 상태를 알아차리게 해 준다. 예컨대, 어느 순간 고객의 목소리가 작아지거나 낮아지고, 눈을 지그시 감거나 표정이 굳어지는 등 감정의 동요가 일어나는 것, 혹은 신체 자세가 달라지면서 에너지의 흐름이 변화하는 것을 관찰하고 그것에 주목해야 한다. 그리고 코치는 고객의 비언어적 신호와 에너지 변화를 감지한 것에 대해 고객에게 알려 주고 탐색해야 한다.

- 그렇게 말씀하실 때 눈이 살짝 떨리셨는데, 그것이 무엇을 의미하나요?
- 그 말씀을 하시면서 한숨을 쉬셨는데, 그것이 무엇을 의미하나요?

• 방금 목소리 톤이 좀 높아지셨는데, 왜 그런지 말씀해 주시겠어요?

이처럼 코치는 고객이 감정을 드러내는 비언어적 표지들에 주목하고, 그것을 고객에게 알려 주고 함께 탐색함으로써 고객이 자신도 알지 못했던 부분에 대한 깊은 성찰과 의미 있는 발견을 해나가도록 도울 수 있다.

마. 고객이 전달하는 내용의 완전한 의미를 알아내기 위해 고객의 언어, 음성, 신체 언어를 통합한다Integrates the client's words, tone of voice and body language to determine the full meaning of what is being communicated.

사람들은 말뿐만 아니라 목소리 톤, 몸의 자세, 얼굴 표정, 눈빛 등 다양한 비언어적 표현을 사용해 소통한다. 목소리 톤과 몸의 움직임에는 무의식의 언어가 담겨 있다. 언어verbal, 음성voice, 신체 언어visual, 이 3V가 일치하지 않는 경우 사람들은 자신도 의식하지 못하는 혼란에 빠지기도 한다. 따라서 코치는 고객이  하는 말에도 귀를 기울이지만, 고객이 보여 주는 비언어적 요소들에도 주목해야 하는 것이다. 이런 요소들에 주목함으로써 지금 여기에서 일어나는 것이 무엇인지 파악하게 되고, 고객의 내면에서 일어나는 변화를 지각하고, 대화를 통해 함께 탐색하면서 조율해 갈 수 있게 된다(김정규, 2015).

다음 사례에서 고객의 입장이 되어 고객의 말, 고객의 시선, 고객의 느낌을 천천히 따라가 보기 바란다.

사례

고객: 제가 이번에 굉장히 중요한 프로젝트를 성공시켰어요. 그래서 제가 뭔가를 이루어 냈다는 기쁨과 보람을 느낍니다.

(이때 고객의 시선은 아래를 향하고, 목소리엔 힘이 없었으며, 얼굴 표정도 그다지 즐거운 표정이 아니다. 이럴 경우 코치는 고객에게 다음과 같이 말할 수 있다.)

코치: 고객님이 이번에 굉장히 중요한 프로젝트를 성공시켰고, 그래서 기쁨과 보람을 느낀다고 하셨는데, 고객님의 목소리와 표정은 그렇지 않은 것 같네요. 제가 본 것과 관련해서 고객님은 실제로 어떤 상태인가요? 정말 말하고 싶은 것은 무엇인가요?

고객: (침묵) 사실은요…….

상대방과 충분히 의사소통을 하기 위해서는 고객의 말, 목소리 톤, 신체 언어 사이의 불일치나 변화를 집중해서 듣고 민감하게 느끼고 반응해야 한다. 이를 위해 코치는 고객의 음성이나 몸짓의 변화를 알 수 있는 표지를 살펴야 하며, 그 과정에서 3V 사이의 일치 또는 불일치를 알아차릴 수 있어야 한다. 고객이 하는 말과 목소리의 어조, 신체 언어 등 코치가 전체적으로 보고 들은 것을 모두 통합하여 고객에게 공유하면, 고객은 자신이 말하지 않은 진실, 표현하지 않은 감정이나 느낌, 자신이 진정으로 원하는 것에 대해 더 분명하게 인지하고 표현하게 될 것이다.

바. 고객의 주제와 패턴을 분명히 알기 위해 세션 전반에 걸쳐 고객의 행동과 감정의 흐름에 주목한다Notices trends in the client's behaviors and emotions across sessions to discern themes and patterns.

고객은 저마다 자신의 삶에 고유한 주제theme를 갖고 있다. 삶의 주제는 각자가 관심을 두고 있는 영역인데, 이 주제들은 자신이 누구인지, 삶이란 무엇인지, 어떻게 살아야 하는지, 고통의 원인이 무엇인지, 그 고통이 어떤 의미를 갖고 있는지, 세상과 타인과 어떻게 화해해야 하는지, 삶의 궁극적 가치가 무엇인지 등에 대한 물음과 관련이 있다. 이 주제는 또한 개인이 가지고 있는 생애 과제와도 관련이 있다. 생애 과제는 일, 우정, 사랑, 자기 돌봄, 우주와의 관계 속에서 자기를 정립하기 등 사람마다 다르다(Dreikurs, 1989).

주제 혹은 생애 과제는 각 사람에게 어느 순간에는 지각의 중심 부분으로 부각되면서 전경前景, figure이 되기도 하고, 어느 순간에는 관심 밖으로 물러나 배경背景, ground이 되기도 한다. 삶의 주제를 전경에서 배경으로 순환시키는 과정에서 사람들은 사실을 종합하여 분석하고, 판단하고, 추론하는 등의 적극적인 행동을 해 나가면서 적응한다. 이때, 사람들은 주로 자신의 과거 경험을 토대로 일정한 사고의 틀, 즉 사고 패턴을 만들고 그것에 입각하여 자동적으로 현실을 판단하면서 삶에 적응한다.

패턴pattern은 되풀이되는 사건이나 물체의 형태를 의미하는 용어로, 많은 정보 단서들이 공통의 특징으로 갖는 일정한 형태나 유형, 양식 등을 말한다. 한번 형성된 사고 패턴은 일종의 생활방식 혹은 습관이 되어 행동 패턴은 물론 감정 패턴에도 영향을 미친다. 경직되거나 고정된 패턴을 가지고 있는 사람은 새로운 사건이나 현상들을 과거 경험의 연장으로 간주할 가능성이 높다. 또한 과거의 부정적 경험은 부정적 시각을 패턴화시킴으로써 현재 일어나는 일도 모두 부정적으로 해석하여 좌절하거나 우울감에 빠지게 만든다. 이런 정신적 패턴은 과거의 경험, 상처, 세상을 보는 프레임, 신념, 가치관 등에 의해 형성된 것이다.

따라서 코치는 고객이 가지고 있는 주제 및 그 주제를 인식하고 행동하는 고객의 사고 패턴에 주의를 기울일 필요가 있다. 패턴을 인식하는 것은 여러 사건들의 관계를 파악하거나 이들 사이의 공통점을 발견함으로써 문제를 해결하는 실마리나 전략이 될 수도 있기 때문이다. 이를 위해서 코치는 세션 전반에 걸쳐 고객이 보여 주는 작은 행동과 감정의 흐름을 민감하게 살펴야 한다. 그렇게 함으로써 코치는 고객이 외부의 자극에 쉽게 영향을 받는 사람인지, 마음의 중심을 잡고 자극에 흔들리지 않는 사람인지 알 수 있다. 또한 과거의 경험이나 상처에 기초하여 생각하고 행동하는 사람인지, 목적 지향적으로 판단하는 사람인지 등도 알 수 있다.

코치의 알아차림은 고객에게 영향을 미친다. 코치가 고객의 주제와 사고 패턴이 형성된 배경과 의미를 이해하고 통찰하게 되면, 고객으로 하여금 잠시 멈추어 자신의 사고가 그 자체로 타당한 것인지 생각해 보게 할 수 있다. 또한 습관화된 자동적 사고가 내 삶을 지배해 온 것은 아닌지 자문자답하게 할 수도 있다. 만약 고객이 자신이 알지 못하는 사이에 자동적 사고 패턴에 의해 살아왔다는 것을 알아차리게 되면 고객 스스로 그 프로세스를 멈추기 위해 노력하도록 지원할 수도 있다.

이를 위해 코치는 고객이라는 존재와 그 패턴을 분리하는 것을 미리 훈련할 필요가 있다. 고객의 존재는 사고, 행동, 감정의 패턴이 아니다. 존재와 패턴을 분리함으로써 우리는 비로소 그의 행동이 그 사람 전체는 아니라는 것을 깨닫도록 도울 수 있다. 고객의 패턴으로부터 고객의 정체성을 분리시킬 수 있는 코치는 "원래 당신은 어떤 사람인가요?"라는 질문을 통해 고객 스스로 자신을 객관적으로 바라보게 할 수 있다. 그럼으로써 고객의 전경과 배경이 자연스럽게 전환될 수 있게 하며, 새로운 환경과 자연스럽게 접촉하고 교류하며 미해결 과제를 완결할 수 있도록 도울 수 있다. 우리가 흔히 접하게 되는 부정적 사고 패턴을 보여 주는 표현들은 다음과 같다.

- 열심히 해봤자 결과는 뻔해.
- 어차피 안 될 거야.
- 내가 늘 이렇지, 뭐.
- 사람들은 나를 좋아하지 않아.
- 이런 것도 못하다니, 나는 정말 쓸모없는 존재야.
- 아무도 믿어서는 안 돼.
- 내가 무시당하는 것은 가장 비참한 일이야.

• 나는 절대 약해져서는 안 돼.

5. 전문 코치 평가 지표 PCC Markers

다음의 평가 지표는 전문 코치PCC 수준에서 코칭 대화를 할 때 보여 주어야 하는 핵심 역량을 반영한 것이다. 이것은 코칭 핵심 역량 개발의 맥락 안에서 사용되어야 한다. 그리고 이것을 전문 코치PCC 인증 시험을 통과하기 위한 형식적인 체크리스트로 간주해서는 안 된다.

• **역량 6. '적극적으로 경청한다'의 평가 지표**
  - 6.1: 코치는 고객이 어떤 사람인지, 또는 고객의 상황에 대해 코치가 알게 된 내용을 활용하여 고객에게 맞추어 질문과 관찰을 한다.
  - 6.2: 코치는 고객이 사용한 단어들에 대해 질문하거나 탐색한다.
  - 6.3: 코치는 고객의 감정에 대해 묻거나 탐색한다.
  - 6.4: 코치는 고객의 에너지 전환, 비언어적 단서 혹은 다른 행동들을 탐색한다.
  - 6.5: 코치는 고객이 현재 자신이나 자신의 세계를 어떻게 바라보고 있는지에 대해 묻고 탐색한다.
  - 6.6: 코치는 그렇게 할 만한 명시적인 코칭 목적이 없는 한, 고객의 말을 끊지 않고 끝까지 듣는다.
  - 6.7: 코치는 고객이 전달한 말을 더 명확히 하고 이해하기 위해 그 내용을 간결하게 되비춰 주거나 요약한다.

핵심 **요약**

- 적극적 경청은 코칭 세션 동안 고객이 전달한 것을 온전히 듣고 이해하여 고객과 충분히 소통함으로써 고객의 변화와 성장을 일으키는 포괄적 역량이다.
- '적극적으로 경청한다'의 핵심 요소는 다음과 같다.
  - 전체적으로 경청한다.
  - 공유된 이해를 확인하기 위해 고객이 말한 것을 되비추어 준다.
  - 고객에 대한 이해를 통합하여 커뮤니케이션을 지원한다.
- '적극적으로 경청한다'의 실행 지침은 다음과 같다.
  - 고객이 소통한 것 이면에 무언가 더 있다고 생각될 때, 이것을 인식하고 탐색하는 질문을 한다.
  - 고객의 감정, 에너지 변화, 비언어적 단서 또는 기타 행동들을 인지하고 인정하며 탐구해 나간다.
  - 고객의 주제theme와 패턴pattern을 분명히 알기 위해 세션 전반에 걸쳐 고객의 행동과 감정의 흐름trends에 주목한다.
- 적극적 경청을 하기 위해서는 나 중심적 패러다임에 의한 나 중심적 듣기를 하지 않고, 온전히 상대방 중심 패러다임에 입각하여 상대방 중심의 듣기를 해야 한다.
  - 적극적 경청은 에고리스egoless 상태에서 경청을 하는 것이다. 이를 위해서는 자신의 집착을 내려놓아야 한다. 코치 자신이 옳다는 생각(충고, 제안, 판단, 임의적 해석)은 물론, 자신이 좋은 코치라는 이미지를 심어 주려는 의도까지도 내려놓아야 한다.
  - 적극적 경청을 하기 위해서는 깨끗한 공간 마련space clearing, 주의 집중pay attention, 관심과 호기심 표현interest, 판단하지 않기withhold judgement, 고객의 말을 되비춰 주기reflect, 통합하기integration와 같은 스킬을 갖추어야 한다.

자기 개발을 위한 성찰 및 연습 S-A-C

○ 잠시 멈추고 바라보기 Stop

- 정지하고 한 걸음 떨어져서 고객의 말을 전체적으로 듣고 있는지, 고객의 소통을 충분히 지원하고 있는지 바라본다.

○ 알아차리기 Aware

- 나는 고객이 무엇을 말하고 있는지, 무엇을 말하지 않고 있는지 알아차리고 있는가?
- 나는 고객의 탁월함과 재능 및 고객을 제한하는 신념과 패턴도 경청하고 있는가?
- 나는 논리적 · 정서적 · 유기적으로 전체를 듣고 있는가?
- 나는 코치로서 어떻게 에고를 조절하고 있는가?

○ 도전 Challenge

- 코치로서 고객의 주제와 패턴을 잘 인식하고, 고객의 전경과 배경이 원활한 상호작용이 일어나도록 돕기 위해 지금 여기에 머무르는 훈련을 한다.
- 변화와 성장을 이루는 새로운 삶을 만들기 위해, 평상시에 자기 자신을 온전히 수용하고 지지하는 것과 다른 사람을 온전히 수용하고 지지하는 것에 민감해진다.

역량 **7**

알아차림을 불러일으킨다

Evokes Awareness

1. '알아차림을 불러일으킨다' 역량 이해를 위한 사전 질문

가. 코칭에서 알아차림을 불러일으키는 것은 무엇이며, 언제 일어나는가?

나. 알아차림을 불러일으키는 환경은 어떻게 조성할 수 있는가?

다. 코칭 과정에서 은유나 비유, 유추는 어떻게 통찰을 일으키는가?

라. 고객의 통찰과 학습을 촉진하는 방법은 무엇인가?

마. 성찰과 리프레이밍reframing, 관점 전환을 지원하는 방법은 무엇인가?

2. '알아차림을 불러일으킨다'는 것은 무엇인가

가. 알아차림이란

알아차림awareness은 "어떤 정보나 경험에 기초해서 현재 무언가 있다는 것을 알고 있거나, 현 상황이나 주제에 대해 이해하고 있다는 것을 아는 것"으로 정의된다(케임브리지 사전). 이는 알아차림이 단순히 아는 것knowing을 넘어 자신의 인지 과정에 대해 관찰하거나 발견하는 정신 작용으로써 '인식에 대한 인식' '생각에 대한 생각'과 같은 메타인지meta-cognition를 포함한다는 것을 의미한다. 그런 의미에서 알아차림은 코칭의 정의에서 강조하는, 고객이 어떤 주제에 대해 숙고熟考할 수 있도록 생각을 자극하는thought provoking 활동과도 관련된다고 하겠다.

게슈탈트 심리치료에서 알아차림은 지금 여기의 삶에서 일어나고 있는 모든 현상을 방어하거나 피하지 않고 있는 그대로 체험하는 행위라고 말한다(김정규, 2015). 또한 우리말에서 '알아차림'으로 번역되는 영어 단어 'awareness'는 감각적, 감정적, 인지적, 지각적, 행동적 차원들을 포함하는 다각적인 지각을 뜻한다. 게슈탈트 심리치료의 창시자 펄스Pearls는 신체와 감각, 감정, 욕구, 사고, 행동 등을 서로 연결된 하나의 의미 있는 전체로 보았다. 즉, 인간의 행동은 기계적인 연합이 아니라 이들을 통합하는 의미 있는 전체라는 것이다. 개체는 환경과 함께 하나의 통합적인 전체를 이루고 있기 때문에 개체의 행동은 전체 장場의 맥락에서 이해되어야 하며 따로 분리해서는 안 된다고 하였다.

　신경심리학자 시겔Siegel 역시 알아차림에 대해 다각적이고 통합적인 관점을 취하고 있다. 그는 '알아차림의 바퀴wheel of awareness'를 통해 알아차림의 4가지 영역과 통합적 확장 과정을 시각적으로 설명하였다. 어느 날 그는 사무실

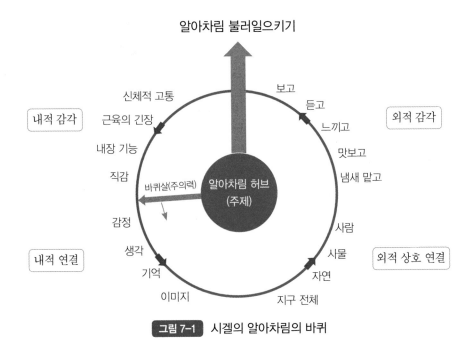

그림 7-1　시겔의 알아차림의 바퀴

에서 테두리를 나무로 둘러싼 유리 원탁을 보면서 우리의 의식이 원의 중심에 일종의 축hub처럼 놓여 있고, 의식이 뻗어나가 테두리의 어느 곳에든 닿는다고 생각했다. 그리고 이 테두리에는 다양한 생각, 영상, 느낌, 감각의 '대상'이 위치해 있다고 하였다(윤승서, 이지안 역, 2020).

그는 이 원탁을 '알아차림의 바퀴'라고 이름 붙였다. 가운데 중심축hub은 알아차리는 경험 자체를 상징하는 반면, 테두리는 알아차린 것들 즉, 앎의 대상을 상징한다고 하였다. 알아차림의 바퀴는 마음의 작용을 설명하기 위한 은유인데 우리가 주의력을 기울여 생각하거나 인식하거나 감각을 통해 알게 된 것이 있다면 그것은 앎의 대상이 된다.

앎의 대상은 [그림 7-1]과 같이 크게 네 가지로 구분할 수 있다. 첫 번째 구간은 보고, 듣고, 느끼고, 맛보고, 냄새 맡는 것과 같은 오감에 의한 외적 감각을 통해 알게 되는 것이다. 두 번째 구간은 신체적 고통, 근육의 긴장, 내장 기능, 직감 등 신체의 내적 감각에 의해 알아차려진다. 세 번째 구간은 생각, 감정, 신념, 기억, 이미지 등이 서로 내적으로 연결되는 정신적 활동을 통해 알아차림이 일어난다. 네 번째 구간은 사람과 사람의 연결, 사물들과의 연결, 자연이나 세상과의 연결 같은 외적 상호 연결에 의해 순환되면서 알아차림이 확장된다는 것이다.

이와 같은 네 가지 종류의 알아차림은 독립적으로 일어나기도 하고 통합적으로 일어나기도 한다. 펄스는 삶의 내부·외부에서 일어나는 현상들을 통합적으로 지각하고 체험함으로써 개체는 환경과 유기체적인 관계 속에서 알아차림의 통합체로 머물 수 있다고 하였다(김정규, 2015). 알아차림은 단순히 문제를 인식하는 것이 아니라 미해결 과제가 완결될 때까지 거기에 머무는 staying with 과정을 포함한다. 시겔은 천천히 한 구간씩 집중해 보면서 각 구간에 해당하는 요소들을 음미하고 알아차린 후 다른 구간으로 이동하는 작업을 통해 마음의 힘을 키울 수 있다고 하였다. 이러한 알아차림은 현재 상황에 초점을 맞추고 깨어 있을 때 일어난다. 우리가 알아차리는 것은 지금 여기의 상황에서 자신에게 의미 있는 내적·외적 사건들을 지각하고 체험하는 것을 의미한다.

알아차림은 모든 인간이 가진 고유한 능력이다. 마치 사고 능력이나 기억 능력처럼 모든 사람은 자연스럽게 지각하고 체험함으로써 알아차리는 능력이 있기 때문이다. 이렇게 모든 사람이 알아차리는 능력을 가지고 있음에도 불구하고 코칭에서 알아차림을 불러일으켜야 하는 이유와 방법에 대해 좀 더 알아보자.

나. 알아차림 불러일으키기 Evokes awareness

바쁜 일상에 쫓기며 살다 보면 사람들은 현재 자신의 삶이 어떻게 되고 있는지, 자신이 어디로 가고 있는지, 무엇을 지향하는지 등을 점점 잊어버리게 된다. 그리고 자신에게 일어나는 중요한 내적·외적 사건들 속에서 자신의 욕구나 감정, 생각, 행동, 환경을 지각하지 못한 채 살아가면서 눈 앞의 사건이나 현상을 보고도 그 의미를 깨닫지 못하고 삶의 의미를 잃어버리기도 한다. 하루하루 삶에 매몰되어 순간순간을 알아차리지 못하고 사는 것이다. 그래서 고객이 가지고 있는 코칭 주제들은 자신이 그동안 알아차리지 못한 것을 새롭게 알아차리는 것이기도 하다.

알아차림은 내가 나 자신이 되기 위해 필요한 가장 기본적인 능력이다. 내가 무엇을 원하는지, 나의 진정한 욕구가 무엇인지, 내가 지금 어떤 감정을 느끼고 있는지, 내가 절대로 양보할 수 없는 신념과 가치관이 무엇인지, 나는 나를 어떤 사람이라고 생각하는지, 세상을 바라보는 내 관점이 무엇인지 등 우리 삶의 근간이 되는 중요한 질문들에 답하기 위해서는 알아차림이 있어야 한다. 알아차림이 없을 때 우리는 주변 사람들이 기대하는 사람이 되어 주어진 삶을 연기할 뿐, 진정한 자기 자신이 되지 못한다. 따라서 코칭에서 알아차림을 불러일으키는 것은 코치에게 부여된 매우 중요한 역할이라고 할 수 있다. 그렇다면 코치가 고객의 알아차림을 불러일으키는 대화 방법에는 어떤 것들이 있을까?

먼저, 앞에서 설명한 알아차림의 바퀴를 작동시킬 수 있다. 코치는 고객의 이슈나 주제에 대해 고객이 주의력을 가지고 각 감각의 구간을 경험하도록 도움으로써 바큇살 역할을 할 수 있다. 이를 통해 고객이 주제를 중심으로 알아차림의 여러 요소를 연결시키고 통합적으로 알아차리도록 지원할 수 있다. 각 구간별로 다음과 같은 질문을 할 수 있다.

- **외적 감각**: 지금 창밖에 무엇이 보이나요? 무슨 소리가 들리나요?
- **내적 감각**: 지금 대화를 하면서 몸에서 어떤 느낌이 느껴지나요? 그 느낌은 몸의 어디에서 느껴지나요? 고객님의 몸이 무엇을 말하고 있나요?
- **내적 연결**: 그 단어를 듣고 떠오르는 것이 있나요? 그것은 어떤 감정이나 욕구와 연결되나요?
- **외적 상호 연결**: 지금 하늘을 보면, 하늘이 고객님에게 무슨 이야기를 하는 것 같나요? 그 일을 해결하는 데 도움이 될 사람이 있나요? 상사의 입장에서 이 상황을 바라보면 어떤 생각이 드나요? 지금 어떤 선택을 해야 세상에 기여하는 일이 될까요?
- **통합**: 지금까지 우리가 나눈 대화를 통해 새롭게 알아차린 것이 있다면 무엇인가요?

이 외에도 다음과 같은 방법과 질문을 통해 고객의 알아차림을 촉진할 수 있다(구 '역량 8. 일깨우기'의 실행 지침 인용).

첫째, 고객이 상황을 명확하게 인식하도록 돕는다. 고객이 코칭 주제와 관련되어 있는 현재 상황, 관계, 정말로 원하는 것 등에 대해 더 큰 이해와 명확한 인식을 할 수 있도록 성찰 질문을 한다.

- 잠깐 멈추고 지금의 상황을 하나의 연극 무대라고 생각하고 자신을 바라보세요. 자신은 무엇을 하고 있나요? 무대의 다른 주인공들은 무엇을 하고 있나요?

둘째, 고객이 자신의 불일치를 자각하도록 돕는다. 고객의 목소리, 행동, 몸의 동작 등과 본인이 말하고 있는 것의 불일치, 고객이 알고 있는 것의 불일치, 사실과 고객의 인식이나 해석의 불일치 등을 찾아내어 자각하게 한다.

- 지금 후련하다고 말씀하셨는데, 표정은 좀 섭섭해 보이시네요.
- 회사의 전략은 A라고 하셨는데, 실행 계획은 B로 작성하셨네요.
- 본인이 이제 쓸모가 없는 처지가 되었다고 하셨는데, 그것은 사실인가요, 아니면 본인의 해석인가요?

셋째, 고객이 새로운 발견을 하도록 돕는다. 고객이 원하는 목표를 얻기 위한 새로운 생각, 지각, 신념, 감정, 기분 등을 발견하도록 한다.

- 이번에 맡은 역할을 잘 해내면 고객님의 삶은 어떻게 달라질까요?
- 지금 한 발 떨어져서 보니 무엇이 보이고, 느껴지나요?

넷째, 고객의 관점을 전환할 수 있도록 돕는다. 고객이 익숙한 사고와 행동의 패턴에서 벗어나 코칭의 주제와 목표에 도움이 되는 새로운 관점으로 전환할 수 있도록 돕는다.

- 미래의 성공한 당신이 지금의 당신을 보고 있다면 어떤 말을 해 주고 싶을까요?
- 당신이 존경하는 멘토라면 지금 어떻게 하실 것 같으세요?

다섯째, 고객이 상호 연관 요소를 파악할 수 있도록 돕는다. 고객이 자신과 행동에 영향을 미치는 생각, 감정, 신체 및 배경의 상호 연관성과 차이점을 파악할 수 있도록 도와준다.

- 지금 대화를 나누면서 목소리가 점점 커지고 동작이 많아지고 있네요. 대화 전과 지금 사이에 어떤 변화가 있었나요?

여섯째, 고객이 자신에게 중요한 것이 무엇인지 확인하도록 돕는다. 고객의 학습과 성장을 위한 주요 강점이 무엇이고 주요 영역은 무엇인지 파악한다. 그리고 코칭에서 다루어야 할 가장 중요한 것이 무엇인지 확인한다.

- 고객님의 강점은 무엇인가요?
- 이 문제를 해결하기 위해 자신의 강점을 활용한다면 어떤 강점을 활용해 보시겠어요?
- 오늘 코칭이 끝났을 때 무엇을 얻으면 성공한 코칭이라고 할 수 있을까요?

3. '알아차림을 불러일으킨다'의 정의 및 핵심 요소

가. 정의

강력한 질문, 침묵, 은유 또는 비유와 같은 도구와 기술을 사용하여 고객의 통찰과 학습을 촉진한다 Facilitates client insight and learning by using tools and techniques such as powerful questioning, silence, metaphor or analogy.

코치는 알아차림을 불러일으킴으로써 고객의 통찰과 학습을 촉진할 수 있다. 알아차림을 불러일으키기 위해 코칭에서 사용할 수 있는 도구는 강력한 질문, 침묵, 은유, 비유와 같은 것들이다.

'강력한 질문하기'는 구 역량에서 여섯 번째 핵심 역량으로 다루어졌지만, 신 역량에서는 일곱 번째 역량인 '알아차림을 불러일으킨다'의 일부로 편입되었다. 이에 대한 자세한 내용은 『코칭 핵심 역량』(박창규 외, 2019)을 참조하기 바란다. 강력한 질문powerful questioning은 무의식적 에너지들을 의식화시켜 지금 여기에서 일어나고 있지만 자각하지 못했던 무의식의 현상들을 자각하고, 직면하여, 문제의 원인을 알아차리고 통찰을 얻게 한다. 또한 고객으로 하여금 자신이 말한 것의 본질이나, 자기 존재에 대해 더 깊고 넓게 탐색하게 함으로써 새로운 지평을 열어준다. 이를 통해 고객이 과거에서 미래를 향해 앞으로 나아가게 하고, 안전지대에서 실험 공간experimental space으로 이동하게 한다. 강력한 질문을 통해 고객은 비로소 문제의 본질이 무엇인지 생각하고, 늘 있던 자리에서 벗어나 시간적 · 공간적으로 사고의 범위를 넓히기 시작한다. 이를 통해 새로운 알아차림과 통찰이 일어날 가능성이 생겨난다. 강력한 질문의 예는 상황에 따라 다르지만, 일반적으로 다음과 같은 질문들이 있다.

- 고객님이 정말로 원하는 것은 무엇인가요?
- 고객님은 어떤 삶을 살고 싶으세요?
- 고객님은 정말 어떤 일을 하고 싶은 사람인가요?
- 고객님의 그런 가치관이 본인과 팀원들에게 진정으로 도움이 되나요?
- 고객님이 그렇게 생각하게 된 진짜 배경은 무엇인가요?

강력한 질문에는 침묵이 뒤따른다. 침묵은 코칭의 전체 과정에서 고객의 내면을 탐색하고 비추기 위해 사용하는 중요한 기술이며, 고객이 새로운 공간으로 들어가는 문을 열어 주는 도구이다. 질문 후 갖게 되는 침묵의 공간에서 고객은 잠시 멈추어 자신의 내면을 깊게 들여다볼 수 있는 심리적 공간과 여유를 갖게 된다. 그 공간에서 고객은 강력한 질문에 답하기 위해 자신의 의식과 무의식에 내재되어 있던 생각과 감정을 새롭게 탐색하고 새로운 자각을 얻게 되어 알아차림의 단계로 갈 수 있다.

은유와 비유도 통찰과 학습을 촉진하는 좋은 도구이다. 은유와 비유는 둘 다 유추 과정을 통해 작동한다. 유추란 두 대상이 여러 면에서 비슷하다는 것을 보고 다른 속성도 유사할 것이라고 추론하는 것이다. 즉, 겉으로는 서로 다른 현상처럼 보이지만, 기능적 유사성이나 내적 연관성을 찾아내어 연결하는 것이다. 시각과 청각을 잃은 헬렌 켈러Helen Keller는 "나는 관찰한다. 나는 느낀다. 나는 상상한다. 나는 셀 수 없이 다양한 인상과 경험, 개념을 결합한다. 이 가공의 재료를 가지고 머릿속에서 하나의 이미지를 만들어낸다."라고 유추를 통한 창조적 사고 과정을 설명하였다(박종성 역, 2007). 이처럼 유추는 기존 지식의 세계에서 새로운 이해의 세계로 도약할 수 있는 발판이 되기 때문에 유추에 의해 통찰과 학습이 일어나는 경우가 많다.

그렇다면 유추 능력은 어떻게 길러질까? 평소에 은유와 비유를 자주 사용해 보기를 권한다. 은유는 표현하려는 대상의 특징을 암시적으로 드러내어 'A는 B다'라는 형식으로 표현한다. 이때 A와 B 사이에 어떤 유사성과 연관성이 있는지 유추해야 그 의미를 정확히 이해할 수 있다. 예를 들어, 예전에 히트를 쳤던 광고 카피 중에 '침대는 과학입니다'라는 말이 있다. 사람들은 침대와 과학이라는 두 대상 사이의 연관성을 유추해 내고는 '아하~!' 하고 통찰을 얻게 되는 것이다.

이와 달리 비유는 어떤 대상을 다른 비슷한 대상에 직접 빗대어 'A는 B와 같다'라고 표현한다. 이때 A와 B 사이의 유사성을 '~처럼' '~같이' '~듯이' 등의 말로 직접적으로 표현하기 때문에 유추하기가 더 쉬울 수 있다. 서양 속담 중에 "좋은 친구는 별과 같다."는 말이 있다. 좋은 친구와 별 사이에 어떤 연관성이 있는지 유추해 보라. 뒤에 이어지는 말은 다음과 같다. "당신은 그들을 항상 볼 수는 없지만, 그들이 항상 그 자리에 있다는 것을 알고 있다." 참으로 멋진 통찰을 불러일으키는 말이다.

고객이 은유나 비유를 사용해 자신의 상태를 표현하게 하면 풍부한 상상력을 가지고 함축적인 언어로 말하게 함으로써 대화가 명료해지는 효과가 있다. 아리스토텔레스는 은유가 생각하는 도구의 핵심이라고 강조하며 다음과 같이 말했다. "이것만은 남에게 배울 수 없으며 천재의 표상이다. 왜냐하면 은유에 능하다는 것은 서로 다른 사물들의 유사성을 재빨리 간파할 수 있다는 것을 뜻하기 때문이다." 은유와 비유의 예를 몇 가지만 더 살펴보도록 하자.

- 은유: 시간 엄수는 비즈니스의 영혼이다.
- 비유: 시간 엄수는 비즈니스의 영혼과 같다.
- 은유: 서비스는 역지사지다.
- 비유: 서비스는 역지사지와 같다.
- 은유: 나는 어머니의 자부심이다.
- 비유: 나는 어머니의 자부심과 같다.

은유와 비유가 코칭에서 어떻게 사용될 수 있는지 사례를 살펴보자.

사례(은유)

고객: 저는 매일매일 위기와 불안 속에서 헤매고 있어요.

　　　(자신의 절박한 상황과 심정을 길게 이야기한다.)

코치: 지금 자신의 상황을 은유적으로 표현한다면 어떤 이미지가 떠오르세요?

고객: 음……, 지뢰밭이요. 어디서 터질지 모르는…….

사례(비유)

코치: 앞으로 살아갈 자신의 삶을 어떻게 표현할 수 있을까요?

고객: 음……, 어떤 그물에도 걸리지 않는 바람처럼 살고 싶어요.

코치: 네, 어떤 그물에도 걸리지 않는 바람. 그게 어떤 의미죠?

고객: 자유요, 자유. 바람처럼 자유롭게 살고 싶어요.

이 사례처럼 고객에게 은유와 비유를 사용해 보도록 권하면, 자신을 한 발짝 떨어져서 바라보며 지금까지 연결되지 않았던 자신의 생각과 의식을 새로운 대상과 연결시킴으로써 새로운 알아차림을 불러일으키는 단초가 될 수 있다. 그러므로 코치는 "지금 자신의 모습을 은유적으로 표현하면 어떤 이미지일까요?"와 같은 질문을 적절히 사용할 필요가 있다.

'알아차림을 불러일으킨다'의 핵심 요소는 다음과 같다.

1) 새로운 통찰을 위한 질문을 한다Asks questions to elicit new insights.
2) 새로운 학습을 위한 관찰을 공유한다Shares observations to support new learning.
3) 성찰과 리프레이밍을 지원한다Supports the client in reflection and reframing.

나. 핵심 요소

1) 새로운 통찰을 위한 질문을 한다Asks questions to elicit new insights.

통찰洞察, insight은 한자로는 '밝게 살핀다'는 뜻이고, 영어로는 'Inner + Sight'에서 유래되었다. 'Inner'는 내면을, 'Sight'는 시선을 의미하므로 통찰은 내면을 본다는 뜻이다. 내면을 본다는 것은 예리한 관찰력으로 내면을 꿰뚫어 보는 심리적 투사를 의미한다. 심리학자 힐Hill은 통찰은 내담자가 자신의 행동이나 성격에서 주제, 패턴, 인과관계를 깨닫는 것으로, 반복된 패턴을 알고 연쇄 고리가 이전의 반복 때문이라는 것이 마음에 떠오르는 것이라고 정의하였다(황지원, 2007). 즉, 통찰은 새로운 사태에 직면했을 때 과거의 경험에 의하지 않고 과제와 관련하여 전체 상황을 다시 파악함으로써 과제를 해결하는 것으로 심리치료나 문제행동 개선에 있어서 중요한 과정이다.

코칭에서 통찰은 고객이 자신의 생각과 상황 인식을 지금까지 전체적으로 연관 짓지 못하고 막연하게 이해하고 있다가 코칭 대화를 통해 흩어져 있던 사물들을 새로이 관찰하고 연결 지어 새롭게 전체를 파악, 재인식하여 새로운 insight를 얻는 알아차림이라 할 수 있다. 이런 통찰이 일어나는 과정은 배운 것을 그대로 사용하는 지식의 영역이 아니라 배운 지식을 통합하고 새로이 연결하여 답을 유추하는 지혜의 영역이라 할 수 있다.

코치는 질문을 활용해 새로운 통찰을 이끌어 낼 수 있다. 새로운 통찰을 일으키는 강력한 질문하기는 다음과 같은 효과가 있다.

- 고객이 원하는 것에 대해 초점을 맞추고 집중하게 한다.
- 고객이 원하는 것을 명확하게 하고 새로운 관점으로 말하게 한다.
- 자신의 상황보다 그 상황에 있는 자신을 바라보게 한다.
- 현재의 사고에 도전하고 더 깊거나 다른 생각을 불러일으킨다.
- 자신이 직면한 사실, 사고, 감정을 탐구하게 한다.
- 자기를 관조하게 하고 새로운 알아차림을 얻게 한다.
- 고객이 원하는 것을 성취할 수 있는 계획을 세우고 행동하게 한다.
- 고객이 성장을 위한 자발적 책무를 갖게 함으로써 고객이 원하는 결과를 창출하게 한다.

2) 새로운 학습을 위한 관찰을 공유한다 Shares observations to support new learning.

우리는 '역량 6. 적극적으로 경청한다'에서 고객에 대한 이해를 통합하여 커뮤니케이션을 하는 것이 얼마나 중요한지 살펴보았다. 코치는 고객과 함께 지금 여기에서 경험되고 있는 것을 관찰하고, 자신이 이해한 바를 통합하여 고객에게 돌려줌으로써 고객의 커뮤니케이션을 지원할 수 있다. 이와 같이 코치가 고객에게 온전히 집중하여 고객을 이해한 것, 즉 관찰을 공유하는 것은 '반응성 효과reacitvity effect'에 의한 새로운 학습을 일으킨다(이민규, 2019).

반응성 효과란 자신의 행동을 스스로 기록하거나 혹은 타인이 관찰하는 것으로 행동의 변화를 일으키는 것을 의미한다. 자신의 행동과 그 행동에 영향을 미치는 요인을 관찰하는 행위 자체가 그 행동을 더 나은 방향으로 변화시키는 경향이 있다. 코칭에서도 코치가 고객으로 하여금 자신을 객관화시켜 이해하게 할 때, 코치가 고객을 긍정적인 시각으로 바라보며 지켜볼 때, 그리고 고객이 이해한 것을 피드백을 통해 되돌려 줄 때 고객은 새로운 학습을 하고 변화를 이룰 수 있다.

이때 한 가지 주의할 점은, 코치가 관찰한 바를 공유할 때는 코칭 관계에서 확보된 신뢰와 안전감을 바탕으로 고객을 도와주려는 분명한 목적을 가지고 직접적으로 피드백을 해야 한다는 것이다. 피드백은 분명하고, 명료하고, 직접적으로 하며, 고객이 원하거나 불확실하게 생각하는 것을 다른 관점에서 재구성해서 분명하게 알아차릴 수 있게 한다.

- 제가 보기에는 고객님이 _____ 보이는데, 어떻게 생각하세요?
- 제가 듣기에는 고객님의 말이 _____ 들리는데, 맞나요?
- 제가 느끼기에는 고객님이 지금 _____ 느껴지는데, 맞나요?
- 제가 관찰한 바에 의하면 고객님은 _____ 문제를 _____ 측면에서 바라보고 있는 것 같은데, 어떻게 생각하세요?

코치의 직접적인 피드백의 중요성을 강조한 사례를 하나 살펴보자. 코치가 고객을 관찰한 결과 고객이 조직문화 진단 후 그 결과에 대해 심각성을 느끼지 못하고 있음이 관찰되었다.

사례

코치: 팀장님 팀의 조직문화 진단지수가 다른 팀에 비해 낮게 나왔네요. 혹시 이유가 무엇이라고 생각하시나요?

K 팀장: 글쎄요……. 저는 우리 팀이 처한 환경 때문이라고 생각합니다. 우리 팀원들의 고유한 업무 특성상 점수가 높게 나오기가 힘들죠. 외부 상황이 좀 안 좋았어요.

코치: 팀장님은 리더로서 지금 상황을 얼마나 심각하게 받아들이세요?

K 팀장: 뭐, 그냥 하는 진단이죠. 그렇게 심각하게 받아들이지는 않습니다. (이에 코치는 K 팀장의 피드백 결과를 있는 그대로 직접적으로 전했다.)

코치: 지금 일곱 명의 팀장에게 개인별 리더십 점수를 부여한다면 팀장님은 몇 등일 것 같으세요?

K 팀장: (해맑게 웃으며) 저야, 아마 상위권에 있겠죠.

코치: 네, 그렇게 생각하시는군요. 코치로서 제가 솔직하게 말씀드려도 될까요?

K 팀장: (아무렇지 않게) 네, 편하게 말씀하세요.

코치: 팀장님, 안타깝게도 팀장님이 최하위권이십니다. CEO와 인사팀에서는 K 팀장님을 가장 코칭이 필요한 리더로 생각하고 있습니다. (침묵)

K 팀장: (얼굴색이 변하며, 그제야 심각한 표정과 어투로) 아, 그렇게 심각한가요?

코치: 추가적인 정보가 있는데, 더 말씀드려도 될까요? (고객이 동의한 후) 팀원들은 ＿＿＿＿＿＿라고 느끼고 있고, ＿＿＿＿＿에 대해 불만을 느낀다고 했습니다. 그래서 이런 부분에서 팀장님의 변화를 바라고 있습니다.

K 팀장: (눈빛이 다소 흔들렸지만 이내 평정을 되찾고) 그럼 제가 어떻게
하면 지금의 문제점을 해결하고 좋은 리더가 될 수 있을까요?

그 후 K 팀장은 진지하게 코칭에 임했고, 팀원들과도 허심탄회하게 대화
했다. 그리고 K 팀장은 "제가 코치님의 솔직한 피드백 덕분에 변할 수 있었습
니다. 정말 최선을 다해 실천해 보려고 합니다."라고 말했다. 코치가 K 팀장
에게 관찰한 것을 직접적으로 공유하고 피드백을 했기에 시간 낭비를 줄이고
고객이 자신의 상황을 더 빨리 인식하고, 좋은 리더로 성장하기 위한 코칭을
할 수 있게 되었다.

3) 성찰과 리프레이밍을 지원한다 Supports the client in reflection and reframing.

성찰은 알아차림을 위한 필수 요소이다. 우리는 이미 역량 2에서 성찰과

성찰적 훈련, 코칭 성찰 훈련을 통해 코칭 마인드셋
을 함양하는 것에 대해 살펴보았고, 이어 역량 5에
서는 성찰 공간을 만드는 것이 프레즌스를 유지하
는 데 어떻게 도움이 되는지 살펴보았다. 성찰은 더
욱 깊어진 상태로 자신을 들여다보고 미래의 더 나
은 나를 만들어 가는 알아차림의 중요한 초석이다.
성찰은 '자신의 행동이나 한 일을 깊이 되돌아봄'으로써 경험에 대한 새로운
이해와 통찰을 통해 새로운 의식을 형성하게 한다(탁진국 외 역, 2010).

성찰을 통해 자신이 그동안 가지고 있던 사고방식이나 느끼는 방식을 바꾸
는 관점의 전환, 즉 리프레이밍이 일어날 수 있다. 프레임frame이 사고방식이
나 느끼는 방식의 '틀'이라면, 리프레이밍reframing은 이런 사고방식이나 느끼는
방식의 틀을 바꾸는 방법이다. 예를 들어, 고객이 실패한 원인을 자신의 능력
부족의 탓으로 해석하는 경우, 코치는 질문을 통해 다양한 외적 요인들을 찾

아내고 외적 요인이 실패의 원인이었음을 재인식하게 할 수 있다. 결국, 이번 일의 실패는 여러 가지 원인이 있으므로 그것들을 제거한다면 다음에는 반드시 성공할 수 있다고 생각하게 만드는 것이 대표적인 리프레이밍 훈련이다. 이처럼 고객이 자신감이 부족하거나 불확실하게 생각하는 것을 다른 관점에서 재구성해서 분명하게 이해하도록 지원할 수 있다.

　리프레이밍을 가능하게 하는 대표적인 방법은 스토리텔링, 관조, 탈융합 등이다. 스토리텔링은 고객이 원하거나 불확실하게 생각하는 것을 다른 관점에서 이해하도록 하는 방법이다. 스토리텔링은 삶을 이야기로 구성해서 living a life story 이야기를 하고telling a life story, 이야기를 하면서 깨닫거나 경험한 것을 다시 고쳐 말하는retelling a life story 과정을 통해 자신이 겪은 상황에 대해 새로운 의미를 부여하는 방법이다(원경림, 2017). 스토리텔링 코칭 대화는 고객의 삶의 경험을 '이야기화'하는 과정을 통해 경험에 힘을 실어 주고 대화에 몰입하게 만든다. 이런 대화는 자신의 삶에 대한 몰입을 유도함으로써, 고객을 자기 삶의 주체로 만든다. 이 과정을 통해 새로운 알아차림이 생기고, 다른 관점에서 이해하게 되는 리프레이밍이 일어나는 것이다. 코칭에서 리프레이밍은 코치가 고객으로부터 경청한 내용을 다른 관점으로 표현하여 고객이 말하려는 의도나 핵심을 고객에게 되돌려 주는 방식으로 활용된다. 고객은 자신이 했던 이야기에 대해서 다시 한번 생각하게 되며, 자신의 원하는 바를 새롭게 인식하고 효과적인 해결책을 쉽게 떠올리게 된다.

　관조는 보다 광범위한 시각으로 고객과 소통하고, 그들이 관점을 전환하고, 행동을 위한 새로운 가능성을 찾도록 고무한다. 고객은 자신이 처한 환경과 행동 패턴, 늘 보는 사람들과의 관계에 너무 익숙해서 다른 시야를 갖지 못하는 경우가 흔히 있다. 이때 코치가 현재 상태를 더 큰 시각과 객관적인 눈으로 보도록 도와주면 고객은 새로운 가능성을 찾을 수 있다. 고객이 더 광범위하고 객관적인 시각을 가질 수 있도록 돕는 코칭 사례를 살펴보자.

사례

고객: 일을 그날 중으로 끝내야 하는 상황이었는데 그날은 제가 정말 너무 피곤하고 힘들었어요. 동료가 그 일을 할 수 있지 않을까 생각하면서 조금 미안하지만 그냥 퇴근을 했어요.

코치: 그랬군요. 더 말씀해 주시겠어요?

고객: 다음날 출근해 보니 그 친구가 저한테 막 불평을 하더라고요. 그런데 저에게도 그럴 만한 사정이 있었잖아요. 그래서 저도 지지 않고 같이 싸웠죠. 옆에 있던 사람들이 와서 말리고서야 겨우 싸움이 끝났어요.

코치: 그래서 어떻게 되었나요?

고객: 그날 이후로 서로 한마디도 하지 않았어요. 그러면서 그 친구가 하는 말이나, 하는 일 하나하나가 다 신경 쓰이고, 야비해 보이더라고요. 그렇게 속 좁은 사람이 남들에게는 또 얼마나 좋은 사람인 척을 하는지…….

코치: 아, 그래서 지금 마음이 불편하시군요. 자, 그러면 지금의 자신을 이 자리에 두고, 이쪽으로 자리를 이동해 보시겠어요? 여기서 자신을 바라보세요. 어떤 느낌이 드세요?

고객: (잠시 침묵) 말씀하신 것처럼 사실은 마음이 불편해요. 뭔가 수렁에 빠진 느낌이랄까요. 예전에 그 친구랑 같이 재미있게 일하던 시절이 그리워요.

코치: 예, 저도 그 마음이 느껴지네요. 그러면, 어떤 상태가 되길 바라세요?

고객: 예전의 좋았던 상태로 돌아가고 싶어요. 네, 정말 그래요.

이 사례에서 보듯이, 고객은 자신을 관찰하며 자기 정당화를 멈추는 순간, 상자 밖으로 나올 수 있었다. 그리고 앞을 가로막는 심리적 장애 요소가 사라지면서 고객은 더 나은 가능성을 생각할 수 있게 되었다.

마지막으로 탈융합은 인지적 융합 상태에서 빠져 나오는 것이다. 인간은 자신의 생각과 감정 속에 빠져 반추하는 경향이 있고, 그 생각과 감정이 곧 자기라고 생각한다. 이것을 인지적 융합이라고 한다. 예를 들어, 고객이 "저는 패배자예요." "저는 쓸모없어요."라고 말하며 이런 생각에 압도당해 일상생활에 어려움을 겪고 있다면, 이를 '융합된 상태'라고 말한다(문현미, 민병배 역, 2010). 융합 상태에서 탈융합으로 옮겨 가려면 먼저 자신이 어떤 종류의 안경을 쓰고 있는지 알아차려야 한다. "나는 아무것도 할 수 없어."라고 말하면서 이것을 굳게 믿고 있다면, 고객은 실제로 아무것도 할 수 없는 상태가 된다. 하지만 이 순간에 자신의 생각이나 신념을 내려놓고 사실을 있는 그대로 알아차린다면 고객은 리프레이밍함으로써 새로운 행동을 선택할 수 있다. 탈융합을 위해서는 "저는 패배자예요." 혹은 "저는 쓸모없어요."라는 생각 대신에 "저에게는 패배자라는 생각이 있어요." 또는 "저는 쓸모없다는 생각이 있네요."라고 말하는 연습이 필요하다. 그리고 그 생각을 그저 스쳐 지나가는 바람처럼 대수롭지 않게 인식하는 것이다. 탈융합 기법을 활용한 코칭 사례를 살펴보자.

사례

코치: 지금 떠오르는 생각과 감정을 단풍잎에 적어서 흘러가는 강물에 띄운다고 상상해 보세요. 어떤 감정들을 적으시겠어요?

고객: 단풍잎 세 장에 분노, 슬픔, 아쉬움을 적고 싶어요.

코치: 자, 그럼 이제 눈을 감고 그 감정이 적힌 단풍잎들을 흘러가는 강물에 띄우고, 그것들이 멀리 떠내려가서 마침내 사라지는 모습을 상상해 보세요. 지금은 어떤 기분이 드세요?

고객: 다 사라지고 나니 속이 정말 후련해지네요. 그런 감정들은 일시적인 것이어서 언제든지 나타나고, 또 언제든 사라질 수 있다는 걸 알았어요. 앞으로 부정적인 감정이 올라오면 이런 방법을 써 봐야겠어요. 이제는 다시 시작해 보고 싶은 마음이 드네요.

4. '알아차림을 불러일으킨다'의 실행 지침

가. 가장 유용한 것이 무엇인지 결정할 때 고객의 경험을 고려한다.

나. 알아차림이나 통찰을 불러일으키기 위한 방법으로 고객에게 도전한다.

다. 고객의 사고방식, 가치, 욕구, 원함, 신념 등 고객에 대하여 질문한다.

라. 고객이 현재의 생각을 뛰어넘어 탐색하도록 도움이 되는 질문을 한다.

마. 고객이 자신의 경험에 대해 이 순간 더 많은 것을 나누도록 요청한다.

바. 고객의 발전을 위해 무엇이 잘되고 있는지에 주목한다.

사. 고객의 욕구에 맞추어 코칭 접근법을 조정한다.

아. 고객이 현재와 미래의 행동, 사고, 감정 패턴에 영향을 미치는 요인을 식별하도록 도와준다.

자. 고객이 어떻게 앞으로 나아갈 수 있는지, 무엇을 하려고 하고, 할 수 있는지 생각해 내도록 초대한다.

차. 관점을 재구성할 수 있도록 고객을 지원한다.

카. 고객이 새로운 학습을 할 수 있는 잠재력을 갖도록 관찰, 통찰, 느낌을 있는 그대로 공유한다.

가. 가장 유용한 것이 무엇인지 결정할 때 고객의 경험을 고려한다.

Considers client experience when deciding what might be most useful.

코치가 고객에게 가장 유용하고 도움이 되는 것이 무엇인지를 결정할 때 고객 자신의 경험이 포함된 자신의 방식을 사용하도록 하는 것이 좋다. 눈앞의 고객은 온전하고 자원이 풍부하며 창의적인 존재다. 고객이 자신의 주제를 말할 때 거기에는 이미 그 사람만의 눈으로 보는 세계가 담겨 있다. 그리고 지금까지 그 사람이 살아온 경험과 거기에서 얻은 교훈과 신념, 삶의 지혜, 해답과 자원이 함께 섞여 있다. 고객은 코치를 만나기 전까지 자기 문제를 가장 많이, 가장 깊이 고민해 왔으며, 다양한 시도와 좌절을 이미 경험해 왔다는 점에서 '자기 문제의 최고 전문가'다(김상복, 2017). 따라서 코치는 고객의 삶의 방식과 태도, 경험과 지혜, 경력과 역량을 종합적으로 파악하고 활용하여 고객이 가장 유용한 방식을 찾을 수 있도록 돕고, 새로운 알아차림을 통해 새로운 가능성을 찾아 나아갈 수 있게 해야 한다.

예를 들어, 회사를 설립해 사장 역할을 해 본 경험이 있는 고객이 있다. 지금은 회사를 정리하고 다른 회사의 직원으로 근무하는데, 상사와의 갈등으로 고민하고 있다. 그렇다면 고객에게 다음과 같이 질문할 수 있다. "본인이 사장이었을 때의 경험에 비추어 보면 지금의 갈등이 어떻게 느껴지세요? 이 갈등을 헤쳐 나가기 위해 예전의 사장님이라면 뭐라고 조언해 주시겠어요?"

그런데 이때 한 가지 유의할 점이 있다. 고객의 경험을 고려한다는 것은 고객의 경험에만 얽매여 그 경험 자체만을 고려하는 것이 아니라, 경험을 통해 얻은 교훈, 지혜와 통찰, 성공과 실패의 경험을 통해 얻은 알아차림 등을 고려해야 한다는 것이다. 고객의 경험 자체만을 고려하면 자칫 고객의 과거 패턴에 사로잡혀 결정을 할 수 있는 위험이 있다.

사례

고객: 요즘 조직 개편 때문에 어수선해서 일에 집중이 되지 않습니다. 앞으로 저희 팀이나 저의 거취가 어떻게 될지 몰라서 불안해요.

코치: 네, 조직이 어수선하고 거취가 어떻게 될지 모르니 불안하시겠네요. 그런데 그 불안한 마음 밑에는 또 어떤 마음이 있나요?

고객: 음……. 안정된 조직 환경에서 제가 원하는 일에 몰입해서 성과도 내고 승진도 하고 싶은 마음이 있습니다. 그런데 불안정한 환경이다 보니 몰입이 안 되고 불안해요.

코치: 아, 그러시군요. 궁극적으로 원하시는 것은 몰입해서 성과를 내고

승진을 하고 싶다는 말씀이네요. 그렇게 되기 위해 현재는 어떤 행동을 하고 계신가요?

고객: 흠……. 최근에는 그것과 거리가 먼 행동을 하고 있네요. 매일 불안한 마음에 손을 놓고 사람들과 휩쓸려 소문에 일희일비하는 일이 많은 것 같아요.

코치: 조직 생활을 하면서 조직 개편이나 환경 변화를 여러 번 경험하셨을 텐데, 그런 경험에 비추어 볼 때 지금처럼 손을 놓고 있으면 나중에 조직이 안정되었을 때 어떤 일이 일어날 수 있을까요?

고객: 지금처럼 시간을 낭비하면 나중에 많이 후회할 것 같습니다. 작년에도 비슷한 상황이 있었는데 그때도 시간 낭비를 많이 해서 후회했습니다. 그런데 상황이 지나서 뒤돌아보면 환경 변화에 너무 민감하게 흔들리지 말고 기본에 충실하고 자기 본연의 일을 성실히 하면서 성과를 쌓아나가는 게 최선이더군요. 최근 저희 팀이 일에 집중을 하지 못해서 놓치는 일이 많았어요. 빨리 정신을 차려야겠다는 생각이 번뜩 드네요.

코치: 아, 정신이 번뜩 드시는군요. 그럼 앞으로는 원하는 성과와 승진을 위해 어떤 행동을 하시겠어요?

고객: 그동안 손 놓고 있었던 주요 업무 목표와 실행 방안을 차분히 챙겨보고, 팀원들과 1:1 미팅(코칭)을 늘려서 잘 다독이고 일에 집중해야겠습니다. 그래서 나중에 조직이 안정되었을 때 생기는 기회를 잡을 수 있는 준비를 착실히 하고 있겠습니다.

이 사례와 같이 앞으로 나아가기 위해 가장 유용한 것을 정할 때 고객의 경험을 불러내어 그 경험 속에서 배운 교훈과 의미를 바탕으로 새로운 알아차림을 불러일으킬 수 있다.

나. 알아차림이나 통찰을 불러일으키기 위한 방법으로 고객에게 도전한다Challenges the client as a way to evoke awareness or insight.

코치는 고객이 자신의 삶에서 현재 일어나고 있는 모든 일을 방어하거나 피하지 않고, 있는 그대로 지각하고 체험함으로써 내적·외적 상황에 대해 현실을 구체적으로 알 수 있도록 도울 수 있다. 이런 알아차림을 통해 고객은 자기 행동의 주체가 자기 자신임을 깨달을 수 있을 뿐만 아니라, 특정 상황에서 자신이 선택할 수 있는 행동 반응을 알게 된다.

고객에게 도전한다는 것과 유사한 표현은 구 역량인 9번째 핵심 역량행동 설계하기: Designing Actions의 실행 지침 6번에서 언급되었다. 구 역량에서는 새 아이디어를 자극하고 새로운 행동의 가능성을 찾아내기 위해 고객의 가정과 관점에 도전하라고 표현하였으나, 신 역량에서는 고객에게 직접 도전하라는 강력한 표현을 사용하고 있다. 이는 가정과 전망이라는 things에 대한 도전으로부터 고객이라는 people에 대한 도전으로 수준이 한 단계 높아진 것으로 풀이된다.

코치는 고객에게 도전함으로써 알아차림과 통찰을 불러일으킬 수 있다. 코치가 고객에게 도전하는 방법은 질문을 통해 고객의 감정과 생각 뒤에 있는 이유를 탐색하게 하는 것이다. 예를 들어, 고객이 상반된 감정, 모순, 불일치로 당황하거나 결정을 내리지 못하고 있다면 고객에게 과감하게 도전하는 질문을 사용할 수 있다. 코칭 주제와 관련해 문제 자각에 대한 명확한 표현, 이해 부족에 대한 표현, 열망 또는 의지, 문제해결에 대한 높은 수준의 감정적 고통 등에 대해 강력한 질문을 던져 고객에게 도전하고 이를 통해 고객의 알아차림과 통찰을 표현하게 하는 것이다. 또 다른 예로, 자신이 부족하다고 생각하고 있는 고객이 있다면, "고객님은 자신을 새롭게 인식하기 위해 스스로 무엇을 새롭게 해 보시겠어요?"라고 질문할 수 있다. 이 질문은 짧지만 강력하다. 이런 질문을 통해 자기 자신을 새롭게 인식하기 위해서 무엇을 다르게 해 보고 싶은지 고객에게 도전하는 것이다.

익숙한 사고방식, 고정관념은 자기도 모르는 사이에 자신의 신념이나 가치로 자리 잡는다. 특히 자신과 자신의 미래에 대한 부정적인 고정관념을 갖는 것은 자신을 제한하는 가정_{assumption}이 되고, 이로 인해 목표 달성에 방해를 받게 된다. 이때, 코치는 고객에게 도전함으로써 고객 스스로 현재 상황에서 원하는 것을 성공적으로 수행하는 데 따르는 어려움에 정면으로 맞설 수 있게 할 수 있다. 이를 통해 고객은 기존의 자기 생각이나 제한적 신념을 알아차릴 수 있게 된다. 이 알아차림을 통해 고객은 새로운 아이디어를 자극하고 새로운 행동의 가능성을 찾아낼 수 있다. 다음 사례에서 코치가 고객에게 도전하기 위해 어떤 질문들을 사용하는지 살펴보자.

사례

고객: 최근에 일을 할 때 늘 쫓기고 불안하고 자신감이 많이 떨어져요.

코치: 그러시군요. 최근에 어떤 일이 있으셨는지 좀 더 말씀해 주실 수 있으세요?

고객: 저희 어머니가 4개월 전에 돌아가셨어요. 그 후로 2개월 동안 일을 쉬고 애도의 시간을 가진 후에 다시 업무에 복귀했는데, 계속 불안한 마음이 들어요.

코치: 어머니를 잃은 슬픔이 크시겠네요. 지난 2개월간 많이 힘드셨겠어요. 특히 계속 불안한 마음이 든다고 하셨는데, 그 불안은 어디서 비롯된 걸까요?

고객: 어머니는 제 삶의 버팀목이셨어요. 늘 저를 지지해 주시고 잘한다고 인정해 주시고, 저를 자랑스러워하셨어요. 그런 어머니가 안 계시니까 비바람을 막아 주던 버팀목이 사라진 느낌이에요. 그래서 마음이 허전하고 불안해요. 아, 얘기를 하다 보니 저의 불안한 마음이 어머니를 잃은 상실감에서 왔다는 걸 알겠네요.

코치: 그러셨군요. 버팀목이 사라진 느낌……. 정말 허전하고 불안하실 것 같아요. (침묵) 그런데 어머님이 지금 고객님을 보고 계신다면 뭐라고 말씀하실 것 같으세요?

고객: 음……. (침묵) 저희 어머니라면 아마 이제 그만 털고 일어나라고 말씀하실 것 같아요. 벌써 4개월이나 지났으니 그만 마음을 추스르고 일상으로 돌아가라고 하실 거예요. "나는 세상에 없지만, 나는 여전히 너의 버팀목이다."라고 하실 것 같아요.

코치: 어머님이 고객님께 이제 그만 털고 일어나 원래 자리로 돌아가는 것을 원하시네요. (침묵) 그런데 지금 아주 강렬한 파란색 셔츠를 입고 계시네요. 그 파란색 옷이 지금 어떻게 느껴지세요?

고객: 파란색은 저에게 젊고, 활기 있고, 희망차고, 공정하다는 느낌을 줘요. 지금 생각해 보니 활기를 되찾고 싶어서 오늘 이 색에 손이 갔던 것 같아요.

코치: 그러시군요. 그렇다면 활기를 되찾기 위해 어떤 돌파 행동을 해 보실 수 있을까요?

고객: 음……. 우선, 운동을 다시 시작해 봐야겠어요. 가끔 가던 주말 등산도 다시 해 보고요. 그리고 제 생각과 감정을 매일 기록해 보고 저를 좀 관찰해 봐야겠어요.

코치: 아주 좋은 생각이시네요. 그런 생각을 하니 지금은 어떤 느낌이 드세요?

고객: 머리가 맑아지는 느낌이에요. 새로운 생각과 의지가 생기는 것 같아요.

코치: 그럼 지금의 그 기분으로 무엇을 해 보시겠어요?

고객: 지금 당장 해야 할 일들이 상당히 많은데, 억지로 하는 게 아니라 즐겁고 재미있고 활력 넘치게 웃으면서 해 보겠습니다.

이처럼 고객에게 질문을 통해 지금 자신의 상태를 알아차리게 하고 현재 상황을 돌파할 수 있는 행동을 이끌어 내는 질문으로 도전하여 새로운 생각과 의지를 불러일으킬 수 있다. 또한 고객에게 직접 도전하는 방법으로 다음과 같은 질문들을 사용해 볼 수도 있다.

- 지금 이렇게 말씀하셨는데, 이것은 사실인가요?
- 그렇게 생각하시는군요. 정말 그런가요?
- 고객님을 가로막고 있는 것은 무엇인가요?
- 그걸 하고 싶다고 하셨는데, 안 한다면 무슨 일이 벌어질까요?
- 열정의 게이지를 열 배, 스무 배로 올릴 수 있는 방법은 무엇인가요?
- 왜 그런 일이 반복적으로 일어나고 있나요?
- 전혀 새로운 방법을 생각해 보신다면요?
- 고객님은 그 길을 가는 데 어울리는 사람인가요?

다. 고객의 사고방식, 가치, 욕구, 원함, 신념 등 고객에 대하여 질문한다Asks questions about the client, such as their way of thinking, values, needs, wants and beliefs.

고객은 그 자체로서 온전한 존재, 내부에 무한한 자원을 가진 존재, 더 없이 창의적인 존재이므로 코치는 알아차림과 통찰을 불러일으키기 위해 고객의 사고, 관점, 가치, 신념 등에 대해 질문하고 도전함으로써 관점의 전환과 새로운 행동의 가능성을 발견하도록 도울 수 있다.

코치의 질문을 통해 고객이 자신의 사고방식, 가치, 욕구, 바람 등을 깨닫고 발견하게 되면 자신에게 중요한 것을 얻기 위해 행동하고 성취할 수 있는 능력이 강화된다. 왜냐하면 고객의 사고방식, 가치, 신념은 그가 세상을 어떻게 바라보고 있는지, 어떤 인간관, 세계관, 직업관 등을 가지고 있는지와 같은 자신의 패러다임을 반영하고 있기 때문이다. 현재의 패러다임에 대해 성찰하고 자신이 가지고 있는 욕구와 바람을 충족시킬 수 있는 원하는 곳으로 가기 위해 현재의 패러다임을 바꿀 필요가 있는지 살펴보는 것은 코칭 대화의 매우 중요한 과정이다. 이를 위해 코치는 다음과 같은 질문을 사용할 수 있다.

- 고객님이 평소에 중요하게 생각하는 가치는 무엇인가요?
- 고객님은 어떤 삶을 살고 싶으세요?
- 고객님은 정말 어떤 일을 하고 싶은 사람인가요?
- 그렇게 어려운 상황인데도 사업을 계속하는 진짜 이유는 무엇인가요?
- 어떤 신념이나 사고방식이 있으면 자신감 있고 힘차게 전진해 나갈 수 있을까요?
- 지금 고객님을 움직이지 못하게 하는 것은 무엇인가요?
- 지금까지 시도해 보지 않았던 방법에는 어떤 것이 있나요?
- 불가능하다고 생각하는 방법은 어떤 것인가요?
- 고객님이 더 도전적인 사람이라면, 무엇을 더 할 수 있을까요?
- 지금 옳다고 생각하는 것을 계속한다면 앞으로 어떤 일이 일어날까요?
- 예전엔 실패했지만, 지금 도움이 되는 방법은 어떤 것인가요?
- 그것을 다른 관점에서 바라보면 어떤 모습이 보이나요?
- 고객님의 그런 가치관이 본인은 물론, 팀원들에게 어떤 도움이 되나요?
- 그렇게 생각하게 된 진짜 배경은 무엇인가요?

라. 고객이 현재의 생각을 뛰어넘어 탐색하도록 도움이 되는 질문을 한다 Asks questions that help the client explore beyond current thinking.

코칭을 처음 시작하는 시점에서는 고객이 현재의 의식 수준으로 눈앞의 이슈를 바라보고, 자기의 습관적인 사고와 감정의 패턴에 갇혀 있는 경우가 많다. 이때 코치는 고객이 현재의 의식 수준에서 과거의 딜레마에 초점을 맞출 때, 미래를 열어 가는 질문을 함으로써 고객이 현재의 의식을 넘어설 수 있도록 도울 수 있다.

예를 들어, 자신의 단점으로 자책하고 있는 고객이 있다면 반대로 자신의 장점은 어떤 것이 있는지 물어볼 수 있을 것이다. 성공하고 싶어서 실패하지 않는 방법을 찾는 고객이 있다면, 성공하기 위한 방법을 물어볼 수도 있을 것이다. 이와 같은 코치의 질문은 고객의 알아차림을 촉진함으로써 고객 스스로 새로운 가능성을 보고 탐색하도록 지원한다.

이 과정에서 코치는 고객이 묘사하는 방식에 구애받지 않고 의식의 수면 아래에 있는 관심사에 주목할 필요가 있다. 고객의 수면 위에 보이는 것만을 대상으로 코칭을 하게 되면 고객의 깊은 욕구나 열망과 연결되기가 어렵다. 따라서 코치는 고객이 말하는 화, 분노, 슬픔, 고통 등 고객의 표현에는 공감을 하지만 그 감정에 빠져들지는 말아야 한다. 왜냐하면 감정이란 사건에 대한 느낌을 말하는 것인데, 그 아래에 있는 자신과 타인에 대한 기대나 이루고자 하는 열망 등을 이야기하지 않고서는 고객의 마음 깊은 곳에 있는 진짜 관심사를 찾아내기 어렵기 때문이다. 따라서 코치는 고객의 현재 생각을 뛰어넘어 탐색해야 한다. 현재의 생각을 뛰어넘는 것은 객관적으로 관찰할 때 가능하다. 객관화를 위해 코치는 다음과 같이 질문할 수 있을 것이다.

- 지금의 힘들어하는 나를 의자에 앉혀 놓고 옆으로 나와 바라보세요. 어떤 느낌이 드세요?

이 질문을 통해 고객은 제3의 시각으로 자신을 바라보게 되어 지금까지 갇혀 있던 현재의 생각을 뛰어넘게 된다. 또한 고객의 의식을 멀리 미래로 데려갈 수도 있다.

• 자신의 꿈을 다 이룬 미래의 내 모습을 상상해 보세요. 미래의 내가 지금
  의 나에게 무슨 말을 해 주고 싶은가요?

이처럼 미래의 시각에서 자신을 바라봄으로써 새로운 시야가 열리고 확장
된 사고를 할 수 있게 된다. 또한 고객이 한계를 벗어나 자신의 입장이 아닌
확장된 타인의 입장에서 대안을 찾도록 도울 수 있다.

• 고객님이 회사의 대표라면, 어떻게 하시겠어요?
• 고객님과 같은 문제로 고민하는 팀원이 있다면, 뭐라고 조언하시겠어요?
• 이미 성공적으로 해냈다면, 무엇을 했기 때문인가요?

마. 고객이 자신의 경험에 대해 이 순간 더 많은 것을 나누도록 요청
한다Invites the client to share more about their experience in the moment.

코칭에서 코치와 고객은 처음에 서로 알지 못하는 상태에서 만나게 된다.
코치는 고객에게 호기심을 가지고 대화 중에 고객이 하는 말에 대해 짐작, 전
제, 가정 등을 하지 않는 상태로 듣고 받아들인다. 고객이 가지고 온 문제를
가장 잘 알고 있는 사람은 고객 자신이고, 고객이 코치에게 공유하는 다양한
정보를 가지고 함께 탐구해 나가는 과정이 코칭이다. 따라서 고객이 코칭 중
에 경험하고 있는 정보를 코치에게 가능한 한 많이 제공하는 것, 즉 고객이
말을 많이 하는 것은 탐구 과정에 꼭 필요한 리소스가 된다. 탐구를 해 나가
야 하는 실험에서 원재료가 없다면 무엇을 가지고 실험을 해나갈 수 있겠는
가? 이 탐구의 현장에 솔직하고 생생한 리소스인 고객의 순간적인 경험이 지
속적으로 더 많이 공유될 때 지속적인 탐구가 일어날 수 있을 것이다.

마스터풀 코치는 고객이 더 많은 것을 코칭의 장에서 공유할 수 있도록 친
밀하고 편안한 코칭 프레즌스를 창조해 낸다. 고객과 온전히 연결된 관찰자

completely connected observer가 되어 고객이 누구인지, 고객이 어떻게 학습하는지, 고객이 코치에게 알려 주는 정보는 무엇인지, 코치가 알아야 할 고객에 관한 정보는 어떤 것인지 등을 알기 위해 고객에게 온전히 집중하고 공감하며 질문한다. 이런 환경을 통해 고객은 지금 이 순간, 자신에게 떠오르는 생각, 신념, 가치, 경험을 편안하게 이야기하며 평소보다 많은 말을 하게 된다. 코칭이 진행되면서 코칭의 처음, 중간, 종료 시점까지 매 순간 고객의 생각과 감정이 달라지므로 중간 중간 고객이 느끼고 경험하고 있는 것을 더 많이 공유해 주도록 요청하여 고객의 내면 변화와 흐름에 맞는 코칭을 진행해야 한다. 고객의 감정을 더 깊이 파고 들어가 지금 이 순간의 감정을 다루고 알아차리게 하는 질문이 특히 새로운 통찰을 불러일으키는 데 도움이 된다. 예를 들면, 다음과 같은 질문들이다.

- 지금 어떤 느낌이세요?
- 그 느낌은 어떤 것인가요?
- 지금 느끼고 있는 것은 무엇인가요?
- 그 느낌이 몸의 어디에서 느껴지나요?
- 지금 그 느낌을 은유적으로 표현한다면 무엇이 떠오르세요?
- 지금 어떤 경험이 생각나세요?
- 지금 어떤 생각이 지나가나요?
- 전에 말씀하신 것과 지금 말씀하신 것의 차이를 말씀해 주시겠어요?
- 지금까지 하신 말씀을 정리해서 가장 자기답게 표현한다면 어떻게 표현할 수 있을까요?
- 오늘 코칭에서 말씀하신 내용을 정리하셔서 공유해 주시겠어요?

이와 같은 질문들은 고객이 지금 여기에 현존하며 본인이 무엇을 알아차리고 있는지 말로 표현하여 자각하게 해 줌으로써 코칭 전에 미처 몰랐던 생각과 감정을 불러일으켜 새로운 통찰과 학습으로 이끄는 효과가 있다. 이처럼 'dancing in the moment' 하면서 순간순간의 감정과 경험을 깊이 있게 나누며 말할 수 있도록 하는 것은 고객에게 새로운 알아차림을 불러일으키는 강력한 방법이라 할 수 있다.

바. 고객의 발전을 위해 무엇이 잘되고 있는지에 주목한다 Notices what is working to enhance client progress.

코치는 고객의 발전을 위해 코칭 중에 무엇이 잘되고 있으며, 무엇이 효과적인지 주목해야 한다. 코칭의 진행 상황을 파악하고 코칭 과정을 최선의 방법으로 발전시켜가야 한다. 이를 위해 코칭 중에 다음과 같은 질문을 고객과 의도적으로 나누며 코칭이 효과적으로 진행되고 있는지 확인해야 한다.

- 지금 우리의 코칭에서 무엇이 잘되고 있고, 무엇이 안 되고 있다고 생각하시나요?
- 우리의 코칭이 더 효과적이려면 무엇을 바꿔 보면 좋을까요?
- 최상의 코칭 결과를 얻기 위해서 무엇을 더 강화하면 좋을까요?

이를 통해 코치와 고객이 마음을 열고 더욱 효과적인 코칭 진행 방법에 주목하게 된다. 이 과정에서 특히 고객이 원하는 것이 무엇인지, 고객을 발전시키게 하는 것이 무엇인지에 초점을 맞추어야 한다. 예를 들면, 고객이 가장 원하는 것이 실질적인 문제해결인지, 충분한 인정과 공감인지 등을 확인해야 한다. 또한 문제해결은 전략을 수립하고 실행 계획을 세우는 것으로 충분한지, 혹은 실제로 도전하고 실행하는 단계까지 다루기를 원하는지도 고려해야 한다. 이에 따라 코칭의 방향과 방법이 달라질 수 있다. 따라서 코치는 고객을 위해 무엇이 효과적인 코칭인지 확인하기 위해 고객과 함께 메타인지를 활용할 수 있는 공간을 가지고 있어야 한다. 코치의 메타인지는 고객의 발전을 위해 지금 무엇이 코칭의 장에서 진행되고 있는지 주목하고 알아차리고 조율해 나가는 능력이라 할 수 있다. 이때 코치가 스스로 자문해 볼 수 있는 질문에는 다음과 같은 것들이 있다.

- 지금 코칭 프레즌스가 잘 형성되고 있는가?
- 지금 고객은 무엇을 원하고 있는가?
- 고객이 말하지 않은 진실은 무엇인가?
- 지금 고객에게 어떤 변화가 일어나고 있는가?
- 고객의 발전을 위해 더 효과적인 질문에는 무엇이 있는가?

사. 고객의 욕구에 맞추어 코칭 접근법을 조정한다Adjusts the coaching approach in response to the client's needs.

사람이 하는 말과 행동에는 의식적이든 무의식적이든 어떤 욕구를 충족하려는 의도가 있다(김온양, 이화자 역, 2016). 코칭에서도 고객은 저마다 충족시키고자 하는 욕구를 가지고 있으며, 이 욕구는 사람과 상황에 따라 매우 다양하다. 코치가 이 다양한 욕구를 알아차리지 못하고 한 가지 코칭 수단이나 방법을 고수한다면 성공적인 코칭 결과를 얻기 어려울 것이다. 코치는 고객이 진정으로 무엇을 원하는지 의식하고, 그것을 충족하기 위한 효과적인 방법을 찾아야 한다. 고객의 욕구를 알아볼 수 있는 대표적인 방법은 고객의 느낌, 감정을 질문하는 것이다. 감정은 늘 자신의 내면에 있는 욕구를 표현한다. 욕구가 충족되고 욕구를 의식하고 그것이 에너지와 연결될 때 평화롭고 만족스럽고 행복한 느낌을 갖게 된다. 반대로 욕구가 충족되지 않았을 때는 슬픔, 두려움, 분노 등을 느끼게 된다. 코칭을 시작할 때 고객의 욕구를 파악하기 위해 고객에게 다음과 같은 질문을 할 수 있다.

 • 오늘 코칭에서 특별히 바라거나 기대하는 점이 있다면 말씀해 주시겠어요?

이 질문에 대해 고객이 "오늘은 제 이야기를 좀 많이 들어주셨으면 좋겠어요." "오늘 꼭 해결책을 찾아가면 좋겠습니다." 등의 답을 한다면 이를 통해 세션별 세부 요구가 파악될 수 있으며, 이 요구를 충족할 수 있는 방향으로 코칭 접근법을 조정할 수 있다.

한편, 코칭을 본격적으로 시작하기 전에 MBTI, DISC, PCSI_{Personal Coaching Styles Inventory} 등의 진단 도구를 활용하여 고객의 개성과 특성을 미리 파악하는 것도 고객의 욕구에 맞추기 위한 선제적 방법이 될 수 있다. 고객의 성격, 기질, 취향, 스타일에 따라 질문 유형, 대화 기법, 코칭 장소, 코칭을 진행하는 방식 등을 고객에게 맞출 수 있다. 코치가 고객의 욕구 차원에서 연결될 때 코치와 고객은 존재로 연결되어 상호작용하고 있음을 경험할 수 있을 것이다.

고객이 원하는 코칭의 목표가 비즈니스 관련 목표인지 라이프 관련 목표인지에 따라 코칭 접근법이 달라질 수 있다. 라이프 코칭일 때는 좀 더 심리적 접근법을 기반으로 신경언어 프로그래밍_{Neuro Linguistic Programming: NLP} 등의 방법을 사용하면서 자신의 내면의 목소리를 듣고 성찰할 수 있도록 하는 것이 좋다. 특히 NLP에 따르면, 인간에게는 시각, 청각, 신체감각(촉각), 후각, 미각과 같이 모두 5개의 감각, 즉 오감이 존재하는데 사람마다 선호하는 감각 유형이 있어 일상생활에서 주로 사용하는 감각이 다르다(권병희 역, 2019). 따라서 고객이 어떤 선호 감각 유형인지를 파악하여 다른 접근법을 사용하는 것이 효과적이다. 예를 들어, 시각형 고객에게는 코칭 대화에서 시각적으로 상상하게 하는 질문을, 촉각형 고객에게는 만져 보고 느껴 보게 하는 질문을 하는 것이 좋다.

아. 고객이 현재와 미래의 행동, 사고, 감정 패턴에 영향을 미치는 요인을 식별하도록 도와준다Helps the client identify factors that influence current and future patterns of behavior, thinking or emotion.

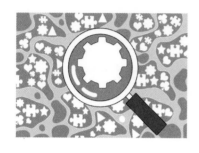

알아차림과 통찰은 삶을 경험하는 고객의 내면적 방식을 변화시킨다. 코치는 고객의 이런 알아차림을 촉진하기 위해 고객이 자신의 고유한 역사, 성향, 존재방식을 가지고 있는지 주의 깊게 탐색해야 한다. 그리고 이때 코치는 고객으로 하여금 자신의 행동, 사고, 감정 패턴에 영향을 미치는 요소들을 식별할 수 있도록 도울 수 있다.

인간은 과거 자신의 행동, 사고, 감정 등의 영향으로 형성된 일정한 패턴을 가지고 있으며, 이로 인해 그 사람의 행동이 반복되고 예측 가능한 부분이 있다. 따라서 고객이 자신은 어떤 패턴을 반복하고 있는지, 그 패턴에 영향을 미치는 요인들은 무엇인지 알고 다스릴 수만 있다면 삶에 큰 변화를 가져올 수 있을 것이다. 일반적으로 행동의 패턴에 영향을 주는 것은 사고의 패턴이다. 따라서 코칭에서 행동의 패턴을 바꾸기 위해 사고의 패턴을 식별하게 도와주는 사례를 살펴보도록 하자. 성과는 좋으나 팀원들에게 감사를 표현하는 데 인색한 팀장을 코칭한 사례이다.

사례

코치: 그러면 팀장님께서는 앞으로 팀원들을 위해 어떤 것을 시도해 보시겠어요?

고객: 저는 사실 팀원들에게 고마움을 표현하고 싶은데 그런 말이 잘 안 나옵니다. 미안함은 쉽게 표현이 되는데, 감사함은 지금까지 표현을 잘 못했던 것 같습니다.

코치: 그러셨군요. 그 감사함을 표현하지 못하는 마음 밑에는 어떤 마음
　　　이 있는지 한번 생각해 보시겠어요? 팀장님이 생각하시는 감사함은
　　　어떤 건가요?

고객: (한참 동안 침묵) 생각해 보니, 저는 그동안 저에게 모범이 되고 롤
　　　모델이 될 만한 선배나 상사에게만 감사하다고 생각하고, 후배들이
　　　열심히 일하는 것은 당연하다고 생각하고 있었네요. 그런데 저희
　　　팀의 후배들이 열심히 해 주는 게 얼마나 고마운 일인지 오늘 코칭
　　　을 하면서 깨달았습니다. 이제는 팀원들에게 진심으로 고마운 마음
　　　을 갖고 그것을 자주 표현할 수 있을 것 같아요. 제 잘못된 고정관념
　　　을 깨우쳐 주셔서 감사합니다.

　이 사례에서는 팀장이 팀원들에게 감사 표현을 잘 하지 못하는 근본적인
이유를 생각해 보게 함으로써 자신의 사고 패턴을 알아차리게 도울 수 있었
다. 이처럼 고객이 느끼는 문제의 근본적인 원인을 탐색하는 질문을 해 보면
고객 자신이 의식하지 못하던 사고, 행동, 심리의 패턴을 발견하게 되고, 그
것을 발견하면 그 패턴에서 벗어나 고객이 진정으로 원하는 방향으로 전환할
수 있게 된다.

　한편, 심리적 패턴에 영향을 미치는 요인으로 자신이 가지고 있는 '이것은
~해야 한다'는 당위적 사고와 그로 인해 만들어진 왜곡된 사고 패턴이 있을
수도 있다. 또는 자신의 어린 시절 경험과 상처로 인해 나타나는 강박적인 행
동 패턴이 있을 수도 있다. 이 밖에도 심리적 패턴에 영향을 미치는 요인은
고객의 환경, 경험, 신념, 가치관, 가정, 집착, 중요한 사람과의 애착관계, 자
신이 속한 조직의 문화, 사회문화적인 영향, 공부, 자신의 강점과 약점 등 무
수히 많다. 고객은 이러한 요인들과 관련된 패턴을 알아차림으로써 과거의
패턴에서 벗어나 새로운 변화를 시작할 수 있다. 이처럼 고객과 함께 감정과
욕구 파악하기, 사실 확인하기, 패턴 파악하기, 문제 직면하기, 개선 방향 찾

기 등의 과정을 거치면서 고객은 자신의 패턴을 발견하고 현재와 미래의 행동, 감정, 사고에 영향을 미치는 요인을 발견할 수 있다.

자. 고객이 어떻게 앞으로 나아갈 수 있는지, 무엇을 하려고 하고, 할 수 있는지 생각해 내도록 초대한다Invites the client to generate ideas about how they can move forward and what they are willing or able to do.

코치는 고객이 합의한 목표를 달성하기 위해 가장 효과적으로 나아갈 수 있는 방법과 아이디어를 고객과 함께 브레인스토밍하면서 고객의 탐색을 촉진한다. 브레인스토밍은 다양하고 새로운 아이디어를 펼쳐 내기 위해 사용하는 아이디어 발상법이다. 예를 들면, 단어 세 개를 써 놓고 각 단어와 관련된 행동을 확장시켜 보는 것이다. 영업을 잘하기 위한 행동 설계를 한다면 먼저 떠오르는 단어 세 개를 적게 한다. 만일 customer, love, smile을 적었다면 각 단어마다 행동 설계를 위한 아이디어를 떠올리게 한다. 또는 한 단어에 대해 그 의미를 세부적으로 나누면서 더 많은 아이디어를 떠올리게 할 수도 있다. customer에 들어 있는 알파벳으로 cut, come, user, us, storm으로 의미를 쪼개고, 이 단어들로부터 다시 목표로 나아갈 수 있는 아이디어를 만들어 나가는 것이다. 더 많은 고객이 come하게 하는 방법, 블랙 컨슈머를 cut하는 방법, user의 시각으로 보는 방법, storm같이 고객이 영업에 주는 이익 등을 생각하며 여러 가지 방법을 찾아낼 수 있다.

그 외에도 마인드맵, SCAMPER, 강제 결합법 등 다양한 아이디어 발상법이 있다. 코치는 이런 방법의 활용에 앞서 고객이 아이디어를 자연스럽고 자유롭게 말할 수 있는 분위기를 조성하고 대화를 이끄는 것이 중요하다. 질문은 how와 why를 주로 사용하고, 고객이 답을 생각하는 동안 다른 질문을 연속해서 하지 않는다. 고객이 마음 편히 이야기할 수 있도록 대화를 유도하고, 하나의 질문에 대해 "그리고 또 있다면요?"를 여러 번 반복하여 다양한 방법과 아이디어가 나올 수 있도록 유도한다.

차. 관점을 재구성할 수 있도록 고객을 지원한다Supports the client in reframing perspectives.

코치는 고객이 기존의 틀을 벗어나 다른 틀에서 상황을 보면서 새로운 시각을 갖게 되는 리프레이밍reframing을 지원하여 알아차림을 불러일으킬 수 있다. 리프레이밍에 대해서는 앞에서 자세히 다루었으니 여기서는 관점을 재구성한 리프레이밍 사례를 살펴보도록 하자. 직장인 S는 늘 자신의 삶을 불만스러워했다. 그래서 이 문제를 해결하려고 상담도 몇 번 받아보았지만 특별히 변한 것은 없다고 했다.

사례

고객: 저는 살면서 제 뜻대로 되는 게 하나도 없어요. 그래서 늘 불만에 차 있어요. 별 문제 없이 살아가는 친구들을 보면 제 자신이 한심해요. 어떻게 해야 하죠, 코치님?

코치: 삶에 불만이 많고 자신이 한심하다고 느끼시는군요. 그러면 만족할 때는 언제인가요?

고객: 지금보다 사람들을 많이 만날 때요. 지루하지 않고, 뭔가 하고 있을 때요.

코치: 요즘은 어떠세요?

고객: 요즘은, 사람도 잘 못 만나고, 일도 별로 없으니까 그냥 멍하니 생각 없이 보낼 때가 많아요. 그래서 하루하루가 무료해요. 내가 벌써 쓸모없어졌나 싶기도 하고요…….

코치: 그러시군요. 그런데 고객님 말씀을 들어 보니, 고객님은 불만이 가득한 사람이 아니라 쓸모 있는 사람이 되고 싶은 거군요. 어떻게 생

각하세요?

고객: 와, 맞네요! 그게 제가 원하는 거네요!

이 사례는 고객이 현재 느끼고 있는 '불만'의 관점에서 고객이 원하는 '쓸모 있음'의 관점으로 코치가 리프레이밍하여 말해 주고 있다. 코치가 이해하고 리프레이밍한 것을 고객이 다시 분명히 이해하고 스스로 받아들일 수 있는지 고객의 의견을 다시 확인함으로써 고객이 원하는 것을 더 명료화하고 있다.

카. 고객이 새로운 학습을 할 수 있는 잠재력을 갖도록 관찰, 통찰, 느낌을 있는 그대로 공유한다Shares observations, insights and feelings, without attachment, that have the potential to create new learning for the client.

코치는 고객의 새로운 학습을 위해 코칭을 통해 고객에 대해 관찰한 것, 고객에 대해 알게 된 것, 고객에 대해 일어나는 통찰과 느낌 등을 코치의 에고와 집착을 내려놓고 편안하고 자유롭게 고객에게 공유해 줄 수 있어야 한다. 그런데 이때 코치는 자신의 주관이 개입된 평가, 판단, 충고를 하지 않도록 주의해야 한다. 코치는 순수하게 코칭 대화를 통해 관찰해서 알게 되고 느낀 것을 공유해야 하며, 이를 통해 고객은 자신의 상황을 논리적·분석적으로 차분히 정리할 수 있게 된다. 코치가 고객과 함께 이렇게 주제를 탐색해 들어가면 이 과정에서 고객은 자신의 행동이나 성격에서 인과관계와 패턴을 인식하게 되고, 여기서 새로운 생각이나 판단이 일어나는데, 이것이 고객의 통찰이다. 코치 또한 고객이 제기한 문제의 본질이나 인과관계를 분명하게 파악함으로써 통찰을 얻을 수 있으며, 이 내용 또한 고객과 공유할 수 있다. 코치는 제3의 위치에서 고객보다 좀 더 객관적인 입장에서 고객을 관찰하며 통찰을 얻을 수 있다. 이때의 통찰은 여러 가지 사실을 종합하여 어느 순간 깨닫게 되는 생각이나 판단에 가깝다. 그리고 이처럼 관찰된 사실에 근거한 통찰

과 더불어, 코치의 직관을 통해 인식되는 느낌이나 감정도 고객에게 공유할
필요가 있다.

칼 융Carl Jung은 직관을 무의식을 통한 지각이라고 정의했다. 많은 정보는
무의식 수준에 있다가 초점이 맞추어진 주제가 나오면 논리적인 증거의 과정
없이 바로 의식에 전달되어 느낌으로 알아차리게 된다. 코치는 자신의 직관
에 의한 느낌을 고객과 공유하되, 그것에 대한 수용 여부는 고객의 선택에 맡
기는 것이 고객의 알아차림을 촉진하는 방법이다. 이러한 관찰, 통찰, 느낌을
고객에게 알려줄 것인가 말 것인가를 판단하는 기준은, 이것이 고객의 학습
과 성장에 도움이 되느냐로 판단할 수 있다.

- 지금까지 고객님이 말한 것은 _____ 하다는 말이네요. 맞나요?
- 지금 고객님은 말씀은 _____ 하고 계신데 진정으로 원하시지는 않
  는 것으로 느껴집니다.
- 제가 보기에는 고객님이 _____하게 보이는데 어떻게 하면 좋을까요?
- 제 느낌으로는 고객님이 요청하고 싶은 사항은 따로 있으신 것 같은데
  어떠신지요?
- 제가 관찰한 바에 의하면 고객님은 _____를 할 수 없다고 하시지만,
  이미 누구보다도 _____를 열심히 하시고 계시는 것이 보입니다. 어
  떻게 생각하세요?

5. 전문 코치 평가 지표 PCC Markers

다음의 평가 지표는 전문 코치PCC 수준에서 코칭 대화를 할 때 보여 주어야
하는 핵심 역량을 반영한 것이다. 이것은 코칭 핵심 역량 개발의 맥락 안에서
사용되어야 한다. 그리고 이것을 전문 코치PCC 인증 시험을 통과하기 위한 형

식적인 체크리스트로 간주해서는 안 된다.

- 역량 7. '알아차림을 불러일으킨다'의 평가 지표
  - 7.1: 코치는 고객의 현재 사고방식, 느낌, 가치, 욕구, 원하는 것, 신념, 행동 등 고객에 대한 질문을 한다.
  - 7.2: 코치는 고객이 자신the who에 대한 현재의 생각과 느낌을 뛰어넘어 새로운 또는 확장된 생각과 느낌을 가질 수 있도록 돕는 질문을 한다.
  - 7.3: 코치는 고객이 현재의 생각과 느낌을 뛰어넘어, 고객의 상황the what에 대해 새롭거나 확장된 생각 혹은 느낌을 탐색할 수 있도록 도와 주는 질문을 한다.
  - 7.4: 코치는 고객이 현재의 생각, 느낌, 행동을 뛰어넘어 원하는 결과를 향해 나아가도록 탐구하는 데 도움이 되는 질문을 한다.
  - 7.5: 코치는 가감 없이 있는 그대로의 관찰, 직관, 논평, 생각, 느낌을 고객과 공유하며, 초대하는 말과 어투로 고객이 탐구할 수 있도록 요청한다.
  - 7.6: 코치는 명확하고 직접적이며 열린 질문을 위주로 한 번에 하나씩 질문한다. 단, 고객이 충분히 생각하고 느끼며 성찰할 수 있도록 보조를 맞춘다.
  - 7.7: 코치는 일반적으로 분명하고 간결한 언어를 사용한다.
  - 7.8: 코치는 고객이 대부분의 대화를 할 수 있도록 해 준다.

핵심 요약

- '알아차림을 불러일으킨다'는 것은 고객이 지금 여기에서 일어나고 있는 모든 현상을 있는 그대로 체험하며 자신의 내적 감각, 외적 감각, 내적 연결, 외적 상호 연결을 통해 통합적으로 직접 알고 지각하는 것이다.

- '알아차림을 불러일으킨다'는 것은 강력한 질문, 침묵, 은유, 비유와 같은 도구와 기술을 사용하여 고객의 통찰과 학습을 촉진하는 것이다.

- '알아차림을 불러일으킨다'의 핵심 요소는 다음과 같다.
  - 새로운 통찰을 위한 질문을 한다.
  - 새로운 학습을 위한 관찰을 공유한다.
  - 성찰과 리프레이밍을 지원한다.

- '알아차림을 불러일으킨다'의 기타 실행 지침은 다음과 같다.
  - 고객에게 가장 도움이 되는 것을 정할 때 고객의 경험을 고려한다.
  - 알아차림이나 통찰을 불러일으키기 위한 방법으로 고객에게 도전한다.
  - 고객의 발전을 위해 코칭 중에 무엇이 효과가 있는지에 주목한다.
  - 어떤 요인들이 고객의 현재와 미래의 행동, 생각, 감정 패턴에 영향을 미치는지 식별할 수 있도록 도와준다.
  - 고객이 어떻게 앞으로 나아갈 수 있는지, 무엇을 기꺼이 하고, 무엇을 할 수 있는지에 대해 아이디어를 낼 수 있도록 초대한다.

- 코치는 고객의 경험, 사고방식, 가치, 욕구, 신념 등에 대해 질문하여 고객이 자신의 내적·외적인 현상을 발견하고 체험하고 인식하도록 해 준다. 또 자신을 객관화하여 관찰하고 응시하게 하여 지금까지 의식하지 못했던 현상들을 자각하고 직면하게 해 준다. 이렇게 코치는 고객의 알아차림을 자극하고 돕는다.

- 코치는 코칭 세션 중 고객이 스스로 많은 말과 생각을 꺼내놓도록 돕는다. 이를 통해 관찰된 것, 느껴진 감정, 통찰이 일어난 것을 멈추어 공유하고 성찰하는 공간을 마련해 알아차림의 시간을 가져야 한다. 코칭 과정에서 알아차림의 성찰 과정을 거치지 않으면 단순한 문제해결은 가능하나 고객이 획기적으로 성장하는 차원 높은 존재 중심의 변혁적 코칭은 어렵다.

• 코칭에서의 알아차림은 고객의 여러 가지 감각의 원천을 통합하여 고객이 원하는 것과 연결함으로써 학습과 통찰을 불러일으켜 변화와 성장으로 가기 위한 중요한 단계이다. 고객이 변화와 성장을 하려면 알아차림을 통한 새로운 의식을 형성하여 행동으로 옮겼을 때 비로소 가능하다. 따라서 코치는 코칭 대화 과정에서 고객이 알아차릴 수 있도록 파트너 역할을 해 주는 것이 매우 중요하다.

자기 개발을 위한 성찰 및 연습 S-A-C

○ 잠시 멈추고 바라보기 Stop
 – 잠깐 정지하고 한 걸음 떨어져 코칭 세션을 바라본다.

○ 알아차리기 Aware
 – 나는 고객을 알아차림의 바퀴로 초대하고 있는가?
 – 나는 고객에게 알아차림을 불러일으키기 위한 내적 감각, 외적 감각, 내적 연결, 외적 상호 연결 관련 질문들을 자연스럽게 하고 있는가?
 – 나는 고객의 통찰과 학습을 촉진할 수 있는 질문, 침묵, 은유, 유추와 같은 도구를 코칭에서 사용하고 있는가?
 – 나는 코칭 세션에서 고객이 순간순간 느끼는 감정과 욕구, 경험, 인식, 패턴 등의 새로운 알아차림을 확인하고 표현할 수 있도록 코칭을 이끌고 있는가?
 – 나는 코치로서 느끼는 관찰, 통찰, 느낌 등을 고객에게 있는 그대로 공유하여 고객이 새롭게 배울 수 있도록 지원하고 있는가?

○ 도전_{Challenge}

- 고객의 이슈를 하나의 문제가 아니라 그가 가지고 있는 감각, 감정, 욕구, 사고, 행동, 환경 등과 통합적으로 연결하여 바라본다.
- 잠시 생각을 멈추고 심호흡을 하면서 또 하나의 객관적인 눈, 즉 메타 인지로 바라본다.
- 코칭 이슈를 내적 감각, 외적 감각, 내적 연결, 외적 상호 연결 차원에서 스스로 질문하고 답해 본다.

역량 8

고객의 성장을 촉진한다

Facilitates Client Growth

1. 윤리적 실천
2. 코칭 마인드셋

학습과 통찰

3. 합의 도출
4. 신뢰와 안전감
5. 프레즌스 유지

6. 적극적 경청
7. 알아차림
   불러일으키기

8. 고객의
   성장 촉진

1. '고객의 성장을 촉진한다' 역량 이해를 위한 사전 질문

2. '고객의 성장을 촉진한다'는 것은 무엇인가

3. '고객의 성장을 촉진한다'의 정의 및 핵심 요소

4. '고객의 성장을 촉진한다'의 실행 지침

5. 전문 코치 평가 지표 PCC Markers

핵심 요약

자기 개발을 위한 성찰 및 연습 S-A-C

1. '고객의 성장을 촉진한다' 역량 이해를 위한 사전 질문

가. '고객의 성장을 촉진한다'는 의미는 무엇인가?

나. 고객의 학습과 통찰이 행동으로 전환되는 과정은 어떤 것인가?

다. 고객의 자율성을 존중하는 코치의 접근법은 무엇인가?

라. 행동으로 옮기는 실행력을 증진시키는 방법은 무엇인가?

마. 고객과 함께 세션을 어떻게 마무리하면 좋을까?

2. '고객의 성장을 촉진한다'는 것은 무엇인가

서론에서 코칭 철학에 근거한 인간관에 대해 살펴보았다. '모든 사람은 창조적이고, 자원이 풍부하고, 전인적이다.' 이것은 코칭에서 인간을 바라보는 관점이다. 인간은 자기 삶의 방식을 선택하고 자기 방향성을 설정하고 성장해 나가는 존재다. 또한 인간은 자기 실현을 추구하는 존재로서 지속적인 성장을 통해 자신의 잠재력을 최대한 발휘하려고 한다. 코치는 고객이 자기 안에 있는 가능성을 발견하고 지속적으로 성장하도록 촉진해 주는 파트너 역할을 한다.

가. 인간은 자기 실현 경향성을 가진 존재

인본주의 심리학자 칼 로저스_{Carl Rogers}는 인간의 기본적인 욕구는 '자기를 유지하고 증진하며 실현하려는 욕구'라고 하였다. 로저스는 이 욕구를 하나의 용어로 규정할 수 없고, 자기 유지_{self-maintenance}, 자기 향상_{self-enhancement}, 자기 실현_{self-actualization}이 모두 포함되는 것으로 이해해야 한다고 보았다(주은선 역, 2009). 즉, 모든 인간은 자기를 유지하려는 경향과 성장 잠재력을 선천적으로 지니고 있을 뿐만 아니라, 성숙을 지향하고 상향 이동 경향성_{upward-moving tendency}을 가지고 있다는 것이다.

또한 인간은 외적인 힘에 의존하거나 통제받기보다는 독립성, 자율성, 자기 책임, 자기 규제, 자기 통제의 주도권을 가지고 스스로 더 높은 수준으로 성숙해 가려는 속성을 지니고 있다고 보았다. 인간은 이를 통해 일상에서 직면하는 고통이나 성장 방해 요인을 극복할 수 있다고 믿었고, 이를 실현 경향성이라고 불렀다. 다른 말로, 자기 실현 경향성_{self-actualizing tendency} 또는 자기 실현의 특성_{characteristic of self-actualization}이라고 했다. 인간의 실현 경향성은 환경이 야기하는 어려움 속에서도 유전적 청사진을 충족시키려는 생물학적 압력이며, 유기체를 유지하거나 고양시키는 방식으로 발달해 가려는 특성이다. 자기 실현화는 욕구나 긴장의 감소와 같은 동기부여의 추동력_{motivational driver}을 포함하며, 고통스러운 노력이 따르더라도 창조적인 도전을 하거나 배우려는 욕구와 같은 성장 동기를 포함한다. 자아 실현의 경향을 촉진하는 경험들은 바람직한 것으로 평가되고 긍정적인 가치가 부여되는 반면, 자아 실현을 방해하는 경험들은 바람직하지 못한 것으로 평가되고 부정적인 가치가 부여된다. 실현 경향성을 통해 유기체는 단순한 존재에서 복잡한 존재로, 의존적인 태도에서 독립적인 태도로, 경직된 자세에서 융통성 있는 자세로 발전한다. 실현 경향성을 통해 인간은 더욱 자기 충족적이 되고, 창조적이며 자율적으로 기능할 수 있게 된다.

코칭 철학도 인간은 기본적으로 자기 실현 경향성을 가진 존재라는 관점에서 출발한다. 코칭의 목표는 고객의 내적 자원을 발휘하여 가능성을 최대한 발현하고 지속적으로 성장하는 것을 촉진하는 것이다.

나. 파트너십 발휘하기

코치는 어떻게 고객이 더욱더 자기 충족적이고 자율적으로 기능하며, 좀 더 능력 있는 사람이 되도록 도울 수 있을까? 다시 말해, 코치는 어떻게 고객의 자아 실현을 도와 성장을 촉진할 수 있을까? 코치는 언제나 파트너십을 통해 고객의 성장을 촉진한다. 로저스의 말대로, 코칭으로 만나는 거의 모든 고객은 자기 실현에 대한 기대를 가지고 코칭에 참여하고 있기 때문에 자기 실현 경향성이 상당히 높다. 그런 고객들이 자기 실현을 할 수 있도록 돕기 위해서는 자신의 선택과 다짐을 행동으로 구현하는 과정과 그 결과를 성장으로 연결시키는 코치의 헌신적 파트너십이 필요하다. 그 역할을 충실히 하기 위해 코치는 고객이 코칭 과정에서 얻은 학습과 통찰을 행동으로 옮기도록 촉진해야 한다.

여기서 다시 한번 코칭의 정의를 기억할 필요가 있다. '코칭은 고객의 개인적·전문적 잠재력을 최대한 발휘할 수 있도록 영감을 불어넣고, 사고를 자극하고, 창의적인 프로세스 안에서 고객과 파트너 관계를 맺는 것'이라고 정의된다. 코치가 고객의 성장을 촉진하기 위해서는 코칭 과정에서의 학습과 통찰을 행동으로 변환시키는 파트너 역할을 잘해야 한다. 파트너십은 '둘 혹은 그 이상의 행위자가 짝이 되어 협력하여 일하는 것'으로, 코칭에서 코치가 파트너 역할을 한다는 것은 고객의 성장을 촉진한다는 공동의 목적을 위해 고객과 함께 상호작용하면서 협력하는 것을 의미한다. 코치는 고객과 수평적 관계를 유지하고, 각자의 고유한 능력과 문화적 배경을 인정하면서 개방적이고도 적극적으로 소통하며, 성과를 극대화하는 다원적 방법을 찾기 위해 협력함으로써 파트너의 역할을 충실히 수행할 수 있다.

코치가 고객과 이와 같은 파트너십을 유지할 때 고객의 자기 실현을 통한 전인적 성장을 촉진할 수 있게 된다. 성장은 당면한 문제를 해결하거나 계획된 목표를 달성함으로써 이루어질 수도 있다. 그러나 우리 삶에서 문제는 끊임없이 일어나고, 그 문제들을 해결하는 것만으로 성장이 이루어진다고 말할 수는 없다. 왜냐하면 계속 되는 문제를 해결하는 동안 내가 더 성장한 느낌보다는 소진되고 허탈한 경험을 하는 경우도 종종 있기 때문이다. 이것은 인간이 문제를 해결하는 것 이상으로 더 원하는 것, 더 나아지고 싶은 바람이 있다는 것을 뜻한다. 따라서 코치는 고객이 현재 당면한 문제, 달성해야 할 목표는 물론, 고객이 그것을 통해 궁극적으로 원하는 것, 더 성장하고 싶은 욕구를 이해하고 그것을 코칭에 반영할 수 있어야 한다. 또한 코치는 고객에게 중요한 것, 일과 삶의 목적에 대해서도 관심을 기울일 때 고객의 전인적 성장을 지원하기 위한 코칭 서비스를 제공할 수 있다.

코치가 파트너 역할을 잘하려면 우선 코칭 세션의 주제를 합의하면서 맞춘 초점을 끝까지 잘 유지해 나가야 한다. 이때, 관계의 공동 구축을 바탕으로 효과적인 소통을 통한 알아차림, 그리고 행동 전환까지의 경로를 한 방향으로 정렬하는 것이 매우 중요하다. 그래야만 고객의 성장에 도달하게 된다. 역량 3의 코칭 합의에서 보았던 그림을 다시 한번 살펴보자([그림 8-1]).

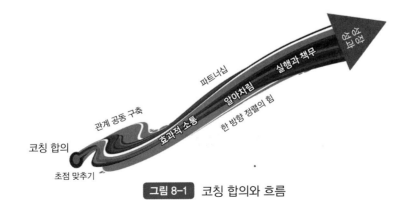

그림 8-1 코칭 합의와 흐름

[그림 8-1]은 코치가 고객과 코칭 합의를 도출한 후 그 합의를 구현하기 위해 고객의 파트너로서 역할을 할 때 고객의 잠재 능력을 극대화시키고 창의적인 프로세스로 고객에게 영감을 주면서 성장을 촉진해 나갈 수 있음을 표현하고 있다. 즉, 관계를 공동 구축하고 초점이 맞추어진 효과적 소통을 통해 학습과 통찰이 일어나서 이것이 고객이 원하는 목표와 목적을 위한 행동으로 전환되는 과정을 함께해 나가야 하는 것이다. 이것이 바로 한 방향 정렬의 힘 the power of alignment이다. 고객으로 하여금 이러한 힘을 만들어 내고 유지하도록 하는 것이 코칭 파트너 역할이다. 코치는 이렇게 한 방향으로 정렬된 코칭에서 나오는 힘으로 고객이 성장하도록 촉진하는 파트너 역할을 하는 것이다. 따라서 코칭이 시작되는 처음부터 종료되는 마무리까지 한 방향 정렬이 되지 않으면 고객의 성장을 이루어내는 힘이 충분히 생기지 않는다. 그러므로 코치는 이러한 코칭 흐름을 관찰하며 파트너 역할을 제대로 함으로써 고객 성장을 촉진할 수 있다.

코치가 고객과 상호작용을 해 나가는 파트너로서 존재하는 것에 대해서는 코칭 합의를 도출하는 역량 3에서도 중요하게 다룬 바 있다. 이를 위해 코치는 고객이 중요한 것에 초점을 맞추고 원하는 결과를 성공적으로 얻기 위한 실행 계획을 디자인하는 과정을 고객이 자율성을 가지고 주도하도록 고객을 지원하는 파트너로서 참여해야 한다. 코칭의 주체는 고객이며, 고객이 스스로 세운 목표와 계획이 있을 때만 고객의 책임의식과 자율성이 발휘될 수 있기 때문이다. 코치는 고객이 자신의 중요한 목표를 달성하거나 삶의 목적을 향해 나아가기 위한 방법을 탐색하고 선택하고 결정하는 모든 과정을 주도하도록 촉진하는 파트너 역할을 한다. 코치가 고객의 파트너로서 역할을 잘하고 있다는 것은 다음과 같은 행동으로 나타난다.

첫째, 코치는 고객 스스로 자신에게 중요한 것과 원하는 것을 탐구하고 코칭 주제와 목표를 정하도록 파트너 역할을 한다. 이때 코치는 고객이 말한 코칭 주제나 원하는 것을 고객과 고객의 상황적 맥락을 통해 전체적으로 이해

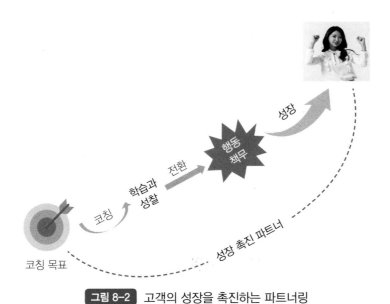

그림 8-2 고객의 성장을 촉진하는 파트너링

하면서 코칭을 진행해야 한다.

둘째, 코칭 과정에서 고객이 원하는 결과로 나아가기 위한 전향적 관점을 새롭게 발견하거나, 학습한 것의 실행을 촉진하는 구체적인 프로세스를 만들어갈 수 있게 한다.

셋째, 만약 고객이 가지고 있는 신념이나 가치관이 고객의 사고와 행동에 부정적인 영향을 미친다면 그것을 재해석할 수 있도록 돕고, 반대로 긍정적인 영향을 미친다면 그것을 지지한다. 이처럼 지지적이고 영감을 주는 코칭 대화를 통해 고객은 코칭 주제와 고객 자신에 대해 깊이 성찰함으로써 자신에게 중요한 것이 무엇이고, 자신이 어떤 사람이 되고 싶은지 알 수 있으며, 무엇을 어떻게 하기를 원하는지 스스로 발견하게 된다.

넷째, 코치는 코칭 과정에서 고객이 배우고 깨달은 것을 '행동으로 전환'할 수 있는 가능성을 구체화하는 과정을 설계하는 데 있어 파트너 역할을 해야 한다. 고객이 성장의 단계로 진입하려면 코칭 과정에서 발견한 학습을 통해 통찰한 것을 행동으로 옮기는 과정을 겪어야 한다. 그러한 과정을 거쳐 고객은 기대하는 성장을 하게 되고 자기가 원하는 모습으로 자기 실현을 해 나갈 수 있다.

이와 같이 코치는 고객과 상호작용하고 고객이 자신의 목표를 달성하는 방법을 생각하고 선택, 결정하는 대화의 과정에서 고객의 자율성을 지지하고 격려하는 태도로 대화에 참여하고, 고객의 성장과 발전을 지지하는 파트너로서 존재해야 한다. 고객이 스스로 생각하고 선택하고 실행하도록 자율성을 존중하고 지지해 줄 때 코치는 파트너로 역할을 잘했다고 말할 수 있다.

3. '고객의 성장을 촉진한다'의 정의 및 핵심 요소

가. 정의

고객이 학습과 통찰을 행동으로 전환할 수 있도록 협력한다. 코칭 과정에서 고객의 자율성을 촉진한다Partners with the client to transform learning and insight into action. Promotes client autonomy in the coaching process.

'고객의 성장을 촉진한다'는 것은 고객이 자율성을 바탕으로 자신의 목표나 목적을 향해 행동할 수 있도록 책임의식과 실행 의지를 북돋우고 구체적인 행동을 계획하고 실행에 옮기도록 파트너 역할을 해 주는 것이다. 이 실행은 코칭 대화를 통해 새롭게 배우고 깨달은 것을 바탕으로 고객이 중요한 목표를 달성하거나 목적을 향해 꾸준히 앞으로 나아가기 위한 행동을 코치가 지지하고 격려한다는 것이다. 이 과정에서 코치는 고객의 파트너로서 고객을 지지하고 격려하며 성공을 축하하는 모습을 보여 주어야 한다. 효과적인 코칭은 고객이 스스로 탐색하고 선택하고 결정하는 과정에 고객이 주체가 될 수 있게 하고, 코치는 고객의 완벽한 파트너로 참여하는 것이다.

'고객의 성장을 촉진한다'의 핵심 요소는 다음과 같다.

1) 학습을 행동으로 옮기도록 촉진한다Facilitate learning into action.
2) 고객의 자율성을 존중한다Respects client autonomy.
3) 고객의 발전을 축하한다Celebrates progress.
4) 코칭 세션을 종료하는 데 있어서 파트너 역할을 한다Partners to close session.

나. 핵심 요소

1) 학습을 행동으로 옮기도록 촉진한다Facilitate learning into action.

코칭은 고객의 성장을 위한 과정이다. 고객의 성장을 위해서는 고객이 코칭 중에 배우고 통찰한 것을 행동으로 옮겨야 한다는 것이 역량 8의 핵심이다. 코칭뿐만 아니라 동서양의 수많은 스승들과 현자들이 배운 것을 실행으로 옮기는 것의 중요성에 대해 강조한다. 공자는 『논어』의 첫 장에서 '학이시습지學而時習之'를 키워드로 제시하고 있다. 이것을 '배우고 때때로 익힌다.'고 해석할 수 있지만, '배운 것을 행동으로 옮겨 습관화해야 한다.'라고도 이해할 수 있다. 또한 본문에서 '유공실지猶恐失之', 즉 '다만 이미 배운 것을 잊어버리거나 게을리하여 그것을 실행하지 못할까 두려워해야 한다.'고 하였으며, 『논어』 전편에 걸쳐 배운 것을 삶 속에서 행동으로 옮겨 실천하는 것에 대해 강조하고 있다.

가) 행동으로 전환 과정 단계

고객이 코칭 과정에서 배우고 통찰한 것을 행동으로 옮기는 과정에서는 몇 가지 단계를 거쳐야 한다. 먼저, 코칭 과정에서 일어난 학습과 통찰에 초점을 맞추고 행동으로 옮기기 위한 브레인스토밍 과정을 통해 가능한 대안을 탐색하고 우선순위가 높은 대안을 찾아야 한다. 대안을 찾을 때는 항상 고객이 추구하는 목표와 관심사에 초점을 맞추어야 한다. 대안을 모색하는 과정에서 코치는 파트너가 되어 고객이 새로운 관점에서 대안을 탐색 및 결정할 수 있도록 지지하고 격려하여야 한다.

고객과 함께 대안을 선정한 후에도 실제 행동으로 옮기는 최종 단계가 남아 있다. 이 단계는 특히 고객 스스로 자율성을 가지고 실행해야 한다. 그래야만 고객이 자율성을 바탕으로 책임감을 갖고 새로운 행동을 함으로써 고객이 성장할 수 있기 때문이다. [그림 8-3]은 고객이 대안을 모색하고 실행 계획을 수립하는 과정에서 고객의 성장 파트너로서 코치가 참여하고 있는 과정을 표현하고 있다. 마스터풀 코치는 고객 자신의 정체성과 자연스러운 행동 양식이 고객이 달성하려는 목표나 나아가고자 하는 방향과 일치되고 한 방향 정렬이 되도록 점검하면서 고객의 성실성에 기반하여 실행 계획을 세우고 실행에 대한 고객의 책임의식과 자율성을 촉진하는 코칭을 한다.

그림 8-3 행동으로 전환 과정

나) 행동 구현 단계

(1) 작은 성공 경험 쌓아 가기

실행 계획을 세울 때 행동으로 구현하는 단계가 생략되거나 소홀히 다루어지는 경우가 많다. 정신의학자 에밀 크레펠린Emil Kraepelin의 작동흥분 이론Work Excitement Theory에 따르면, 우리 뇌는 일단 어떤 일을 시작하면 뇌의 측좌핵 부위가 흥분하기 시작해 그 일에 몰두하게 된다. 마치 입맛이 없어도 한술 뜨다 보면 입맛이 돌고, 산책을 나가기 싫어도 일단 집을 나서면 밖에 나오기 잘했다는 생각이 드는 것이다. 이 이론에 따르면, 몸이 일단 움직이기 시작하면 그것을 멈추는 데에도 에너지가 소모되기 때문에 뇌는 하던 일을 계속하는 게 더 합리적이라고 판단하는 것이다(이민규, 2019). 따라서 하기 싫고 귀찮은 일도 일단 시작을 하면 그것에 점점 몰두할 수 있게 된다는 중요한 사실을 기억할 필요가 있다. 그리고 뇌의 이런 특성을 잘 활용하기 위해서는 실행 계획을 세울 때 첫 번째 행동은 의지력이 거의 필요하지 않을 정도로 아주 작은 것으로 시작해야 한다. 아주 작은 첫 걸음을 통해 작은 성공 경험Small Step & Small Success을 쌓아 나가도록 하는 것이다. 예를 들면, 다음과 같다(구세희 역, 2014).

- 매일 운동하기 ⇒ 운동화 꺼내기
- 책 한 권 쓰기 ⇒ 하루에 한 문장 쓰기
- 강의안 만들기 ⇒ 노트북 열기

많은 사람들이 운동은 해야 하는데, 막상 하려면 너무 힘들어 한두 번 하다가 포기하는 경우가 많다. 이럴 때 '운동하러 가기'를 생각하면 그 전체 과정의 부담과 고통이 한꺼번에 밀려와 우리 뇌를 짓누르지만, '운동화 꺼내기'를 생각하면 그 정도는 누구나 부담 없이 웃으며 할 수 있다. 운동화를 꺼내는 첫 행동으로 뇌의 측좌핵 부위가 작동하기 시작하면 나머지 행동들이 자연스럽게 이어질 수 있을 것이다. 그런데 만약 운동화를 꺼낸 후 측좌핵 부위가 작동하기도 전에 부담감과 고통에 압도되는 느낌이라면, 운동 과정 전체를 아주 작은 행동으로 나누어 보자. '운동화 꺼내기 ⇒ 운동복 꺼내기 ⇒ 운동복 상의 입기 ⇒ 운동복 하의 입기 ⇒ 운동화 왼쪽 신기 ⇒ 운동화 오른쪽 신기 ⇒ 운동화 끈 묶기 ⇒ 문 열기 ⇒ 밖으로 나가기 ⇒ 왼발, 오른발을 한 발씩 움직이기' 이런 식으로 각 행동 하나 하나를 실행하는 데 전혀 부담이 없는 작은 행동들로 나누어 실천하다 보면 운동하기가 그렇게 힘든 일이 아닐 수도 있음을 고객 스스로 깨닫게 되고, 지속적인 실행으로 자리 잡게 될 수 있을 것이다.

(2) 지금 바로 하기

티베트의 종교 지도자 달라이 라마Dalai Lama는 "일 년 중 아무것도 할 수 없는 날은 단 이틀뿐이다. 그것은 바로 어제와 내일이다. 사랑하고, 신뢰하고, 행동하고, 존재할 수 있는 날은 오직 오늘뿐이다."라고 하며 오늘, 지금을 강조하였다(강성실 역, 2018). 그의 말처럼 코치는 고객이 바로 오늘, 지금 할 수 있는 일부터 실행하도록 다음과 같이 촉진할 수 있다.

- 고객님이 지금 바로 할 수 있는 하나의 일은 무엇인가요?
- 고객님이 지금 할 수 있는 단 하나의 일, 그것을 함으로써 다른 모든 일을 쉽게 혹은 필요 없게 만들 수 있는 바로 그 일은 무엇인가요? (구세희 역, 2013)
- 고객님이 지금 할 수 있는 아주 작은 일을 함으로써 다른 모든 일을 쉽게 혹은 필요 없게 만들 수 있는 일은 무엇인가요?

다) 책무 설계 단계

책무 설계 단계에서는 다음 네 가지의 방법을 적용할 수 있다.

(1) 공개 선언 효과 적용

심리학자 스티븐 헤이스Steven C. Hayes는 대학생들을 세 집단으로 나누어 목표 공개 여부와 그에 따른 성적의 변화에 대해 실험하였다. 그 결과, 자신의 목표를 공개한 집단의 성적이 그렇지 않는 집단보다 높게 나온다는 결과를 얻게 되었다. 첫 번째 집단에게는 자기가 받고 싶은 목표 점수를 다른 학생들에게 공개하게 하였다. 두 번째 집단에게는 목표 점수를 자기 마음속으로만 생각하게 하였고, 세 번째 집단에게는 목표 점수에 대해 아무런 행동도 요구하지 않았다. 그 결과, 자신의 목표 점수를 공개한 집단이 다른 두 집단보다 현저하게 높은 점수를 받았다. 이 결과는 자신의 생각이나 목표를 타인에게 공개하면 그것을 끝까지 고수하려는 경향이 있음을 보여 준다. 이를 공개 선언 효과public commitment effect라고 한다(Hayes et al., 1985).

자신의 목표를 공개적으로 선언하는 행위는 실행력을 높여 좋은 성과로 나타난다. 이것은 책무에 대한 스스로의 책임의식 때문이다. 장 폴 사르트르Jean-Paul Sartre의 철학을 해설한 책 『책임은 어떻게 삶을 성장시키는가』(전경아 역, 2019)에서 저자는 책임은 앞으로 던지면서 지는 것이라고 표현하였다. 즉, 책임을 지기 전에 "이 일을 책임지겠습니다."라고 말로 공개적으로 선언함으로써 책임감을 계속 유지시킬 수 있는 것이다. 이렇게 책임을 앞으로 던지는 자세로 살면 내가 스스로 책임져야 한다고 계속 생각하게 되고, 그 책임감에서 에너지가 생겨난다. 앞서 제시한 대학생들에 대한 실험도 이와 같은 맥락으로 이해할 수 있다.

(2) 온라인 공동 책무 앱 적용

코칭을 진행하거나 마무리하면서 고객이 자신의 목표나 실행 계획을 누구

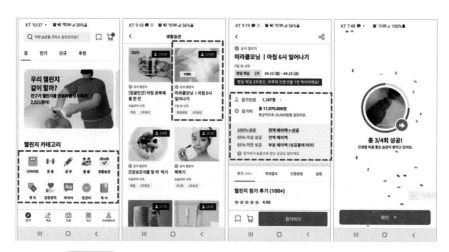

그림 8-4　온라인 앱(챌린저스)을 활용한 공동 책무 및 실행 관리

에게 공개 선언할 것인가를 다짐해 보는 것도 실행력을 높이는 좋은 방법이다. 더 나아가 공개 선언을 하고 그 진행 과정을 서로 확인하는 툴tool이 있다면 실행력이 더욱 높아질 것이다. 오프라인으로 할 일을 공개 선언하고 서로 그 일의 진행 과정을 점검해 주는 방법도 있으며, 온라인 공동체에서 상호 책무 확인을 위한 애플리케이션을 활용하는 방법도 있다. 이와 관련해서는 다양한 앱이 있는데, 대표적인 것으로는 자기 계발 및 다양한 목표 달성을 도와주는 '챌린저스', 목표 달성, 습관 관리, 생활 루틴, 감사일기 등의 기능을 가진 '그로우' 등이 있다. 이 외에도 다양한 앱이 있으며, 자세한 내용은 해당 앱의 활용 방법을 참고하기 바란다. [그림 8-4]는 챌린저스 앱을 활용하여 고객이 코칭 중에 세운 계획을 실행으로 옮기는 과정을 공동 책무를 가지고 진행하는 것을 보여 준다.

(3) 피드백 성찰

모니터링monitoring은 어떤 것을 보고 있거나 확인하는 것이다. 그리고 셀프 모니터링self-monitoring은 자신의 행동을 스스로 관찰하고 기록하는 것을 의미한다. 말하자면, 셀프 CCTV와 비슷하다. CCTV를 설치하면 누군가 나를 쳐다보고 있다는 생각에 범죄율이 감소한다고 한다. 마찬가지로 셀프 모니터링을 통해 자기 자신의 행동을 관찰하며 컨트롤하는 것도 가능하다. 누군가 내 행동을 관찰하거나 기록하기만 해도 사람들의 행동이 달라지는 것을 심리학에서는 '반응성 효과reactivity effect'라고 한다. 실제로 음식을 먹을 때 그 사람 앞에 거울을 놓아두기만 해도 건강에 좋지 않은 음식을 먹는 양이 32% 줄어든다고 한다. 거울에 비친 자신의 모습을 보면서 자신의 몸과 행동을 더 의식하게 되기 때문이다. 이러한 반응성을 유도하기 위해 자신의 행동을 관찰하고 기록하게 해서 행동을 수정하는 CCTV와 같은 자기 관찰 기법self-monitoring technique을 사용하면 도움이 된다(이민규, 2019).

자기 관찰 기법에 의한 반응성 효과 이론은 자기 관찰을 통한 성찰 과정과 유사하다. 자기 관찰을 하게 되면 셀프 피드백을 통해 성찰이 이루어지기 때문이다. 이처럼 셀프 피드백을 통해 성찰하면 실행하기로 다짐한 것에 대한 실행력이 높아질 가능성이 크다. 피터 드러커Peter Drucker를 포함해 피드백의 중요성을 강조하는 사람들은 공통적으로 다음과 같은 말을 한다. 우리가  목표를 달성하기 위해 '무엇을 했는지'와 '어떻게 하면 더 잘할 수 있을지'에 대해 성찰하는 지속적인 피드백 루프를 갖는 것이 매우 중요하다는 것이다. 따라서 다른 사람으로부터 피드백을 받고 스스로 성찰하고 그것을 기록하고 정리하는 것만으로도 자기 관찰 효과를 증진시켜 실행력을 높일 수 있다. 그리고 이러한 피드백 루프는 어떻게 하면 더 잘할 수 있을지 끊임없이 생각하고 스스로에게 질문을 던질 수 있게 해 준다고 강조한다.

라) 지속 성장 지원 단계

코치는 고객의 지속적인 성장을 위해서 고객이 정한 코칭 목표를 넘어 새롭게 고객의 더 중요한 목표나 목적에 닿을 수 있도록 고객의 수행 방식, 창조 방식, 강점 등을 존중하고 적극 활용할 수 있도록 지지해 주는 것이 필요하다. 고객은 자신에게 익숙하고 자연스러운 방식을 적용하면 계획을 더 쉽게 실행으로 옮길 수 있을 뿐만 아니라, 목표 너머 자신의 새로운 성장과 삶의 목적을 추구할 수 있게 된다. 일단 고객이 원하는 것과의 방향성이 연결되고 고객의 수행 방식, 창조 방식, 강점 등이 잘 발휘될 수 있다면, 고객의 자기 실현 경향성뿐만 아니라 고객의 자율성과 책임의식도 더 높아진다. 이런 일련의 과정이 한 방향으로 정렬됨으로써 고객은 자신의 지속적인 성장을 위한 자율적인 힘power을 꾸준히 만들어 낼 수 있게 된다.

2) 고객의 자율성을 존중한다Respects client autonomy.

교육학 용어로 자율성은 자신의 행위를 지배하는 원리, 규범, 규칙을 자신이 선택하고 결정하여 그것을 실행하는 자유를 말한다. 사람들은 자신의 생각과 감정과 원하는 바대로 살고 싶어 한다. 다시 말해, 외부로부터의 압력이나 간섭을 원하지 않으며, 어떻게 생각할지, 무엇을 말할지, 어떤 행동을 할지 다른 누군가가 정하는 것을 원하지 않는다. 행복하고 존엄한 삶은 내가 결정하는 삶이기 때문이다(문항심 역, 2015).

칼 로저스는 모든 유기체 안에는 수준의 차이는 있지만 고유한 잠재력을 적극적으로 실현하고자 하는 성장의 흐름이 내재되어 있다고 보았다(주은선 역, 2009). 즉, 그러한 내면의 힘이 생명이 되기 위한 필사적인 시도를 하고 있다는 것이다. 로저스는 인간을 마음대로 조종하거나 조작할 수 있는 대상으로 보지 않았다. 그는 인간을 내면에 어떤 분명한 동기를 가지고 있는 자율적인autonomous 인간으로 정의하고, 이러한 동기를 실현 경향성이라고 불렀다. 즉, 자기 실현 경향성은 동기를 가지고 있는 자율성 때문에 가능하다는 것이다.

역량 2에서도 언급했듯이, 자율성은 외부의 영향이나 간섭을 받지 않고 자신의 기준에 의해 행동과 계획을 스스로 선택하고 결정함으로써 자유와 책임을 갖는 것이다. 따라서 고객은 다른 사람이나 코치의 외적 강요나 간섭에 의해 행동하는 존재가 아니라 자발적으로 선택하고 결정하고 행동할 수 있는 존재임을 잊지 말자.

3) 고객의 발전을 축하한다 Celebrates progress.

축하하기는 삶에서 중요한 요소다. 축하는 이미 이룬 성취를 축하하는 면도 있지만, 그것에서 받은 에너지로 앞으로 나아가게 하는 동기를 부여하고 더 큰 목표를 향해 나아가게 한다. 코치는 코칭 과정 중에 고객이 목표한 것을 이루거나 고객이 바라는 상태 또는 존재가 되기 위해 무언가 앞으로 나아가고 있음을 축하해 주는 것을 잊지 말아야 한다. 이러한 축하는 코치와 고객 간의 코칭 관계를 강화하는 데도 기여한다. 또한 고객이 축하나 축복을 받는 과정에서, 고객 또한 스스로 자부심이 향상되어 동기부여된다. 실제 코칭 중에 고객의 발전을 축하할 수 있는 것들로 다음과 같은 예를 들 수 있다.

가) 고객의 존재 축복하기

인간은 본래 존귀한 존재다. 또한 존귀한 존재로 자기 실현을 추구하는 내면의 힘을 끊임없이 발휘하고 있다. 그리고 코칭 세션 한 시간 동안 자신의 스토리를 펼쳐 내며 성장을 위한 경험을 하고 있는 고객은 축복받아야 마땅한 존재다.

- 코칭 과정에서 자신의 성장을 위해 애쓰고 있는 자신을 보면 어떤 느낌이 드나요?
- 그런 자기 자신이 어떻게 보이나요?
- 그런 자기 자신에게 하고 싶은 말은 무엇인가요?
- 그런 존재인 고객님을 축복합니다.

나) 고객이 성취한 것에 대해 말하게 하고 축하해 주기

- 목표를 이루어낸 것
- 자신에 대해 중요한 것을 알게 된 것
- 관계, 일, 삶의 방식에 변화를 도모한 것
- 자신의 잠재력을 발휘하여 성취한 것
- 자신의 가치관을 새롭게 정리한 것
- 자기 존재에 대해 새롭게 자각한 것
- 과거의 고착화된 관념, 방식을 고집하기보다 중요한 것에 집중하는 것
- 일을 미루는 행동 패턴을 교정한 것 등

코칭 중에 고객은 코치라는 거울을 통해 자기를 비춰 보고 성찰하고 뭔가를 발견하게 된다. 이런 발견은 고객 자신도 모르는 사이에 일어날 수 있기 때문에 코치는 고객이 이루어 낸 것들을 비춰 주어 의식하게 한다. 고객은 자신이 이루어 낸 것을 의식함으로써 더 깊게 심화하고, 더 넓게 확장하며, 성장의 영역을 넓혀 갈 수 있게 된다. 또는 고객이 겪을 수 있는 유사한 문제 혹은 삶에서 부딪치는 다른 어려움을 해소하는 데에 적용할 수도 있다. 코치는 이러한 고객의 경험을 충분히 축하해 주어야 한다. 고객이 이렇게 자기 표현을 할 수 있다는 것 자체가 자기 성장의 길로 들어서고 있는 표지이기 때문이다. 정말 마음껏 인정하고 축하해 주자.

다) 고객이 전환을 이루어낸 것 축하해 주기

코치는 코칭 중에 고객에게 크고 작은 관점의 전환이 일어나는 것을 느끼고 알아차린다. 이런 관점의 전환은 고객의 사고와 행동방식에 변화를 일으킨다. 특히 고객이 과거와 다르게 새로운 대안, 창의적이고 과감한 행동 breakthrough을 떠올리고 계획한다면 이미 고객에게 큰 전환이 일어났다는 것이

다. 이러한 큰 전환은 코칭 중에 스치듯 나타날 수도 있고, 또 단순한 신체적 표현으로 나타날 수 있다. 고객의 행동, 사고, 관점, 존재방식 등에서 일어난 변화와 전환을 인정하고 축하한다. 이를 위해 코치가 알아차려야 할 순간들은 다음과 같다.

- 과거로부터 벗어나 새로운 생각이나 시각으로의 전환이 일어날 때
- 기존에 가지고 있던 가정(비합리적 가치관, 신념 등)이 행동을 제한하고 있었다는 사실을 깨닫고 전환이 일어날 때
- 과거나 현재의 불행으로부터 새로운 가능성을 발견할 때
- 의존적인 태도에서 독립적인 태도로 옮겨 갈 때
- 자기 능력에 대한 의구심에서 자신에 대한 믿음과 자부심으로 옮겨 갈 때
- 안정적인 것에서 실험적 도전으로 옮겨 갈 때 등

그리고 고객에게서 비언어적인 전환이 일어난 것을 알아차리고 인정, 축하해야 할 순간은 다음과 같다.

- 자신감 없는 자세에서 자신감 있는 몸동작으로 변화할 때
- 에너지가 낮은 목소리 톤에서 밝아지고 경쾌한 톤으로 변화할 때
- 염려, 걱정, 고민스럽던 표정에서 밝고 쾌활하며 생기가 도는 얼굴로 변화할 때
- 질문에 대답하는 방식에서 대화에 적극적이고 목소리에 힘이 느껴질 때
- 처음엔 코치의 눈을 피하는 듯하다가 점점 눈을 보며 얘기할 때

코치는 이런 순간을 놓치지 않고 인정하고 격려하며 새로운 전환을 이루어 낸 것을 크게 축하해 주어야 한다. 그런 요소들이 누적되면 고객은 동기부여되고 영감을 얻게 된다.

4) 세션을 종료하는 데 있어서 파트너 역할을 한다 Partners to close session.

코치는 고객과 함께 코칭 세션을 어떻게 종료할 것인지 함께 이야기하고 결정한다. 예를 들어, 역량 3에서 합의한 코칭의 전반적인 과정이 어떻게 진행되었는지 리뷰하는 것도 좋은 방법이고, 특별히 전환이 일어난 부분에 대해 이야기 나누는 것도 좋다. 특히 행동의 전환을 이루어 성장의 계기가 되었던 포인트에 대해 서로 자유롭게 공유하는 것은 지나온 과정을 다시 성찰하는 좋은 방법이기도 하다. 필요하다면 코칭을 마치면서 나눈 의견들을 문서화하여 공유하는 것도 바람직하다. 각 과정에서 느낀 것, 배운 것, 성찰한 것을 나누는 자체가 서로에게 좋은 선물이 된다. 그리고 코칭 후 서로 기대하는 것 등에 대해서도 나눌 수 있고 필요한 요청을 할 수도 있다. 또한 코칭이 끝날 때 필요하면 [그림 8-5]와 같은 코칭 핵심 역량 도표를 그려 놓고 단계별 과정을 공유하는 방법도 있다. 코치는 고객의 말을 들으면서 코칭 수퍼비전을 받는 듯한 느낌이 들 수도 있다.

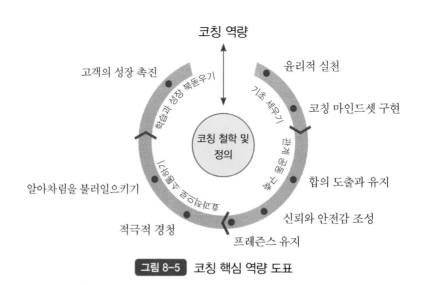

그림 8-5 코칭 핵심 역량 도표

4. '고객의 성장을 촉진한다'의 실행 지침

가. 새로운 알아차림, 통찰, 학습을 세계관 및 행동에 통합하기 위해 고객과 협력한다.

나. 새로운 학습을 통합하고 확장하기 위해 고객과 함께 고객의 목표, 행동, 책무 측정 방안을 설계한다.

다. 목표, 행동, 책무를 설계하는 데 있어서 고객의 자율성을 인정하고 지지한다.

라. 고객이 잠재적 결과를 확인해 보거나 이미 수립한 실행 단계로부터 배운 것을 지지한다.

마. 고객이 지닌 자원, 지원, 잠재적 장애물을 포함하여 어떻게 자신이 앞으로 나아갈지에 대해 고려하도록 한다.

바. 고객과 함께 세션에서 또는 세션과 세션 사이에서 학습하고 통찰한 것을 요약한다.

사. 고객의 진전과 성공을 축하한다.

아. 고객과 함께 세션을 종료한다.

가. 새로운 알아차림, 통찰, 학습을 세계관 및 행동에 통합하기 위해 고객과 협력한다Works with the client to integrate new awareness, insight or learning into their world view and behaviors.

고객의 성장을 촉진하기 위해 코치는 고객의 알아차림을 불러일으키고 그 알아차림을 통해 깨달은 배움과 통찰을 행동으로 전환할 수 있도록 파트너 역할을 해 주어야 한다. 자기 성장을 위한 고객의 행동은 일시적인 감정이나 기분이 아니라, 고객의 가치관 혹은 세계관과 일치된 행동을 해야 한다. 이 말은 코칭 과정에서의 알아차림, 통찰, 학습을 고객의 세계관(가치관, 패러다임 등) 및 행동에 통합하도록 고객과 함께 지속적으로 협력해야 한다는 뜻이다. 다음 예시들을 한번 살펴보도록 하자.

- 고객님이 알아차린 것은 고객님의 세계관과 어떻게 연결되나요?
- 고객님이 통찰한 것은 고객님의 핵심 가치와 어떻게 연결되나요?
- 고객님이 알아차리는 과정에서 배운 것을 행동과 어떻게 통합할 수 있나요?
- 고객님의 알아차림, 통찰, 학습을 자신의 존재와 일치시키는 행동은 무엇일까요?
- 어떤 행동을 통해, 알아차리는 과정에서 깨우친 통찰과 학습을 통합시킬 수 있을까요?

나. 새로운 학습을 통합하고 확장하기 위해 고객과 함께 고객의 목표, 행동, 책무 측정 방안을 설계한다Partners with the client to design goals, actions and accountability measures that integrate and expand new learning.

1) 목표 설계Design SMAT goals

고객이 코칭 과정에서 얻은 학습과 통찰을 실행으로 옮길 때 먼저 고객이 제시한 코칭 목표를 구체적으로 정의해야 한다. 실행을 위한 목표는 구체적인specific, 측정 가능한measurable, 달성 가능한achievable, 목표 날짜가 있는target date 목표로 구체화할 때 행동 설계로 이어가기가 쉬워진다. 예를 들어, 고객이 '성과 향상을 위한 상사 및 부하직원과의 커뮤니케이션 역량 강화'를 목표로 정했다면, 코치는 다음과 같은 과정을 통해 목표를 설계할 수 있다.

- **구체적**Specific: 커뮤니케이션 역량 중 어느 부분을 강화하고 싶은가요?
  (예: 경청 스킬, 피드백 스킬, 인정 스킬 등)
- **측정 가능**Measurable: 지금 현재 수준은 어느 정도이고, 코칭이 끝난 후 어느 정도의 수준이 되기를 바라나요?
  (예: 현재 수준 4, 코칭 후 8 정도)

- **달성 가능**Achievable: 코칭을 통해 이 목표를 달성할 가능성이 어느 정도라고 생각하나요?

  (예: 현재 나의 의지와 욕구가 높으니 90% 이상 달성 가능)

- **목표 날짜**Target date: 목표 달성이 가능한 날짜는 언제쯤으로 예상하나요?

  (예: 코칭이 끝나는 11월까지 가능)

2) 행동 설계Design actions

실행을 위한 목표를 구체적으로 설정했다면, 이어서 그 목표를 달성하기 위한 효과적인 행동을 설계해야 한다.

가) 행동 설계 탐구 과정

목표 달성에 가장 효과적인 행동을 설계하려면 고객과 함께 다음과 같은 탐구 과정을 거치게 된다.

- 목표를 달성하기 위해 그동안 시도해 본 것은 어떤 것이 있나요?
- 지금까지 해 보지 않았던 시도에는 어떤 것이 있나요?
- 어떤 것을 더 시도할 수 있을까요?
- 그 외에 또what else?
- (고객이 몇 가지 행동을 위한 대안을 제시한다.) 이 가운데 어떤 것을 중점적으로 실행해 보시겠어요?
- 이 시도를 통해 무엇이 달라지게 될까요?
- 이런 실천을 지속하면 고객님의 팀에 어떤 영향을 미치게 될까요?
- 새로운 행동으로 목표를 달성하게 되면 그 다음에 또 어떤 기회를 얻게 될까요?

나) 실행 지원

고객과 함께 다각적인 탐구 과정을 거쳐 최적의 행동을 설계했다면 이어서 코치는 고객이 그것을 언제부터 실행할지 확인하고, 바로 실행할 수 있는 일은 세션 중에 '당장 실행'할 수 있도록 즉각적인 지원을 제공해야 한다.

- 목표를 행동으로 옮기는 과정에서 고객님이 걱정하는 것이 있나요?
- 지금부터 바로 실행하려면 코치로서 어떤 도움을 드리면 좋을까요?
- 당장 실행하도록 자신을 어떻게 격려할 수 있을까요?
- 저와 함께 일어서 보시죠. 실행 스타트라인이 저 앞에 있습니다. 실행을 다짐하는 의미에서 저 라인을 넘어가 보시겠어요?

3) 책무 측정 방안 설계Design accountability measures

이 실행 지침에는 책무 측정 방안accountability measures이라는 표현이 나온다. 책무 측정 방안 설계는 고객이 실행하기로 다짐한 것에 대한 실행력을 높이기 위해 고객과 함께 책무 진행 정도를 측정하기 위한 방안을 설계하는 것이다. 이에 대해 이야기하려면 우선 책임과 책무가 어떻게 다른지부터 살펴보아야 한다.

먼저, 책임responsibility이란 response에서 파생된 단어로, 문제가 발생했을 때 당사자가 보이는 반응, 즉 책임의식에 초점을 두고 있다. 조직에서 R&RRole & Responsibilities이라는 표현으로 자주 쓰이는데, 이는 개인이나 부서가 어떤 역할을 맡아 그에 따르는 권한을 가지고 어떤 일에 대한 관리 책임을 맡는 것이다. 그리고 업무 수행에 대한 인과관계를 명확히 이해하고 업무 수행 과정에 능동적으로 참여하는 것이다. 부여된 권한과 관리 책임은 다른 사람에게 양도할 수 있고, 업무 수행 과정이나 결과에 따라 보상이나 처벌을 받을 수 있지만, 그에 대해 보고하거나 해명할 의무는 없다. 예를 들면, 대부분의 사무실에 커피 머신이 있을 것이다. 그러면 누군가가 커피 머신을 관리하는 담당자 역할을 맡아 커피를 주문하고 재고량을 유지하며 청결 상태를 관리하는 책임을 맡게 된다. 담당자는 커피가 떨어질 경우 어떤 결과가 있을지에 대한 인과관계를 이해하고 책임의식을 갖고 그 업무를 수행한다. 필요할 경우 그 업무를 다른 사람에게 맡길 수 있으며, 만약 커피가 떨어졌을 경우 책임 소홀에 대한 비난을 받을 수는 있겠지만 그에 대해 공개적으로 해명할 의무는 없다.

책무$_{accountability}$란 account에 뿌리를 두고 있다. account는 '셈을 치르다, 설명하다, 해명하다, 보고하다' 등의 의미를 가지고 있다. 그래서 책무는 어떤 주체가 자신의 행위에 대해 설명할 의무를 갖는 상태를 말하며, 이는 개인의 책임의식을 전제로 한다. 조금 더 구체적으로 설명하면, 책무는 개인이나 부서가 주어진 역할과 권한을 가지고 수행기준에 따라 과업을 이행하고, 그 결과를 공개적으로 보고 · 설명 · 해명하며, 결과에 대한 평가를 받아들이는 것을 포함하는 개념이다(메리엄 웹스터 참조). 책무에 있어 그 권한은 다른 사람에게 양도할 수 있지만, 문제가 발생했을 때 잘잘못에 대해 설명하거나 해명하는 책임은 타인에게 양도할 수 없다. 책무는 문제가 발생했을 때 결과에 대한 이유를 밝히는 데 초점을 두는데, 이는 잘못된 결과에 대한 책임 소재를 밝혀 징계나 처벌을 하기 위함보다는, 개선을 위해 종합적으로 분석 · 평가하여 더 책임감 있게 업무를 수행하기 위함이다. 책무는 수행 기준에 따라 업무를 수행하고 이를 공개적 또는 정기적으로 보고하고 평가하는 과정이기 때문에 평가를 위한 업무 수행 기준이 먼저 설정되어 있어야 하며, 그 기준을 바탕으로 어느 정도 수준으로 수행이 되었는지 평가한다. 조직에서 인사고과 기준을 마련해 직원들의 근무 태도나 실적 등을 평가하는 것이 좋은 예이다.

코치는 코칭 과정에서 얻은 학습과 통찰을 실행으로 옮길 때 고객이 개인적인 책임의식을 갖도록 최대한 자율성과 주도성을 존중해 주고, 더불어 실행력을 높이기 위해 고객과 함께 책무 진행 정도 측정 방안을 설계해야 한다. 고객이 다짐하고 약속한 것을 실행하기 위해 고객이 어떤 행동을 어떤 과정을 통해 지속해 갈 것인지 타당한 방법과 단계를 디자인하는 것이다.

책무 진행 정도를 측정하기 위해서는 가능한 한 구체적이고 눈에 보이며 계량 가능한 기준이 필요하다. 이때 고려할 요소에는 감정의 변화, 강도, 자존감 향상, 수치화된 척도, 횟수, 성과 지표, 실적 보상 등이 포함된다. 또한 책무 설계에는 고객의 자율성을 바탕으로 실행 결과를 확인하는 방안도 함께 설계해야 한다. 이처럼 목표 달성을 위해 높은 실행력을 유지하고, 현재의 진행 정도를 정확히 측정하기 위한 책무 설계는 고객과 코치 모두에게 매우 중요한 역량이다.

사례

코치: 고객님께서 커뮤니케이션 역량 강화를 목표로 하루에 한 번씩 경청 스킬 훈련을 하겠다는 행동 계획을 설계하셨는데요. 이제 고객님이 높은 실행력을 유지할 수 있도록 마지막으로 책무 설계를 함께 하려고 하는데 괜찮으신가요?

고객: 네, 좋습니다.

코치: 고객님이 경청을 잘하고 있다는 것을 스스로 어떻게 확인할 수 있을까요?

고객: 일단 '경청 스킬 체크리스트'를 만들어서 제 책상과 수첩에 붙여 놓겠습니다. 그리고 실행 여부를 매일 달력에 O, X로 표시하고 매주 주말에 셀프 피드백을 하면 될 것 같습니다. 아, 그리고 제가 믿을 만한 팀원에게 주중에 한 번씩 솔직한 피드백을 받겠습니다.

코치: 와! 경청 스킬 체크리스트를 만들어서 책상과 수첩에 붙여 놓고, 매일 실행 여부를 달력에 표시하고, 마지막으로 셀프 피드백과 팀원 피드백까지 하는 대단히 훌륭한 방법이네요. 코치인 저도 마음으로 계속 응원하고 실행을 축하하고 싶은데 어떻게 하면 코치인 제가 그 진행 사항을 알 수 있을까요?

고객: 아, 네. 경청 스킬 체크리스트와 달력은 제가 사진으로 찍어서 보내드

리고, 셀프 피드백과 팀원 피드백은 제가 문자로 보내드리겠습니다.

코치: 고객님의 강한 실행 의지가 느껴져서 참 보기 좋네요. 저도 기대감을 안고 고객님의 사진과 문자를 기다리겠습니다. 혹시 제가 도움이 될 수 있는 부분이 있다면 언제든 연락 주시기 바랍니다.

그런데 책무 측정 방안을 설계하거나 진행과정을 확인함에 있어 코치는 자신이 고객의 파트너라는 사실을 망각해서는 안 된다. 코치는 고객의 자율성을 신뢰하고 존중하면서 고객의 파트너로서 할 수 있는 것에 집중해야 한다. 특히 고객이 다짐한 대로 실행하지 않았을 때, 코치는 고객이 자신이 원하는 결과를 얻으며 성장·발전하기를 진심으로 바라는 태도를 보여 줄 필요가 있다. 그렇지 않으면 코치의 역할이 본의 아니게 고객의 실행 과정을 관리하는 사람이 되어 버릴 수 있고, 고객이 코치에게 감시당하고 관리받는 느낌이 들어 코칭을 피하게 될 수도 있다. 그러므로 코치는 고객의 상사나 선생, 부모가 아니라 고객의 성장과 발전을 돕기 위해 고객과 함께하는 파트너라는 사실을 항상 기억하며, 자신의 존재 방식에 대해 성찰하고 코칭 마인드셋을 유지해야 한다. 만약 고객이 코치에게 계속 '미안하다'는 말을 하고 있다면, 코치는 이 관계가 코칭 관계가 아닌 다른 관계로 변질되고 있음을 알아차려야 한다. 코치가 고객의 자율성을 존중하며 고객을 계속 성장하는 인간으로 바라보고 신뢰하는 모습을 보여 줄 때 고객은 자존감을 유지하며 실행력을 높여 갈 수 있을 것이다. 따라서 효과적인 코칭을 위해서는 코치와 고객이 각자의 책임과 책무가 무엇인지 분명하게 알고 이를 의식적으로 유지 및 관리해야 한다. 고객의 책무 진행 정도 측정 방안을 설계할 때 다음과 같은 질문을 사용할 수 있다.

- 이 목표가 성공적으로 달성되었다는 것을 어떻게 알 수 있을까요?
- 이 목표가 성공적으로 달성되면 그 다음에 어떤 기회를 얻게 될까요?

- 이 목표를 달성하는 것은 고객님의 삶(일)에서 어떤 의미가 있나요?
- 실행 정도와 달성도를 어떻게 측정할 수 있을까요?
- 달성도를 숫자로 표현한다면 어느 정도까지 해 보시겠어요?
- 이 행동을 하루/일주일/한 달에 몇 번 하시겠어요?
- 고객님의 실행 정도를 제가 어떻게 알 수 있을까요? 등

다. 목표, 행동, 책무를 설계하는 데 있어서 고객의 자율성을 인정하고 지지한다Acknowledges and supports client autonomy in the design of goals, actions and methods of accountability.

앞에서도 언급했듯이, 인간은 자율성에 기반한 내적 동기와 자기 실현 경향성을 가진 존재이다. 그러므로 코치는 고객의 실행력을 높이기 위해서 고객의 내적 동기와 자율성을 그 존재에서부터 고객의 목표, 행동, 책무 관리 방법 설계에 이르기까지 코칭 과정 전체를 통해 지속적으로 지지하고 인정할 필요가 있다. 고객이 코칭 과정에서 알아차린 것을 행동으로 옮기겠다는 다짐하면, 코치는 그 약속이 최대한 실행될 수 있도록 고객과 함께 책무 관리 방법을 디자인하고, 그 과정에서 항상 고객의 자율성을 인정하고 지지해 주어야 한다.

그런데 때때로 고객이 실행에 너무 몰입한 나머지, 정작 중요한 목표나 목적을 잊은 채 실행을 위한 실행으로 치우칠 때가 있다. 그럴 때 코치는 고객의 현재 모습을 비춰 주면서 고객 자신의 삶에서 중요한 목표나 목적에 다시 초점을 맞추고 성장을 지속해 나갈 책임의식을 갖도록 해 주는 것이 좋다. 고객이 자신의 목표나 목적을 자주 상기하고 그것을 깊이 탐구하게 되면 고객의 실행 의지가 더 높아지게 된다. 고객의 내적 동기와 자율성을 지지하며 원래의 목표나 목적을 상기시키는 질문으로는 다음과 같은 것들이 있다.

- 자기 스스로 원하는 삶을 살아가는 모습은 어떤 모습인가요?
- 무엇을 하면 가장 자기답게 행동한다고 할 수 있을까요?
- 자기답게 할 수 있는 강점은 무엇인가요?
- 목표, 행동, 실행에 대한 책무 관리 방법을 설계하는 데 있어 가장 중요한 초점은 무엇인가요?
- 이것을 실행한다는 것은 누구의 결정에 의한 것인가요?
- 이 실행은 무엇을 위한 것인가요?
- 다짐한 것을 스스로 실행하고 있는 자신을 바라볼 때 어떤 느낌이 드나요?
- 이것을 실행함으로써 고객님은 어떤 사람으로 성장하게 되나요?

라. 고객이 잠재적 결과를 확인해 보거나 이미 수립한 실행 단계로부터 배운 것을 지지한다Supports the client in identifying potential results or learning from identified action steps.

고객이 원하는 목표를 달성하기 위해서는 고객이 이미 수립한 실행 단계에 대한 믿음을 가지고 실행해야 한다. 고객이 이미 수립한 실행 단계에 대한 믿음을 가지려면 그 실행 단계를 실행하고 난 다음의 잠재적 예상 결과를 확인해 보는 것이 필요하다. 잠재적 예상 결과에 대한 믿음이 생기면 수립한 실행 단계에 대한 믿음이 생겨날 것이다. 코치는 그렇게 기대하는 결과 혹은 실행 단계로부터 배울 수 있는 내용에 대해서는 적극적인 지지를 해 주어야 한다. 고객에 대한 코치의 지지는 막연했던 구체적 실현 가능성에 대해서도 아이디어를 새롭게 창출하고 작은 의문을 가졌던 부분에 대해서도 확신을 갖게 한다. 이렇게 코치는 고객이 수립한 실행 계획에 대해 예측되는 결과와 배운 것, 의미 등을 확인해 보거나 지지함으로써 고객의 성장을 촉진할 수 있게 된다.

　이를 위해 사용할 수 있는 질문들은 다음과 같다.

- 지금 세운 계획을 실행한다면 어떤 결과를 얻을 거라 예상하시나요?
- 그 결과를 통해 무엇을 배울 수 있나요?
- 예상되는 결과를 달성하게 되면 그 다음에 또 어떤 기회를 얻게 되나요?
- 이 결과는 고객님의 삶(일)에서 어떤 의미가 있나요?
- 그런 잠재적 결과를 얻기 위해 이미 수립한 실행 단계에 대해 어떻게 생각하십니까?
- 이미 수립한 실행 단계에서 배울 수 있는 것은 무엇인가요?
- 실행 과정에서 예상되는 잠재적 장애물에는 어떤 것이 있나요?
- 현재의 실행 계획이 다 이루어지고 예상 결과를 얻게 되면 고객님에게는 어떤 성장이 있을 거라 기대하시나요?

마. 고객이 지닌 자원, 지원, 잠재적 장애물을 포함하여 어떻게 자신이 앞으로 나아갈지에 대해 고려하도록 한다 Invites the client to consider how to move forward, including resources, support and potential barriers.

코칭을 통해 고객은 자신이 바라는 목표를 향해 앞으로 나아가기를 기대하고 있다. 고객이 앞으로 나아가는 데 필요한 것은 고객이 가지고 있는 자원과 외부의 지원이라고 할 수 있다. 한편, 고객은 앞으로 나아가는 데 잠재적 장애 요소도 가지고 있다. 그러므로 코치는 고객이 앞으로 나아가기 위해서는 자원과 장애물을 모두 고려하도록 요청하여야 한다.

- 예 1: 개인적 자원 및 지원
  - 고유한 강점
  - 시간, 에너지, 돈, 인간관계, 비전에 대한 집중력, 다양한 지원 채널 보유 등
  - 긍정적/적극적 태도, 상황 대처 능력, 추진력, 높은 회복 탄력성 등

−IT 활용 능력 등

• 예 2: 잠재적 장애물
  −실패에 대한 두려움
  −낮은 비전, 변화에 대한 두려움, 안전지대 선호 의식, 낮은 에너지 수
   준 등
  −취약한 의사소통 능력
  −기대하기 어려운 외부 및 조직의 지원

이와 관련하여 사용할 수 있는 질문들은 다음과 같다.

• 앞으로 나아가는 데 필요한 자원에는 어떤 것들이 있나요?
• 고객님이 가지고 있는 특별한 자원에는 어떤 것들이 있나요?
• 앞으로 나아가는 데 어떤 장애 요소가 있나요?
• 잠재적인 장애물을 어떤 방법으로 의도적으로 식별합니까?
• 장벽을 최소화하기 위해 어떻게 주도적으로 계획할 수 있습니까?
• 장애 요소를 극복하는 고객님만의 강점에는 어떤 것들이 있나요?
• 앞으로 나아가는 데 동반자 역할을 해 주는 사람은 누구인가요?
• 누구의 지원을 받는다면 가장 큰 힘이 될
  까요?
• 고객님을 위한 서포터스 그룹을 만든다면
  누구를 포함시키고 싶으세요?
• 앞으로 나아가기 위해 지금 첫발을 내디
  딜 준비를 한다면 그것은 무엇일까요?

바. 고객과 함께 세션에서 또는 세션과 세션 사이에서 학습하고 통찰한 것을 요약한다Partners with the client to summarize learning and insight within or between sessions.

연속되는 코칭 과정에서는 본 세션을 시작하기 전에 이전 세션에 대한 성찰을 먼저 하기 마련이다. 지난 코칭 세션에서 다짐한 통찰과 행동의 변화가 실제 일어나는 것은 삶의 현장이기 때문이다. 지난 코칭 세션이 끝나고 다음 코칭 세션 사이에서 실제 어떤 일이 일어났는지, 무엇을 배우고 느꼈는지, 어떤 통찰이 일어났는지 등 결과가 어떻게 나타났는지에 대해 공유하는 것은 지난 시간의 코칭 효과를 판단할 수 있는 기준이 될 뿐만 아니라, 앞으로 진행될 코칭에 대해서도 성찰 포인트를 제공한다. 또한 고객의 사고나 감정 및 행동 패턴에 대해서도 파악할 수 있다. 예를 들어, 어떤 고객은 중간에 실행하기로 한 책무에 대해 코치가 확인하고 지지해 주지 않으면 바쁜 일과 때문에 잊어버리고 실행하지 않는 패턴을 가지고 있을 수도 있다. 그런 경우 다음부터는 그러한 과정을 보완할 대안을 고객과 합의하는 것도 좋은 방안일 것이다. 코치는 세션과 세션 사이에서 고객이 학습하고 통찰한 것을 고객이 직접 정리하고 요약하도록 요청함으로써 고객의 알아차림과 성장을 촉진할 수 있다. 이때 사용할 수 있는 질문들은 다음과 같다.

- 지금까지/지난 번의 코칭을 통해 어떤 것을 새롭게 알게 되셨나요?
- 그동안 어떤 변화가 있었나요?
- 자기 자신에 대해 새롭게 알게 된 것은 무엇인가요?
- 이 코칭 주제가 고객님께 어떤 의미가 있나요?
- 오늘 새롭게 깨달은 것이 있다면 말씀해 주시겠어요?
- 이제 해야 할 것이 무엇인지 스스로 정리해 주시겠어요?
- 자신을 어떻게 축하하고 싶으세요?

- 오늘/이번 코칭을 어떻게 마무리하고 싶으세요?
- 책무 실행력을 높이기 위해 제가 도와드릴 것이 있을까요?

사. 고객의 진전과 성공을 축하한다 Celebrates the client's progress and successes.

코칭을 마무리할 때 코치는 고객이 새로운 시도를 통해 원하는 결과를 성취하거나 성장할 것에 대해 미리 축하하고 진심으로 응원하고 지지를 표현해 주어야 한다. 작은 진전이라도 그러한 현상이 나타날 때마다 기꺼이 축하함으로써 고객의 자신감이 높아질수록 작은 성공이 쌓여 결국은 고객 성장에 기여할 수 있게 된다. 코칭은 결국 고객 성장에 목적을 두고 있다. 고객의 계속적인 진전과 성공을 위해서는 코치의 인정 및 축하 에너지가 축적되어야 함은 당연한 일이다. 코칭을 마무리할 때 코치는 다음과 같은 질문이나 코멘트를 할 수 있을 것이다.

- 오늘/이번 코칭을 마무리하면서 배우고 느낀 것을 정리해 주시겠어요?
- 오늘/이번 코칭을 통해 이룬 진전이나 성공은 무엇인가요?
- 우리는 A라는 목적을 가지고 B라는 목표를 위해 코칭을 진행해 왔습니다. 코치로서 고객님께서 코칭 과정에서 시도하신 몇 가지 도전을 통해 변화하고 성장하신 것에 대해 축하의 말씀을 드립니다. 코칭 초기에는 문제의 중압감에 짓눌려 심사숙고하시느라 해야 할 일에 대해 멈칫거리는 모습을 보여 주셨는데, 코칭이 진행되면서 자신의 장점과 강점을 발견하고 이야기하면서 에너지 수준이 달라지셨어요. 그리고 "하면 되죠, 뭐!"라는 말을 던지신 후로 표정과 억양, 태도 면에서 자신감 있는 모습으로 변하셨어요. 그렇게 전환을 이루어 내신 순간이 참 인상 깊었습니다. 축하드립니다. 저도 "하면 되죠, 뭐!" 하는 그 말씀을 마음에 담아 가

겠습니다. 참 멋진 분을 만나서 반갑고 감사했습니다.

이와 같이 코치가 코칭 과정에서 고객이 노력하고 성취한 부분을 분명하게 인식하도록 요약해 주면, 고객은 "정말요? 제가 그랬나요?" 하며 자신의 발전과 성취를 새롭게 인식하며 기뻐하고 뿌듯해한다. 그러니 코칭을 마무리할 때 꼭 실제로 해 보기 바란다. 코치가 어떤 말로 고객의 노력과 성취를 인정하고 축하해 줄지 즐겁게 고민하면 좋겠다. 고객들은 자신의 노력이나 작은 발전이 원래 목표한 성과에 비하면 미미하고 사소한 것이라 생각하는 경우가 많은데, 코치가 자신의 노력뿐만 아니라 자신의 존재에 깊은 관심을 기울이고 작은 노력과 발전에 대해서도 민감하게 인식하고 인정하며 신뢰와 기대를 표현해 주는 말을 듣는 고객의 모습을 상상해 보라. 그런 인정과 축하의 말을 코칭 마무리에서 혹은 코칭 세션과 세션 사이에서 듣게 된다면 고객은 감동어린 여운을 안고 코치와 함께하는 것의 가치를 더 소중하게 느끼게 될 것이다.

- 오늘/이번 코칭을 통해 _____을 성취하신 것을 축하드립니다.
- 원하는 결과를 이루었을 때 누구로부터 어떻게 축하받고 싶으세요?
- 스스로 어떤 말이나 행동으로 자신을 축하하시겠어요?
- 앞으로 _____을 하시게 될 것을 믿습니다. 고객님의 성장을 기대합니다.

코칭 과정에서 고객은 자신의 성장과 발전을 위해 애쓰고 노력한다. 그것에 대해 코치로부터 진정어린 인정과 축하를 받고, 자기 스스로 인정과 축하를 표현할 수 있게 된다면, 고객은 앞으로의 인생에서 장애물을 만나더라도 스스로에게 동기를 부여하며 성장과 발전을 지속해 나가는 사람이 될 수 있을 것이다.

아. 고객과 함께 세션을 종료한다 Partners with the client to close the session.

코칭 세션에서 코치의 역할은 코칭 시작부터 끝까지 파트너로서의 역할을 충실히 하는 것이다. 예를 들어, 주제 선정부터 끝날 때까지의 전반적인 과정이 어떻게 한 방향으로 정렬되어 진행되었는지 공유해야 한다. 특히 고객의 성장에 영향을 미칠 수 있는 사고 및 행동의 전환이 일어난 부분에 대해서 공유하고, 고객이 어려워하는 부분에 대해서는 격려해 준다. 인정하고 축하할 일은 코치가 충분히 인정하고, 축하해 주고, 고객 자신도 스스로에게 인정, 축하, 격려를 해 보도록 권해 준다. 마무리는 서로 감사와 존경의 마음으로 한다. 만일 다음 코칭이 예정되어 있을 때는 일정을 서로 확인하고 요청할 사항이 있으면 함께 공유하는 것도 좋은 마무리라고 할 수 있다.

고객와 함께 세션을 종료할 때 코치는 다음과 같은 질문들을 사용할 수 있다.

- 코칭 세션에서 배우고 느낀 것은 무엇인가요?
- 코칭 과정에서 우리가 함께 이룬 것은 무엇인가요?
- 지금 자기 스스로 인정해 주고 싶은 것이 있다면 무엇인가요?
- 다음 세션 일정은 언제로 할까요?
- 이제 코칭을 마무리해도 될까요?

"코칭 세션에서 배우고 느낀 것은 무엇인가요?"라는 코치의 질문에 고객은 여러 가지 대답을 할 수 있다. 고객의 정리가 끝나면 코치는 고객이 성취한 것에 대해 인정 축하를 해 준다. 그리고 코치는 코치 나름대로 코칭을 전체적으로 마무리해 준다.

마스터 코치인 K 코치는 다음과 같은 말로 코칭 세션을 종료한다고 한다.

"고객님께서 코치인 저에게 깨닫게 한 것을 말씀드리고 싶습니다. 고객님께서 저에게 깨닫게 해 준 것, 그리고 고객님으로부터 제가 배운 것은

_____입니다."

또한 전문 코치인 P 코치는 코칭 세션을 마무리하는 2분을 '황금 같은 2분의 선물'이라고 부르며, 2분 동안 고객에게서 얻은 배움과 깨달음, 감동받은 부분 등을 고객에게 들려주며 고객에 대한 존경과 신뢰를 표현한다고 한다.

귀한 선물 같은 코치의 마무리를 통해 영감을 받은 고객들은 다음과 같은 말을 남겼다.

- 제가 저를 의심하고 있었는데, 제가 몰랐던 제의 가능성과 _____한 능력이 있다는 것을 알게 되어서 놀랍습니다. 이번 코칭이 제 자신을 믿게 된 계기가 되었고, 앞으로 안심하고 인생을 살아나갈 수 있다는 자신 감을 얻었습니다. 가슴이 뭉클합니다.
- 누군가로부터 존경받고 신뢰받는다는 것이 이런 느낌이군요. 말로는 설명하기 어렵지만, 저도 이런 느낌을 주는 리더가 되고 싶습니다. 앞으로 _____ 목표를 추가해야겠다는 생각이 듭니다.
- 처음엔 그냥 눈앞의 문제를 해결하기 위해 도움을 받는 정도라고 생각했는데, 뭔가 마음에 울림이 있네요.
- 기대하지 않았던 깨달음을 얻게 되어, 매번 코칭을 기다리게 됩니다.
- 저답게 성장할 수 있다는 기대감이 커지고, 앞으로의 코칭에 더욱 진지하게 임하겠습니다.

고객은 자신의 목표나 문제해결에 직접적으로 개입하지 않으면서도 자신에게 영감과 힘을 주는 코치의 마무리를 통해 스스로 성장해 가고 있다는 느낌을 갖게 될 것이다. 그리고 코칭 과정에서 조금씩 강점과 능력이 개발되고 있다는 것, 새로운 배움과 통찰을 하고 있다는 것, 자기도 모르게 성숙한 지혜를 표현했던 것, 원하는 목표를 이루기 위해 한 걸음씩 노력했던 것에 대해 스스로 자부심을 느끼게 될 것이다. 나아가, 자기 나름대로의 지향하는 삶의 방식에 대해 진지하게 생각하며 세상을 바라보는 시야가 확장되고 관점에 변화가 일어나고 있음도 알아차릴 것이다. 무엇보다 고객은 코치로부터 문제 해결을 넘어 자기보다 더 자신에게 호기심을 갖고 애정 어린 관심을 보여 주는 태도에서 잊혀지지 않는 영감을 얻게 될 것이다.

5. 전문 코치 평가 지표 PCC Markers

다음의 평가 지표는 전문 코치_{PCC} 수준에서 코칭 대화를 할 때 보여 주어야 하는 핵심 역량을 반영한 것이다. 이것은 코칭 핵심 역량 개발의 맥락 안에서 사용되어야 한다. 그리고 이것을 전문 코치_{PCC} 인증 시험을 통과하기 위한 형식적인 체크리스트로 간주해서는 안 된다.

- **역량 8 : '고객의 성장을 촉진한다'의 평가 지표**
  - 8.1: 코치는 고객이 세션에서 이루고자 했던 방향으로 진행되어 나가는 과정을 탐구하도록 허용하거나 요청한다.
  - 8.2: 코치는 이번 세션에서 고객이 스스로_{the who}에 대해 배운 것을 말하거나 탐구하도록 고객을 초대한다.
  - 8.3: 코치는 고객이 자신의 상황_{the what}에 대해서 배운 것을 말하거나 탐구하도록 초대한다.
  - 8.4: 코치는 이번 코칭 세션에서 고객이 새롭게 배운 것들을 어떻게 활용할 것인지 주의 깊게 생각해 보도록 초대한다.
  - 8.5: 코치는 고객이 세션 이후의 생각, 성찰, 행동에 대한 것을 고객과 함께 디자인한다.
  - 8.6: 코치는 고객이 지닌 자원, 주위의 지원, 잠재적 장애요소 등을 포함하여 앞으로의 행보를 함께 생각할 수 있는 파트너가 되어 준다.

−8.7: 코치는 고객 자신에게 최적의 책무 관리 방법을 함께 디자인하는 파트너 역할을 해 준다.

−8.8: 코치는 고객의 배움과 발전을 축하한다.

−8.9: 코치는 고객이 세션을 어떻게 종료하기를 원하는지에 대해 파트너 역할을 해 준다.

핵심 요약

- 인간에게는 성장과 발전을 위해 끊임없이 나아가고자 하는 기본적인 동기가 있다. 코칭은 이러한 성장 동기를 촉진하는 역할을 한다.

- 코치가 고객의 성장을 촉진하기 위해서는 코칭 과정에서 얻은 학습과 통찰을 행동으로 전환시키도록 파트너의 역할을 충실히 해 주어야 한다.

- 역량 8은 모든 역량이 통합되어 구현됨으로써 고객의 성장에 기여할 수 있는 결과를 이루어 내고 코칭을 종료하는 마무리라고 볼 수 있다.

- '고객의 성장을 촉진한다'의 핵심 요소는 다음과 같다.
  - 학습을 행동으로 옮기도록 촉진한다.
  - 고객의 자율성을 존중한다.
  - 고객의 발전을 축하한다.
  - 코칭 세션을 종료하는 데 있어서 파트너 역할을 한다.

- '고객의 성장을 촉진한다'의 기타 실행 지침은 다음과 같다.
  - 고객과 함께 협력하여 새로운 알아차림, 통찰, 학습을 세계관 및 행동에 통합한다.
  - 목표, 행동, 실행에 대한 책무 관리 방안을 설계하는 데 있어 고객의 자율성을 인정하고 지지한다. 고객이 얻고자 하는 결과에 대한 헌신과 다짐, 그리고 그것을 선언하고 이행하는 따르는 책임과 책무 관리가 매우 중요하다. 이것은 단순히 하는 것$_{doing}$에 관한 것이 아니라 존재$_{being}$에 관한 것이기 때문이다.
  - 고객이 지닌 자원, 주위의 지원, 잠재적 장애 요소 등을 포함하여 어떻게 앞으로 나아갈 것인지를 고려할 수 있도록 초대한다.
  - 고객과 함께 매 세션 또는 세션과 세션 사이에 생긴 통찰 및 배움을 요약한다.

- 코치가 코칭 세션을 마무리할 때는 '황금 같은 2분의 선물'을 고객에게 전달해 주는 과정을 빠뜨려서는 안 된다. 그 선물에는 코칭 과정에서 고객이 경험한 것, 성취한 것, 시각을 전환한 것 등에 대한 인정과 축하 등이 들어 있다.

🔔 자기 개발을 위한 성찰 및 연습 S-A-C

○ 잠시 멈추고 바라보기Stop

　– 잠깐 멈추고 코칭 마무리 장면을 그려 본다.

○ 알아차리기Aware

　– 합의된 목표가 마무리될 때까지 한 방향 정렬이 어느 정도 되어 있었는가?

　– 코칭에서의 알아차림을 통한 통찰을 행동으로 어떻게 실행하였는가?

　– 고객 성장을 위한 전환적 행동에는 어떤 것이 있었는가?

　– 실행을 위한 책무 관리는 어느 정도 수준인가?

○ 도전Challenge

　– 코칭 마무리에서 반드시 황금 같은 2분의 선물 보따리를 준비한다.

　– 고객이 더 강력하고 한 차원 높은 행동을 개발할 수 있도록 실험적인 도전을 해 본다.

　– 문제해결보다 고객의 성장을 위한 코칭이 되었는지 성찰하는 시간을 갖는다.

부록 1 ICF 팀 코칭 역량

ICF는 2020년에 팀 코칭 핵심 역량을 새롭게 발표하였다. 이 책에서는 팀 코칭 역량에 대한 별도의 해설을 하지 않고, ICF에서 발표한 보완된 팀 코칭 역량과 그 배경을 부록의 형태로 그대로 전달하고자 한다(다만 보완된 팀 코칭 역량과 배경에 대해 독자들이 쉽게 읽을 수 있도록 원본의 표 형식 구성을 서술식으로 전환하여 기술함).

팀 코칭 역량 파트를 읽을 때 유의할 점은 아래에 보완된 팀 코칭 역량은 여기에 기술된 것만이 아니라, 이미 앞에서 살펴보았던 코칭 핵심 역량을 기본으로 하고 거기에 추가적으로 보완되었음을 유념해야 한다. 따라서 독자들은 팀 코칭 핵심 역량을 살펴볼 때 아래의 보완 역량뿐 아니라 앞에서 살펴본 각 코칭 핵심 역량과 실행 지침을 함께 살펴봄으로써 팀 코칭 역량의 내용을 전체적으로 숙지할 필요가 있다. 다음 내용은 ICF가 팀 코칭에 대해 발표한 전문을 ICF Korea Charter Chapter에서 공식 번역하였고, 2021년 9월 16일에 게재하였다. 공식 번역본은 ICF 웹사이트(https://coachingfederation.org/team-coaching-competencies)에서 찾아볼 수 있다.

ICF 팀 코칭 역량: 일대일 코칭을 넘어

서론

팀이 지속적으로, 장기간에 걸쳐 성과를 잘 내고자 하는 욕구가 있기 때문에 지속적인 팀 개발이 필요하다. 그 결과 팀 코칭이 빠르게 성장하고 있다. 팀 코칭은 팀이 지속 가능한 결과와 지속적인 개발을 가능하게 해 주는 경험이다. 높은 팀 성과를 달성하려면 목표를 향해 정렬하고, 혁신을 유지하며, 내부 및 외부 변화에 빠르게 적응해야 하므로 팀 코칭은 기업 환경에서 점점 더 중요한 개입이 되고 있다. 팀 코칭은 팀 빌딩, 팀 교육, 팀 컨설팅, 팀 멘토링, 팀 퍼실리테이션, 팀 코칭과 같은 방식과 함께 팀 개발이라는 우산 아래 존재한다. 이러한 양식은 〈표 1〉에서 추가로 비교된다.

일련의 팀 코칭 역량을 개발하기 위해 ICF는 철저한 증거 기반 연구 프로젝트를 설계했다. 이 연구의 목적은 ICF 핵심 역량 외에 팀 코치가 사용하는 지식, 스킬, 능력, 그리고 다른 특성들—KSAO~Knowledge, Skills, Abilities, and Other Characteristics~—을 파악하는 것이었다. 이를 위해 다음과 같은 활동이 진행되었다.

- 종합적인 문헌 검토
- 팀 코칭 주요 사례 개발
- 팀 코칭 경험을 이해하기 위한, 그리고 일대일 코칭과의 차이를 알기 위한 과제 및 KSAO 화상 워크숍
- 팀 코치가 코칭 참여를 경험하는 방식과 팀 코칭이 그들에게 직업으로서 의미하는 바를 이해하기 위한 반구조화된~semi-structured~ 인터뷰
- 특정 팀 코칭 과제 및 KSAO의 중요성과 퍼실리테이션~facilitation~과의 관계를 결정하기 위한 글로벌 설문조사
- 모든 직무 분석 데이터를 검토하는 역량 모델 워크숍

팀 코칭을 팀 교육, 컨설팅 또는 멘토링과 통합하는 것을 고려할 때는 주의가 필요하다. 이 세 가지 방식은 직접적으로 제시를 하기 때문에 팀 코칭과는 구별된다. 일부 팀 코치는 이 세 가지 방식을 팀 코치가 수행해서는 안 된다고 생각한다. 그렇게 하면 팀에 혼란을 야기하고 코치가 코치로서의 기능을 제대로 수행하는 데 방해가 될 수 있기 때문이다. 그럼에도 불구하고 데이터를 보면, 팀 코치는 팀 구성원 간의 대화를 촉진하기 위해 종종 의도치 않게 퍼실리테이션을 자주 사용한다고 한다. 퍼실리테이션은 커뮤니케이션의 명확성을 높이려는 것이다. 이 경우 작업은 표면적인 수준에 머물며 팀의 역동성에 대한 분석까지는 들어가지 않는다. 반면에 팀 코칭은 퍼실리테이션보다 깊게 들어간다. 팀원 개개인의 성격과 하위 그룹의 표면 아래의 역동성을 들여다보며, 이것이 팀 성과에 어떻게 영향을 주는지를 탐색한다. 팀 코칭과 퍼실리테이션을 명확하게 구별하기는 어렵다. 하지만

퍼실리테이션과 코칭은 연속선continuum 상에 있으며 좋은 팀 코치는 이 선 상에서 자유롭게 오간다.

팀 코칭은 다면적이기 때문에 팀 코치는 개인보다 팀과 함께 일할 때 훨씬 더 광범위한 지식 기반을 가지고 있어야 한다. 그들은 갈등을 식별하고 해결하는 방법, 팀 내의 권력 역학을 인식하는 방법, 높은 성과를 내는 팀에 필요한 것이 무엇인지를 이해하고, 팀 결속력을 구축하는 방법을 알고, 규칙과 규범을 개발하며, 모두의 참여와 기여를 장려하는 방법, 팀 자율성과 지속 가능성을 촉진하는 방법을 이해해야 한다. 개인, 일대일 코칭에서 코치는 코칭 이외의 방식으로 전환할 때 주의를 기울이는 경우가 많다. 팀 코칭에서는 다양한 방식 간의 구분이 그렇게 분명하지 않을 수 있다. 다양한 방식들에 대해 고객과 얼마나 많은 정보를 공유할지는 개별 코치에게 달려 있다. 팀 역학과 성과에 영향을 미치는 요인의 복잡성으로 인해 팀 코치는 종종 고객과 일대일로 작업할 때보다 더 지시적이어야 한다. 수퍼비전은

표 1 팀 개발 방식

구분	팀 개발					
	장기적으로 많은 양식, 많은 주제가 포함됨					
	팀 빌딩	팀 교육	팀 컨설팅	팀 멘토링	팀 퍼실리테이션	팀 코칭
기간	단기, 1~5일	단기, 1~5일	매우 다양	오랜 시간에 걸쳐 띄엄띄엄	단기, 1~5일	장기, 수개월
과정	활동	커리큘럼을 가지고 팀과 함께 작업	컨설턴트의 전문성 공유	멘토의 공유	대화 촉진	팀과 코치의 파트너십
성장 영역	강화된 관계	새로운 지식이나 기술	추가적인 통찰	새로운 지식	명확성	달성한 목표; 팀 지속 가능성
팀 역학; 갈등 해결	최소	최소	최소, 자문	최소	최소	필수
전문가; 주제	강사	트레이너	컨설턴트	멘토	퍼실리테이터와 팀	팀

작업의 복잡성과 팀 코치가 내부 팀 역학에 쉽게 빠져들 수 있기 때문에 팀 코치에게도 더 중요하다.

ICF 팀 코칭 역량: 핵심 역량 프레임워크 확장

이 문서는 전문 코치가 팀 코칭 실습에 효과적으로 참여하는 데 필요한 추가 지식과 스킬을 제공하며, ICF는 팀 코칭을 공동의 목적과 공유된 목표를 달성하기 위해 능력과 잠재력을 극대화하도록 영감을 주는 방식으로 팀과 팀의 역동성 및 관계와 함께 공동 창조적이고 성찰적인 과정에서 파트너가 되는 것으로 정의한다.

ICF 팀 코칭 역량은 팀과 함께 일하는 데 필요한 고유한 지식, 스킬 및 과제를 이해하는 팀 코치 실무자를 지원한다. 그러나 코칭을 하는 데 있어서의 핵심에는 모든 코칭 실습의 토대를 제공하는 ICF 핵심 역량이 있다.

ICF 팀 코칭 역량 모델의 각 요소는 ICF 핵심 역량의 구조에 맞춰 구성된다. 맥락적 뉘앙스, 역동성, 그리고 팀 코칭을 하는 데 있어 필요한 추가적인 것들은 ICF 핵심 역량 및 실행 지침을 참조하면 된다. 8개의 ICF 핵심 역량 외에 팀 코칭을 위한 새로운 역량이 필요하지는 않지만, 효과적인 팀 코치 실무자가 되기 위해서는 몇 가지 새로운 하위 역량이 필요하다. 다음은 ICF 핵심 역량 모델 외에 필요한 팀 코칭에 대한 추가 사항을 제공한다.

ICF 핵심 역량과 ICF 팀 코칭 역량 간의 중요한 차이점은 고객의 특성이다. ICF 핵심 역량에서 '고객'이라는 용어는 종종 개인을 나타내는 반면, 팀 코칭 맥락에서 고객은 여러 개인으로 구성된 단일 개체로서의 팀이다. 그러나 팀 코칭 맥락에서 팀 코칭 역량과 함께 적용될 때 핵심 역량에서 '고객'이라는 용어는 개인이 아닌 '팀'을 나타낸다.

다음의 내용들은 ICF 핵심 역량과 연관 지어 보완된 팀 코칭 역량을 세분화한 것이다. 보완된 팀코칭 역량의 배경 설명과 두 개의 역량 모델이 어떻게 상호작용하는지 기술하고 있다.

ICF 핵심 역량에 대한 ICF 팀 코칭 역량 보완

A. 기초 세우기

1. 윤리적 실천을 보여 준다.

    (1) 고객인 팀을 단일 개체로 코칭한다.

    팀 코치의 고객은 단일 개체로서의 팀이다. 팀은 개별 팀 구성원으로 구성되며 각 구성원의 의견은 존중되어야 하고, 각자 팀 토론에서 중요한 역할을 해야 한다. 또한 팀 코치는 팀 구성원, 스폰서 및 관련 이해관계자와의 모든 상호작용에서 객관적이어야 한다. 팀 코치는 팀의 하위 그룹이나 개별 구성원의 편을 드는 것으로 인식되어서는 안 된다. 세션에서 일어나는 일들에 열린 태도를 가지며, 팀을 다루는 모든 과정에서 전적으로 솔직해야 한다. 개별 팀 구성원과의 토론은 팀 구성원이 팀 코칭 계약에 따라 다른 사람에게 정보 공개를 허용하지 않는 한 팀 코치 및 팀 구성원에게 비밀로 유지되어야 한다.

    (2) 팀 코칭, 팀 빌딩, 팀 교육, 팀 컨설팅, 팀 멘토링, 팀 퍼실리테이션 및 기타 팀 개발 방식 간의 구분을 유지한다.

    팀 개발에는 팀 코칭, 팀 빌딩, 팀 교육, 팀 컨설팅, 팀 멘토링 및 팀 퍼실리테이션을 포함한 많은 방식이 포함될 수 있다. 팀 코치는 특정 형태의 팀 코칭이 필요하거나 특정 지식과 기술 수준이 필요할 때 다른 전문가와 협력해야 한다. 이러한 방식의 차이는 항상 강조할 필요는 없지만, 코칭 이외의 개입이 수행되는 경우에는 주의해야 한다. 팀 코치는 고객을 여러 유형의 전문가에게 소개하고 공동 코치, 수퍼바이저 또는 기타 팀 개발 전문가의 도움을 받아야 할 수도 있다.

    (3) 제공되는 팀 개발 방식의 특정 조합을 실행하는 데 필요한 지식과 기술을 보여 준다.

    팀 코치는 팀 코치가 팀 코칭 활동의 일부로 제공하는 모든 팀 개발 방식을 능숙하게 실행할 수 있을 만큼 충분히 숙련되어 있다.

(4) 팀이 목표를 달성하는 데 도움이 필요할 때만 더 지시적인 팀 개발 방식을 채택한다.

일반적으로 팀 코치가 고객과 일대일로 작업할 때보다 더 지시적이어야 할 때가 많다. 그러나 이러한 경우는 팀의 성장 영역에 대한 인식을 높이고 팀 코칭 프로세스를 이해하는 데 도움이 되는 지시적 접근이 필요한 기회로 제한되어야 한다. 이는 팀 코칭 세션에서 긍정적이고 부정적인 팀 역학을 언급하고 앞으로 나아갈 방법을 소개하는 중요한 순간이 될 수 있다. 이러한 지시적인 순간은 현재 상황에 대한 팀의 관점을 좁히기보다는 넓혀 주어야 한다.

(5) 팀 코칭과 관련된 여러 역할을 수행할 때 신뢰, 투명성, 명확성을 유지한다.

팀 코치가 여러 가지 팀 개발 방식을 제공하는 경우, 코치는 이러한 다양한 역할과, 한 역할이 다른 역할에 미치는 영향에 대해 명확해야 한다.

2. 코칭 마인드셋을 구현한다.

(1) 필요할 경우 지원, 개발, 책무를 위한 코칭 수퍼비전에 참여한다.

팀 코치가 팀 역학에 얽매여 해결해야 할 문제를 쉽게 인식하지 못할 수 있다. 이 때문에 팀 코치는 코칭 수퍼바이저와 함께 일해야 한다. 팀 코칭은 한 번에 많은 팀원들의 의견을 받기 때문에 일대일 코칭보다 훨씬 더 강도가 높을 수 있다. 수퍼비전은 과거 사건에 대한 성찰, 과거 순간 또는 현재 순간에서 코치의 역할에 대한 인식, 그리고 코치의 행동에 미치는 영향을 활용한다. 수퍼바이저는 중립적 관찰자로서 팀 코치를 위한 훌륭한 자원이며, 성찰 훈련과 팀 코칭 과정에서 팀 코치의 역할을 돕는다.

(2) 객관성을 유지하고 팀 역학과 패턴을 인식한다.

팀은 독특한 개성, 지식, 기술, 동기를 가진 개인으로 구성된다. 함께 일하는 이들 개인들의 조합은 권력, 통제, 전문성, 상이한 목표의 많은 역동성을 가져올 것이다. 팀 코치는 이러한 역학 관계가 팀 상호작용, 팀 의제, 내부 갈등, 신념, 동맹에서 어떻게 작용할 수 있는지 알고 주의해야 하며 항상 객관적인 상태를 유지해야 한다.

B. 관계 공동 구축하기

3. 합의를 도출하고 유지한다.
    (1) 다른 팀 개발 방식과 어떻게 다른지를 포함하여 팀 코칭이 무엇이고 무엇이 아닌지 설명한다.

    팀 코치가 팀 코칭과 다른 팀 개발 방식 간의 차이점을 강조하는 것이 중요하다. 개인의 고유한 성격을 감안할 때, 팀들은 팀과 팀 코치 사이의 적합성을 결정하는 과정에 보다 의식적으로 집중해야 한다.

    (2) 팀 리더, 팀 구성원, 이해관계자 및 공동 코치를 포함한 모든 관련 당사자들과 협력하여 코칭 관계, 프로세스, 계획, 개발 방식 및 목표에 대한 명확한 합의를 공동으로 도출한다.

    팀 코칭 합의는 개별 팀 구성원과 공동 코치를 포함한 모든 당사자가 동의할 수 있어야 하며, 해당하는 경우 후원자뿐만 아니라 한 사람과 작업할 때도 적용된다. 팀 코칭 세션에서 일어나는 일에 대한 비밀유지는 물론, 팀 코치와 개별 팀원 간의 사적인 논의도 다루어야 한다. 조직의 문화, 사명, 전반적인 맥락이 팀 코칭 참여에 영향을 미치는 역할과 정도를 고려하는 것도 중요하다.

    (3) 팀 리더와 협력하여 코칭 프로세스의 주도권을 코치, 리더, 팀 간에 공유하는 방법을 결정한다.

    팀 코칭을 진행하는 목적 중 하나는 앞으로 나아가는 추진력을 유지하기 위해 코치의 존재가 필요하지 않은 지속 가능한 팀을 구축하는 데 도움이 되는 것이다. 팀 코칭 과정은 처음에는 코치가 주도권을 가지고 진행하지만, 주도권이 팀 리더와 팀 전체에 점진적으로 이양되는 방식에 대해 합의에 도달해야 한다.

4. 신뢰와 안전감을 조성한다.

(1) 개방적이고 솔직한 팀원 상호작용을 위한 안전한 공간을 만들고 유지한다.

각 팀원이 자유롭고 의미 있게 참여할 수 있도록, 팀 코치는 팀원들이 자유롭게 팀 동료와 의견을 달리하거나 민감한 주제를 제기할 수 있는 안전한 공간을 만들어야 한다. 개별 고객과 작업할 때, 코치는 고객의 문화적 맥락을 인식하고 존중한다. 팀 코칭에서 팀은 조직 문화의 변형인 고유한 문화를 가질 수 있으며, 이러한 것들은 팀 코칭 참여에 복잡성을 더할 수 있다.

(2) 팀이 자신을 공통된 정체성을 가진 하나의 개체로 간주하도록 장려한다.

팀 지속 가능성의 요소는 팀이 하나의 고성능 단위라는 각 구성원의 관점이다. 팀 코치는 지속적으로 팀의 정체성과 자급자족성을 장려해야 한다.

(3) 개별 팀 구성원의 집단 팀의 감정, 인식, 우려, 신념, 희망 및 제안의 표현을 촉진한다.

팀 코치는 팀원들이 팀 회의에서 개별 감정, 인식, 우려, 신념, 희망 및 제안을 공유하기 위해 자유롭게 말할 수 있도록 격려해야 할 수도 있다. 코치가 팀의 집단적 감정, 인식, 우려, 신념 및 희망을 이해하고 명확히 하는 것도 중요하다.

(4) 모든 팀 구성원의 참여와 기여를 장려한다.

각 팀원의 지식과 기술을 최대한 활용하는 것이 중요하다.

(5) 팀과 협력하여 팀 규칙 및 규범을 개발, 유지 및 반영한다.

규칙과 규범은 팀의 생산성을 높이고 더 높은 성과를 내는 데 도움이 될 수 있다. 이러한 규칙과 규범의 명료화와 성문화는 팀이 보다 더 자생하는 데 도움이 될 수 있다.

(6) 팀 내 효과적인 의사소통을 촉진한다.

팀 구성원 간의 원활한 의사소통은 종종 도전이 될 수 있지만, 정보의 원활한 흐름은 팀 성공에 필수적이다. 팀 코치는 팀 개별 구성원의 커뮤니케이션이 팀으로 전달되도록 하고 코치에게 전달될 때는 다시 이를 팀으로 돌려 팀 안에서 소통이 원활하게 이루어질 수 있도록 해야 한다.

(7) 내부 갈등을 식별하고 해결하기 위해 팀과 협력한다.

모든 팀 내에서 갈등이 생길 수밖에 없다. 모든 갈등을 표면으로 드러내고 학습과 성장을 촉진하는 건설적인 방식으로 해결하는 것이 중요하다.

5. 프레즌스를 유지한다.

(1) 코칭 과정에서 중요한 것에 집중하기 위해 모든 범위의 감각 및 지각 능력을 사용한다.

팀 코치는 넘치는 정보를 소화해야 하는 경우가 자주 있을 것이기 때문에 전체 코칭을 하는 동안 모든 감각을 동원하여 실제로 일어나고 있는 상황에 대한 인식과 인지가 필요하다.

(2) 팀과 후원자가 동의하고 팀 코칭 세션에서 팀 코치가 보다 현존할 수 있다면 다른 코치와 함께 코칭을 진행한다.

팀 코칭 세션 중에 나오는 상당한 양의 정보를 감안할 때 공동 코치와 함께 작업하면 단독 팀 코치의 부담을 덜어줄 수 있다. 공동 코치는 팀 역학, 팀 및 개별 행동 패턴을 관찰하고, 대안적 관점을 제공하며, 팀 행동을 모델링하는 데 도움을 줄 수 있다.

(3) 팀원들이 잠시 멈추고 팀 코칭 세션에서 상호작용하는 방식을 성찰하도록 권장한다.

팀원들이 잠시 멈추고 성찰하도록 격려하는 것은 팀을 위한 성찰 훈련 작업의 시작을 가져온다. 그런 다음 팀 코치는 현재 또는 미래의 팀 상호작용에서 자신의 행동, 후속 행동 및 잠재적 개선에 대한 인식을 높이는 작업을 수행할 수 있다.

(4) 팀의 대화에 적절하게 참여하고 빠진다.

팀 코칭의 목적 중 하나는 팀이 자급자족하는 것이므로, 팀 코치는 팀 프로세스와 성과를 향상시키기 위해 필요한 만큼만 대화에 참여해야 한다. 팀 코치는 팀 전체를 위해 그리고 각 팀원 개인을 위해 동시에 프레즌스를 보여 주어야 한다. 이것은 강도가 높은 순간과 많은 팀 구성원이 참여하는 경우 도전이 될 수 있다.

C. 효과적으로 의사소통하기

6. 적극적으로 경청한다.

(1) 각 팀 구성원이 공유한 관점이 다른 팀 구성원의 견해 및 팀 대화와 어떻게 관련되는지 확인한다.

팀 구성원이 공유된 이해와 그에 따른 높은 성과를 위해 잘 듣고 의사소통하는 것이 중요하다. 말하는 내용의 표면 아래를 탐색하면 종종 더 깊은 의미와 이해가 나타난다. 이것은 갈등을 해결하고 혁신 및 문제 해결 세션을 강화하는 데 도움이 될 수 있다.

(2) 각 팀 구성원이 집합적인 팀 에너지, 참여 및 집중에 어떻게 영향을 미치는지 확인한다.

팀 코치는 팀 추진력, 참여, 창의성 및 집중에 도움이 되거나 방해가 되는 개별 팀원 행동을 조명하여 팀 성과를 크게 향상시킬 수 있다.

(3) 잠재적 동맹, 갈등 및 성장 기회를 식별하기 위해 팀 구성원 간의 언어적 · 비언어적 의사소통 패턴을 확인한다.

팀 역학을 관찰하고 이해하고 향상시키는 것은 팀 성과를 향상시키는 데 중요한 요소가 될 수 있다. 팀 코치는 언어적 · 비언어적 의사소통에서 분명하게 드러나는 팀 역학의 미묘함을 관찰할 수 있어야 한다.

(4) 공동 코치 또는 다른 전문가와 함께 작업할 때 자신감 있고 효과적인 의사소통 및 협업의 모델이 된다.

구성원 간의 원활한 의사소통은 높은 성과를 위해 필수적이다. 팀 코치는 공동 코치 및 다른 전문가와 함께 작업할 때 이 행동을 모델링할 수 있다.

(5) 팀이 대화를 소유하도록 독려한다.

구성원은 특히 팀 코칭 참여가 시작될 때, 팀 코치와 직접 의사소통하는 경향이 있다. 지속 가능성을 강화하기 위해 팀 코치는 지속적으로 대화를 내부로, 다시 팀으로 돌려야 한다. 팀으로서 선택을 하는 것은 복잡할 수 있다. 신뢰와 전문성의 요소를 위해 많은 팀원들로부터 데이터를 모아야 할 수 있다. 팀은 데이터 처리 방법과 의사 결정 방법을 결정해야 한다. 팀이 이러한 문제를 해결하도록 돕는 것이 팀 퍼실리테이션과 더 일치할 수 있지만 팀이 자급자족하도록 하는 프로세스는 팀 코칭의 기능이다.

7. 알아차림을 불러일으킨다.

(1) 팀의 가정$_{assumptions}$, 행동 및 의미 형성 과정에 도전하여 집단적 인식 또는 통찰력을 향상시킨다.

많은 개인들로 구성된 팀은 공동의 노력으로 수많은 가정, 경험, 행동 및 의미 형성 과정을 가져온다. 이러한 요소들의 다양성을 확인하지 않고 방치하면 팀 기능 장애로 이어질 수 있지만, 적절히 활용하면 팀 성과를 크게 향상시킬 수 있다.

(2) 질문 및 기타 기술을 사용하여 팀 개발을 촉진하고 집단 대화에 대한 팀의 주인의식을 촉진한다.

일대일 코칭과 마찬가지로 질문 및 기타 기술을 사용하여 팀 개발을 강화해야 하지만, 팀 코칭에서는 그것에 더해 팀 내부의 대화와 팀 자체적으로 문제를 해결해 나갈 수 있도록 독려해야 한다.

D. 학습과 성장 북돋우기

8. 고객의 성장을 촉진한다.

(1) 팀이 목표와 목표를 달성하기 위한 단계를 식별하는 데 도움이 되도록 대화와 성찰을 장려한다.

모든 팀원의 지식과 기술을 최대한 활용하려면 팀 대화와 성찰이 필수적이다. 완전한 참여를 장려하면 적절한 목표를 확인하여 팀 성과를 극대화하는 데 도움이 된다.

부록 2 Updated ICF Core Competency Model
November 2019

The International Coach Federation is announcing an updated ICF Coaching Core Competency Model. This competency model is based on evidence collected from more than 1,300 coaches across the world, including both ICF Members and non-members and representing a diverse range of coaching disciplines, training backgrounds, coaching styles and experience levels. This large-scale research initiative validated that much of the existing ICF Core Competency Model, developed nearly 25 years ago, remains critically important to the practices of coaching today. Some new elements include a paramount emphasis on ethical behavior and confidentiality, the importance of a coaching mindset and ongoing reflective practice, the critical distinctions between various levels of coaching agreements, the criticality of partnership between coach and client, and the importance of cultural, systemic and contextual awareness. These foundational components, combined with emerging themes, reflect the key elements of coaching practice today and will serve as stronger, more comprehensive coaching standards for the future.

A. Foundation

1. Demonstrates Ethical Practice
Definition: Understands and consistently applies coaching ethics and standards of coaching

1. Demonstrates personal integrity and honesty in interactions with clients, sponsors and relevant stakeholders

2. Is sensitive to clients' identity, environment, experiences, values and beliefs

3. Uses language appropriate and respectful to clients, sponsors and relevant stakeholders

4. Abides by the ICF Code of Ethics and upholds the Core Values

5. Maintains confidentiality with client information per stakeholder agreements and pertinent laws

6. Maintains the distinctions between coaching, consulting, psychotherapy and other support professions

7. Refers clients to other support professionals, as appropriate

2. Embodies a Coaching Mindset

Definition: Develops and maintains a mindset that is open, curious, flexible and client-centered

1. Acknowledges that clients are responsible for their own choices

2. Engages in ongoing learning and development as a coach

3. Develops an ongoing reflective practice to enhance one's coaching

4. Remains aware of and open to the influence of context and culture on self and others

5. Uses awareness of self and one's intuition to benefit clients

6. Develops and maintains the ability to regulate one's emotions

7. Mentally and emotionally prepares for sessions

8. Seeks help from outside sources when necessary

B. Co-Creating the Relationship

3. Establishes and Maintains Agreements

Definition: Partners with the client and relevant stakeholders to create clear agreements about the coaching relationship, process, plans and goals. Establishes agreements for the overall coaching engagement as well as those for each coaching session.

1. Explains what coaching is and is not and describes the process to the client and relevant stakeholders
2. Reaches agreement about what is and is not appropriate in the relationship, what is and is not being offered, and the responsibilities of the client and relevant stakeholders
3. Reaches agreement about the guidelines and specific parameters of the coaching relationship such as logistics, fees, scheduling, duration, termination, confidentiality and inclusion of others
4. Partners with the client and relevant stakeholders to establish an overall coaching plan and goals
5. Partners with the client to determine client-coach compatibility
6. Partners with the client to identify or reconfirm what they want to accomplish in the session
7. Partners with the client to define what the client believes they need to address or resolve to achieve what they want to accomplish in the session
8. Partners with the client to define or reconfirm measures of success for what the client wants to accomplish in the coaching engagement or individual session

9. Partners with the client to manage the time and focus of the session.

10. Continues coaching in the direction of the client's desired outcome unless the client indicates otherwise

11. Partners with the client to end the coaching relationship in a way that honors the experience

4. Cultivates Trust and Safety

Definition: Partners with the client to create a safe, supportive environment that allows the client to share freely. Maintains a relationship of mutual respect and trust.

1. Seeks to understand the client within their context which may include their identity, environment, experiences, values and beliefs

2. Demonstrates respect for the client's identity, perceptions, style and language and adapts one's coaching to the client

3. Acknowledges and respects the client's unique talents, insights and work in the coaching process

4. Shows support, empathy and concern for the client

5. Acknowledges and supports the client's expression of feelings, perceptions, concerns, beliefs and suggestions

6. Demonstrates openness and transparency as a way to display vulnerability and build trust with the client

5. Maintains Presence

Definition: Is fully conscious and present with the client, employing a style that is open, flexible, grounded and confident

1. Remains focused, observant, empathetic and responsive to the client

2. Demonstrates curiosity during the coaching process

3. Manages one's emotions to stay present with the client

4. Demonstrates confidence in working with strong client emotions during the coaching process

5. Is comfortable working in a space of not knowing

6. Creates or allows space for silence, pause or reflection

C. Communicating Effectively

6. Listens Actively

Definition: Focuses on what the client is and is not saying to fully understand what is being communicated in the context of the client systems and to support client self-expression

1. Considers the client's context, identity, environment, experiences, values and beliefs to enhance understanding of what the client is communicating

2. Reflects or summarizes what the client communicated to ensure clarity and understanding

3. Recognizes and inquires when there is more to what the client is communicating

4. Notices, acknowledges and explores the client's emotions, energy shifts, non-verbal cues or other behaviors

5. Integrates the client's words, tone of voice and body language to determine the full meaning of what is being communicated

6. Notices trends in the client's behaviors and emotions across sessions to

discern themes and patterns

7. Evokes Awareness

Definition: Facilitates client insight and learning by using tools and techniques such as powerful questioning, silence, metaphor or analogy

1. Considers client experience when deciding what might be most useful
2. Challenges the client as a way to evoke awareness or insight
3. Asks questions about the client, such as their way of thinking, values, needs, wants and beliefs
4. Asks questions that help the client explore beyond current thinking
5. Invites the client to share more about their experience in the moment
6. Notices what is working to enhance client progress
7. Adjusts the coaching approach in response to the client's needs
8. Helps the client identify factors that influence current and future patterns of behavior, thinking or emotion
9. Invites the client to generate ideas about how they can move forward and what they are willing or able to do
10. Supports the client in reframing perspectives
11. Shares observations, insights and feelings, without attachment, that have the potential to create new learning for the client

D. Cultivating Learning and Growth

8. Facilitates Client Growth

Definition: Partners with the client to transform learning and insight into action. Promotes client autonomy in the coaching process.

1. Works with the client to integrate new awareness, insight or learning into their world view and behaviors

2. Partners with the client to design goals, actions and accountability measures that integrate and expand new learning

3. Acknowledges and supports client autonomy in the design of goals, actions and methods of accountability

4. Supports the client in identifying potential results or learning from identified action steps

5. Invites the client to consider how to move forward, including resources, support and potential barriers

6. Partners with the client to summarize learning and insight within or between sessions

7. Celebrates the client's progress and successes

8. Partners with the client to close the session

부록 3 업데이트된 ICF 핵심 역량 모델
2019년 11월

국제코칭연맹(ICF)은 코칭 추세와 현장 실무를 분석하여 업데이트된 ICF 코칭 핵심 역량 모델을 발표하였다. 이 역량 모델은 ICF 회원과 비회원을 포함하여 다양한 코치 훈련 과정과 코칭 스타일 및 경험을 가진 전 세계 1,300명 이상의 코치로부터 수집한 자료를 기반으로 한 것이다. 이러한 광범위한 연구를 통해 25년 전에 개발된 기존 ICF 코칭 핵심 역량 모델은 오늘날의 코칭실행에도 매우 중요하다는 것을 확인하였다.

이에, 업데이트된 핵심 역량 모델에서는 기존 코칭 역량에 새로운 요소들을 일부 추가하고 통합하였다. 새롭게 들어간 역량과 지침에서는 윤리적 행동과 비밀 유지를 최우선적으로 강조하였다. 또한, 코칭 마인드셋, 지속적 성찰의 중요성, 다양한 차원의 코칭 합의들 간의 중요한 차이점, 코치와 고객 간 파트너십의 중요성, 문화적, 체계적 및 맥락적 의식의 중요성이 포함되었다. 새로 포함된 역량은 오늘날 코칭실행의 핵심 요소를 반영하며 미래를 위한 보다 강력하고 포괄적인 코칭 표준으로 사용될 것이다.

A. 기초 세우기

1. 윤리적 실천을 보여 준다.

정의: 코칭 윤리와 코칭 표준을 이해하고 지속적으로 적용한다.

1. 고객, 스폰서 및 이해관계자와의 상호작용에서 코치의 진실성과 정직성을 보여 준다.
2. 고객의 정체성, 환경, 경험, 가치 및 신념에 민감하게 대한다.

3. 고객, 스폰서 및 이해관계자에게 적절하고, 존중하는 언어를 사용한다.

4. ICF 윤리강령을 준수하고 핵심 가치를 지지한다.

5. 이해관계자 합의 및 관련 법률에 따라 고객 정보에 대해 비밀을 유지한다.

6. 코칭, 컨설팅, 심리치료 및 다른 지원 전문직과의 차별성을 유지한다.

7. 필요한 경우, 고객을 다른 지원 전문가에게 추천한다.

2. 코칭 마인드셋을 구현한다.

정의: 개방적이고 호기심이 많으며, 유연하고 고객 중심적인 사고방식(마인드셋)을 개발하고 유지한다.

1. 코치는 선택에 대한 책임이 고객 자신에게 있음을 인정한다.

2. 코치로서 지속적인 학습 및 개발에 참여한다.

3. 코치는 코칭 능력을 향상시키기 위해 성찰 훈련을 지속한다.

4. 코치는 자기 자신과 다른 사람들이 상황과 문화에 의해 영향받을 수 있음을 인지하고 개방적 태도를 취한다.

5. 고객의 유익을 위해 자신의 인식과 직관을 활용한다.

6. 감정 조절 능력을 개발하고 유지한다.

7. 정신적·정서적으로 매 세션을 준비한다.

8. 필요하면 외부 자원으로부터 도움을 구한다.

B. 관계 공동 구축하기

3. 합의를 도출하고 유지한다.

정의: 고객 및 이해관계자와 협력하여 코칭 관계, 프로세스, 계획 및 목표에 대한 명확한 합의를 한다. 개별 코칭 세션은 물론 전체 코칭 과정에 대한 합의를 도출한다.

1. 코칭인 것과 코칭이 아닌 것에 대해 설명하고, 고객 및 이해관계자에게 프로세스를 설명한다.
2. 코칭 관계에서 무엇이 적절하고 적절하지 않은지, 무엇이 제공되고 제공되지 않는지, 고객 및 이해관계자의 책임에 관하여 합의한다.
3. 코칭 진행 방법, 비용, 일정, 기간, 종결, 비밀보장, 다른 사람의 포함 등과 같은 코칭 관계의 지침 및 특이사항에 대해 합의한다.
4. 고객 및 이해관계자와 함께 전체 코칭 계획과 목표를 설정한다.
5. 고객과 코치 간에 서로 맞는지를 결정하기 위해 파트너십을 갖는다.
6. 고객과 함께 코칭 세션에서 달성하고자 하는 것을 찾거나 재확인한다.
7. 고객과 함께 세션에서 달성하고자 하는 것을 얻기 위해 고객 스스로가 다뤄야 하거나 해결해야 한다고 생각하는 것을 분명히 한다.
8. 고객과 함께 코칭 과정 또는 개별 세션에서 고객이 달성하고자 하는 목표에 대한 성공 척도를 정의하거나 재확인한다.
9. 고객과 함께 세션의 시간을 관리하고 초점을 유지한다.
10. 고객이 달리 표현하지 않는 한, 고객이 원하는 성과를 달성하기 위한 방향으로 코칭을 계속한다.
11. 고객과 함께 코칭 경험을 존중하며 코칭 관계를 종료한다.

4. 신뢰와 안전감을 조성한다.

정의: 고객과 함께, 고객이 자유롭게 나눌 수 있는 안전하고 지지적인 환경을 만든다. 상호 존중과 신뢰 관계를 유지한다.

1. 고객의 정체성, 환경, 경험, 가치 및 신념 등의 맥락 안에서 고객을 이해하려고 노력한다.
2. 고객의 정체성, 인식, 스타일 및 언어를 존중하고, 고객에 맞추어 코칭한다.
3. 코칭 과정에서 고객의 고유한 재능, 통찰 및 노력을 인정하고 존중한다.
4. 고객에 대한 지지, 공감 및 관심을 보여 준다.

5. 고객이 자신의 감정, 인식, 관심, 신념 및 제안하는 바를 그대로 표현하도록 인정하고 지원한다.

6. 고객과의 신뢰를 구축하기 위해 코치의 취약성을 드러내고 개방성과 투명성을 보여 준다.

5. 프레즌스를 유지한다.

정의: 개방적이고 유연하며 중심이 잡힌 자신감 있는 태도로 완전히 깨어서 고객과 함께한다.

1. 고객에게 집중하고 관찰하며 공감하고 적절하게 반응하는 것을 유지한다.

2. 코칭 과정 내내 호기심을 보여 준다.

3. 고객과 프레즌스(현존)를 유지하기 위해 감정을 관리한다.

4. 코칭 과정에서 고객의 강한 감정 상태에 대해 자신감 있는 태도로 함께한다.

5. 코치가 알지 못하는 영역을 코칭할 때도 편안하게 임한다.

6. 침묵, 멈춤, 성찰을 위한 공간을 만들거나 허용한다.

C. 효과적으로 의사소통하기

6. 적극적으로 경청한다.

정의: 고객의 시스템 맥락에서 전달하는 것을 충분히 이해하고, 고객의 자기 표현을 돕기 위하여 고객이 말한 것과 말하지 않은 것에 초점을 맞춘다.

1. 고객이 전달하는 것에 대한 이해를 높이기 위해 고객의 상황, 정체성, 환경, 경험, 가치 및 신념을 고려한다.

2. 고객이 전달한 것에 대해 더 명확히 하고 이해하기 위해 반영하거나 요약한다.

3. 고객이 소통한 것 이면에 무언가 더 있다고 생각될 때 이것을 인식하고 질문한다.

4. 고객의 감정, 에너지 변화, 비언어적 신호 또는 기타 행동에 대해 주목하고, 알려 주며, 탐색한다.

5. 고객이 전달하는 내용의 완전한 의미를 알아내기 위해 고객의 언어, 음성 및 신체 언어를 통합한다.

6. 고객의 주제와 패턴을 분명히 알기 위해 세션 전반에 걸쳐 고객의 행동과 감정의 흐름에 주목한다.

7. 알아차림을 불러일으킨다.

정의: 강력한 질문, 침묵, 은유 또는 비유와 같은 도구와 기술을 사용하여 고객의 통찰과 학습을 촉진한다.

1. 가장 유용한 것이 무엇인지 결정할 때 고객의 경험을 고려한다.

2. 알아차림이나 통찰을 불러일으키기 위한 방법으로 고객에게 도전한다.

3. 고객의 사고방식, 가치, 욕구 및 원함 그리고 신념 등 고객에 대하여 질문한다.

4. 고객이 현재의 생각을 뛰어넘어 탐색하도록 도움이 되는 질문을 한다.

5. 고객이 자신의 경험에 대해 이 순간 더 많은 것을 나누도록 요청한다.

6. 고객의 발전을 위해 무엇이 잘되고 있는지에 주목한다.

7. 고객의 욕구에 맞추어 코칭 접근법을 조정한다.

8. 고객이 현재와 미래의 행동, 사고 또는 감정 패턴에 영향을 미치는 요인을 식별하도록 도와준다.

9. 고객이 어떻게 앞으로 나아갈 수 있는지, 무엇을 하려고 하고, 할 수 있는지 생각해 내도록 초대한다.

10. 관점을 재구성할 수 있도록 고객을 지원한다.

11. 고객이 새로운 학습을 할 수 있는 잠재력을 갖도록 관찰, 통찰 및 느낌을

있는 그대로 공유한다.

D. 학습과 성장 북돋우기

8. 고객의 성장을 촉진한다.

정의: 고객이 학습과 통찰을 행동으로 전환할 수 있도록 협력한다. 코칭 과정에서 고객의 자율성을 촉진한다.

1. 새로운 알아차림, 통찰, 학습을 세계관 및 행동에 통합하기 위해 고객과 협력한다.
2. 새로운 학습을 통합하고 확장하기 위해 고객과 함께 고객의 목표와 행동, 책무 측정 방안을 설계한다.
3. 목표, 행동 및 책무를 설계하는 데 있어서 고객의 자율성을 인정하고 지지한다.
4. 고객이 잠재적 결과를 확인해 보거나 이미 수립한 실행 단계로부터 배운 것을 지지한다.
5. 고객이 지닌 자원, 지원 및 잠재적 장애물을 포함하여 어떻게 자신이 앞으로 나아갈지에 대해 고려하도록 한다.
6. 고객과 함께 세션에서 또는 세션과 세션 사이에서 학습하고 통찰한 것을 요약한다.
7. 고객의 진전과 성공을 축하한다.
8. 고객과 함께 세션을 종료한다.

부록 4 ICF Professional Certified Coach
(PCC) Markers
Revised November 2020

PCC Markers
Revised November 2020

Assessment markers are the indicators that an assessor is trained to listen for to determine which ICF Core Competencies are in evidence in a recorded coaching conversation, and to what extent. The following markers are behaviors that represent demonstration of the Core Competencies in a coaching conversation at the Professional Certified Coach (PCC) level. These markers support a performance evaluation process that is fair, consistent, valid, reliable, repeatable and defensible.

The PCC Markers may also support coaches, coach trainers and mentor coaches in identifying areas for growth and skill development in coaching at the PCC level; however, they should always be used in the context of Core Competency development. The PCC Markers should not be used as a checklist in a formulaic manner for passing the PCC performance evaluation.

Competency 1: Demonstrates Ethical Practice

Familiarity with the ICF Code of Ethics and its application is required for all levels of coaching. Successful PCC candidates will demonstrate coaching that is aligned with the ICF Code of Ethics and will remain consistent in the role of coach.

Competency 2: Embodies a Coaching Mindset

Embodying a coaching mindset-a mindset that is open, curious, flexible and clientcentered-is a process that requires ongoing learning and development, establishing a reflective practice, and preparing for sessions. These elements take place over the course of a coach's professional journey and cannot be fully captured in a single moment in time.

However, certain elements of this Competency may be demonstrated within a coaching conversation. These particular behaviors are articulated and assessed through the following PCC Markers: 4.1, 4.3, 4.4, 5.1, 5.2, 5.3, 5.4, 6.1, 6.5, 7.1, and 7.5. As with other Competency areas, a minimum number of these markers will need to be demonstrated to pass the PCC performance evaluation. All elements of this Competency will also be evaluated in the written assessment for ICF Credentials (Coach Knowledge Assessment).

Competency 3: Establishes and Maintains Agreements

3.1: Coach partners with the client to identify or reconfirm what the client wants to accomplish in this session.

3.2: Coach partners with the client to define or reconfirm measure(s) of success for what the client wants to accomplish in this session.

3.3: Coach inquires about or explores what is important or meaningful to the client about what they want to accomplish in this session.

3.4: Coach partners with the client to define what the client believes they need to address to achieve what they want to accomplish in this session.

Competency 4: Cultivates Trust and Safety

4.1: Coach acknowledges and respects the client's unique talents, insights and work in the coaching process.

4.2: Coach shows support, empathy or concern for the client.

4.3: Coach acknowledges and supports the client's expression of feelings, perceptions, concerns, beliefs or suggestions.

4.4: Coach partners with the client by inviting the client to respond in any way to the coach's contributions and accepts the client's response.

Competency 5: Maintains Presence

5.1: Coach acts in response to the whole person of the client (the who).

5.2: Coach acts in response to what the client wants to accomplish throughout this session (the what).

5.3: Coach partners with the client by supporting the client to choose what happens in this session.

5.4: Coach demonstrates curiosity to learn more about the client.

5.5: Coach allows for silence, pause or reflection.

Competency 6: Listens Actively

6.1: Coach's questions and observations are customized by using what the coach has learned about who the client is or the client's situation.

6.2: Coach inquires about or explores the words the client uses.

6.3: Coach inquires about or explores the client's emotions.

6.4: Coach explores the client's energy shifts, nonverbal cues or other behaviors.

6.5: Coach inquires about or explores how the client currently perceives themself or their world.

6.6: Coach allows the client to complete speaking without interrupting unless there is a stated coaching purpose to do so.

6.7: Coach succinctly reflects or summarizes what the client communicated to ensure the client's clarity and understanding.

Competency 7: Evokes Awareness

7.1: Coach asks questions about the client, such as their current way of thinking, feeling, values, needs, wants, beliefs or behavior.

7.2: Coach asks questions to help the client explore beyond the client's current thinking or feeling to new or expanded ways of thinking or feeling about themself (the who).

7.3: Coach asks questions to help the client explore beyond the client's current thinking or feeling to new or expanded ways of thinking or feeling about their situation (the what).

7.4: Coach asks questions to help the client explore beyond current thinking, feeling or behaving toward the outcome the client desires.

7.5: Coach shares–with no attachment–observations, intuitions, comments, thoughts or feelings, and invites the client's exploration through verbal or tonal invitation.

7.6: Coach asks clear, direct, primarily open-ended questions, one at a time, at a pace that allows for thinking, feeling or reflection by the client.

7.7: Coach uses language that is generally clear and concise.

7.8: Coach allows the client to do most of the talking.

Competency 8: Facilitates Client Growth

8.1: Coach invites or allows the client to explore progress toward what the client wanted to accomplish in this session.

8.2: Coach invites client to state or explore the client's learning in this session about themself (the who).

8.3: Coach invites the client to state or explore the client's learning in this session about their situation (the what).

8.4: Coach invites the client to consider how they will use new learning from this coaching session.

8.5: Coach partners with the client to design post-session thinking, reflection or action.

8.6: Coach partners with the client to consider how to move forward, including resources, support or potential barriers.

8.7: Coach partners with the client to design the best methods of accountability for themselves.

8.8: Coach celebrates the client's progress and learning.

8.9: Coach partners with the client on how they want to complete this session.

참고문헌

〈서론. 코칭에 대하여〉

고현숙 역(2018). 코칭, 멘토링, 컨설팅에 대한 슈퍼비전. 서울: 박영사.

권순홍 역(2005). 사유란 무엇인가. 서울: 길.

김정규(2015). 게슈탈트 심리치료. 서울: 학지사.

노혜숙, 유영일 역(2008). 지금 이 순간을 살아라. 서울: 양문.

류시화 역(2008). NOW. 서울: 위즈덤하우스.

정혜신(2018). 당신이 옳다. 서울: 해냄.

최정수 역(2001). 연금술사. 서울: 문학동네.

황소연 역(2004). 부하의 능력을 열두 배 키워주는 마법의 코칭. 서울: 새로운 제안.

Evered, R. D., & Selman, J. C. (1989). Coaching and the art of management. *Organizational Dynamics, 18*(2), 16-32.

〈역량 1. 윤리적 실천을 보여 준다〉

김상복, 김경화, 김윤하, 남혜경, 문효정, 박인희, 우성식, 윤순옥, 이경희, 이동연, 이문희, 임기용, 최강석, 최동하, 최은주 역(2015). 코칭의 역사. 서울: 코쿱북스.

김정근, 김기원, 박응호, 배진실, 이상욱 역(2017). 경영자 코칭 심리학: 리더를 성공으로 움직이는 힘. 서울: 학지사.

박현준 역(2009). 라이프 코칭 가이드. 서울: 아시아코치센터.

이진원 역(2010). 퓨처마인드. 서울: 청림출판.

탁진국, 김은정, 이희경, 이상희 역(2010). 코칭심리. 서울: 학지사.

한숙기 역(2018). 임원코칭의 블랙박스. 서울: 한국코칭수퍼비전아카데미.

Law, H. C. (2005). The role of ethical principles in coaching psychology. *The Occupational Psychologist, 1*(1), 19–20.

Peltier, B. (2010). *The psychology of executive coaching: Theory and application* (2nd ed.). Routledge/Taylor & Francis Group.

〈역량 2. 코칭 마인드셋을 구현한다〉

권중돈(2021). 인간행동과 사회환경. 서울: 학지사.

김상복, 윤순옥, 김경화, 김윤하, 남혜경, 문효정, 박인희, 우성식, 이경희, 이동연, 이문희, 임기용, 최강석, 최동하, 최은주 역(2015). 코칭의 역사. 서울: 코쿱북스.

김정근, 김귀원, 박응호, 배진실, 이상욱 역(2017). 경영자 코칭 심리학. 서울: 학지사.

김준수 역(2017). 마인드셋. 서울: 스몰빅미디어

정회욱 역(2010). 하우 위 싱크. 서울: 학이시습.

차명호 역(2008). 학습동기를 높여주는 공부원리. 서울: 학지사.

Deci, E. L., & Ryan, R. M. (1985). *Intrinsic motivation and self determination in human behavior.* New York: Plenum.

Jasper, M. (2013). *Beginning Reflective Practice*(Foundations in Nursing and Health Care) (2nd ed.). Andover: Cengage Learning.

Yontef, G. (1993). *Awareness Dialogue & Precess: Essays of Gestalt therapy.* New York: The Gestalt Journal Press, Inc.

Wikipedia. 장이론. https://ko.wikipedia.org/wiki/%EC%9E%A5_%EC%9D%B4%EB%A1%A0_(%EC%8B%AC%EB%A6%AC%ED%95%99

〈역량 4. 신뢰와 안전감을 조성한다〉

강주헌 역(2019). 리더의 용기. 서울: 갤리온.

권혜경(2016). 감정조절. 서울: 을유문화사.

박문재 역(2020). 아리스토텔레스 수사학. 서울: 현대지성.

서재진(2020). 아들러 리더십 코칭(성숙한 리더를 위한 뇌과학과 심리학의 지혜). 서울: 박영스토리.

이주은 역(2009). 진정한 사람되기: 칼 로저스 상담의 원리와 실제. 서울: 학지사.

이주일 역(2001). 신뢰와 배신의 심리학. 서울: 시그마프레스.

이주일(2001). 조직에서의 정서: 리더와 구성원간의 신뢰와 불신을 중심으로. 한국심리학회지: 일반, 20(1), 91-128.

정회욱 역(2010). 하우 위 싱크. 서울: 학이시습.

Carmeli, A., & Gittell, J. H. (2009). High-quality relationships, psychological safety, and learning from failures in work organizations. *Journal of Organizational Behavior, 30*(6), 709-729.

Maclean, P. D. (1998). *The history of neuroscience in autobiography 2.* Bethesea, MD: Society for Neuroscience.

Robinson, S. L. (1996). Trust and breach of the psychological contract. *Administrative Science Quarterly, 41*, 574-579.

Rousseau, D. M., Sitkin S. B., Burt, R. S., & Camerer, C. (1998). Not to different after all: A cross-discipline view of trust. *Academy of Management Review, 23*(3), 393-404.

〈역량 5. 프레즌스를 유지한다〉

류시화 역(2013). 삶으로 다시 떠오르기. 서울: 연금술사.

엄태동(2016). 하이데거와 교육. 서울: 교육과학사

원경림, 권은경(2019). ICF 핵심역량 중 코칭프레즌스 역량 및 코치의 존재방식 연구. 코칭연구, 12(1), 87-112.

이경식 역(2016). 프레즌스. 서울: 알에이치코리아.

장영재 역(2019). 세 가지 질문. 서울: 더클래식.

정현종 역(2013). 질문의 책. 서울: 문학동네.

정혜신(2018). 당신이 옳다. 서울: 해냄.

최병현, 이혜진, 김성익, 박진수 역(2019). 마음챙김 코칭. 서울: 한국코칭수퍼비전아카데미.

최윤영 역(2021). 누가 창의력을 죽이는가. 서울: 21세기북스.

최효선 역(2000). 침묵의 언어. 서울: 한길사.

〈역량 6. 적극적으로 경청한다〉

김경화, 김상복, 김윤하, 남혜경, 문효정, 박인희, 우성식, 윤순옥, 이경희, 이동연, 이
　　문희, 임기용, 최강석, 최동하, 최은주 역(2015). 코칭의 역사. 서울:코쿱북스.

김정규(2015). 게슈탈트 심리치료. 서울: 학지사.

박창규, 권경숙(2019). 강팀장을 변화시킨 열 번의 코칭. 서울: 학지사.

박현준 역(2009). 라이프 코칭 가이드. 서울: 아시아코치센터.

정혜신(2018). 당신이 옳다. 서울: 해냄.

주은선 역(2009). 상담의 원리와 실제: 진정한 사람되기. 서울: 학지사.

최명돈 역(2006). 이너게임. 서울: 오즈컨설팅.

Dreikurs, R. (1989). *Fundamentals of Adlerian psychology*. New York: Greemberg.

Flaherty, J. (2005). *Coaching: Evoking excellence in others*. Burlington, MA:
　　Elsevier Butterworth-Heinemann.

〈역량 7. 알아차림을 불러일으킨다〉

권병희 역(2019). NLP로 신념체계 바꾸기. 서울: 학지사.

김상복(2017). 코칭 튠업 21. 서울: 한국코칭수퍼비전아카데미.

김온양, 이화자 역(2016). 비폭력대화(완결판). 서울: 북스타.

김정규(2015). 게슈탈트 심리치료. 서울: 학지사.

문현미, 민병배 역(2010). 마음에서 빠져나와 삶속으로 들어가라. 서울: 학지사.

박종성 역(2007). 생각의 탄생. 서울: 에코의서재.

박창규, 권은경, 김종성, 박동진, 원경림(2019). 코칭핵심역량. 서울: 학지사.

원경림(2017). 내러티브 코칭에 대한 탐색적 연구: Ho Law의 내러티브 코칭 이론을
　　중심으로. 코칭연구, 10(2), 81-100.

윤승서, 이지안 역(2020). 알아차림: 현존의 과학·현존의 수행, 명상 수행의 혁명. 서울: 불
　　광출판사.

이민규(2019). 실행이 답이다. 서울: 더난출판.

탁진국, 이희경, 김은정, 이상희 역(2010). 코칭심리. 서울: 학지사.

황지원(2007). 통찰(Insight)의 개념분석. 대한간호학회지, 37(3), 353-364.

〈역량 8. 고객의 성장을 촉진한다〉

강성실 역(2018). 아침에 일어나면 꽃을 생각하라. 서울: 불광출판사.

구세희 역(2013). 원씽. 서울: 비즈니스북스.

구세희 역(2014). 습관의 재발견. 서울: 비즈니스북스.

문항심 역(2015). 자기결정: 행복하고 존엄한 삶은 내가 결정하는 삶이다. 서울: 은행나무.

이민규(2019). 실행이 답이다. 서울: 더난출판.

전경아 역(2019). 책임은 어떻게 삶을 성장시키는가. 서울: 더블북

주은선 역(2009). 진정한 사람되기: 칼 로저스 상담의 원리와 실제. 서울: 학지사.

Hayes, S. C., Rosenfarb, I., Wulfert, E., Munt, E. D., Korn, Z., & Zettle, R. D. (1985). Self-reinforcement effects: an artifact of social standard setting. *Journal of Applied Behavior Analysis*, 201-214.

저자 소개

박창규 Park Chang Gyu

대한민국 유일한 육 · 공군 소장 경험에서 비롯된 리더십 경험을 바탕으로 리더십을 가르치는 전문교수로 활동하였다. 미국에서 리더십과 코칭을 접한 이후 20여 년간 비즈니스 코치로 활동하였고 코칭을 강의하고 있다. 대한민국 최초로 국제코칭연맹ICF으로부터 마스터 코치MCC로 인증받은 코칭리더십 전문가이며 대한민국 코치들의 멘토 코치로 귀감이 되고 있다. 현재 국민대학교 겸임교수로 MBA 과정에서 리더십코칭을 가르치고 있다. 임파워링 코칭, 피드백 · 피드포워드 코칭, 그룹 코칭, NLPia 코칭, 영성코칭 등 여러 가지 코칭 프로그램을 개발하여 전파하고 있다. 특히 대한민국 미래의 코칭을 이끌어 갈 전문 코치를 육성하기 위해 1년간 지속되는 장기 트레이닝 프로젝트에 주력하고 있다. 저서로 『임파워링하라』 『온자신감』 『당신 안에 있는 위대한 선택』 『코칭 핵심 역량』 『강 팀장을 변화시킨 열 번의 코칭』 등이 있고, 공역서로 『원칙중심의 리더십』이 있다.

원경림 Won Kyung Rim

이화여자대학교에서 문학박사, 연세대학교에서 사회복지박사를 취득하였다. 현재 남서울대학교 아동복지학과 및 동 대학원 코칭학과 조교수로 재직 중이며 한국코칭학회 교육학계 위원장이다. 한국리더십센터그룹KLC에서 성공하는 사람들의 7가지 습관, 창의적 교수법, 해리슨 진단Harrison Assessment 등 리더십과 코칭 전문교수를 역임하였으며 FT 및 R&D 활동을 하였다. 국제코칭연맹 PCC, 한국코치협회 KPC로 코칭 활동을 하고 있으며 한국코칭학회 KAC 심사위원이다. 최근 진로, 회복탄력성, 코칭 핵심 역량 등 다양한 연구 및 저술 활동을 하고 있다. 공저서로 『코칭 핵심 역량』 『꿈과 끼를 펼쳐라! 밤하늘에 수많은 별처럼』 『안락사, 무엇이 문제인가?』 등이 있고, 공역서로 『코칭심리학』이 있다. 또한 「'적극적으로 경청한다' 역량의 특성 연구: ICF 핵심 역량을 중심으로」 「ICF 핵심 역량 중 코칭 프레즌스 역량 및 코치의 존재방식 연구」 등 다수의 논문을 발표하였다.

유성희 Yu Sung Hee

삼성전자 종합기술원에서 28년간 HR 담당자로 근무하였다. 그중 8년간 사내에 코칭센터를 설립하여 운영하면서 코칭에 입문하여 다양한 조직 내 이슈를 코칭하였다. 코칭의 철학과 가치에 매료되어 좋은 코치가 되기 위해 노력해 왔으며 코칭리더십으로 박사학위를 받았다. 현재 코칭경영원의 전문 코치로서 조직에서 중추역할을 하는 중간 리더들의 리더십과 성장을 돕는 비즈니스 코치로 활동하고 있다. KPC, PCC, CSC갤럽 강점코치이며 경희대학교 국제경영 대학원에서 겸임교수로 코칭리더십을 강의하고 있다.

마스터풀 코치가 갖추어야 할
코칭 핵심 역량
Coaching Core Competencies

2022년 1월 10일 1판 1쇄 발행
2023년 9월 20일 1판 3쇄 발행

지은이 • 박창규 · 원경림 · 유성희
펴낸이 • 김 진 환
펴낸곳 • (주) **학지사**

　　　　04031 서울특별시 마포구 양화로 15길 20 마인드월드빌딩 5층

대표전화 • 02) 330-5114　　팩스 • 02) 324-2345

등록번호 • 제313-2006-000265호

홈페이지 • http://www.hakjisa.co.kr
인스타그램 • https://www.instagram.com/hakjisabook

ISBN 978-89-997-2566-1 93180

정가 **17,000원**

저자와의 협약으로 인지는 생략합니다.
파본은 구입처에서 교환하여 드립니다.

출판미디어기업 **학지사**

간호보건의학출판 **학지사메디컬** www.hakjisamd.co.kr
심리검사연구소 **인싸이트** www.inpsyt.co.kr
학술논문서비스 **뉴논문** www.newnonmun.com
원격교육연수원 **카운피아** www.counpia.com